현대 페미니즘의
테제들

현대 페미니즘의 테제들

연구모임
사회비판과대안
엮음

사월의책

현대 페미니즘의 테제들

1판 1쇄 발행 2016년 3월 31일
1판 2쇄 발행 2018년 3월 20일

지은이 고지현, 김원식, 김은희, 문성훈, 이봉지, 이현재, 조주현, 황주영
엮은이 연구모임 사회비판과대안
펴낸이 안희곤
펴낸곳 사월의책

편집 박동수
디자인 김현진

등록번호 2009년 8월 20일 제396-2009-126호
주소 경기도 고양시 일산동구 무궁화로 7-45 451호
전화 031)912-9491 | 팩스 031)913-9491
이메일 aprilbooks@aprilbooks.net
홈페이지 www.aprilbooks.net
블로그 blog.naver.com/aprilbooks

ISBN 978-89-97186-24-2

* 책값은 뒤표지에 있습니다.
* 이 도서의 국립중앙도서관 출판시도서목록(CIP)은 서지정보유통지원시스템 홈페이지(http://seoji.nl.go.kr)와 국가자료공동목록시스템(http://www.nl.go.kr/kolisnet)에서 이용하실 수 있습니다.
(CIP제어번호: CIP2016006230)

차례

편집자 서문

현대 페미니즘의 테제들

여성 해방을 외치는 여덟 가지 목소리

박근혜 정부 출범 이후 '성불평등지수'가 10단계나 호전되었다고 한다. 이제 우리나라는 전 세계에서 17위나 되는 남녀평등 국가라 한다. 과연 이 수치를 믿어도 될까? 물론 우리에게는 여성권익증진에 힘쓰는 '여성가족부'도 있고, 남녀평등을 제도적으로 뒷받침하는 '양성평등기본법'도 있다. 그리고 여성의 대학 진학율은 이미 남성을 앞지르고 있고, 각종 고시에서 여성이 돌풍을 일으킨다고 방송매체들이 선전해댄다.

하지만 현실은 다르다. 대졸자 중 여성 고용율은 49.5%로 남성 71.4%보다 20%가량 낮다. 이는 근로자 1만 명 이상을 고용하고 있는 대기업으로 가면 더욱 심각해진다. 대기업의 신입 근로자 중 87.7%는 남성이다. 그리고 OECD가 발표한 정규직 남녀 간의 임금 격차를 보면, 여성은 남성보다 38% 정도 임금을 덜 받는다. 한국의 입법 권력인 국회의원 중 여성 수는 얼마나 될까? 우리나라 국회의원 300명 중 여성은 47명으로 전체의 15.7% 수준이다. 이는 아시아 평균 18.5%보다 낮고, 아랍 평균 16.1%보다 낮은 수치이다. 그 결과 세계 188개 국가 중 우리는 93위이다.

못생겼다는 이유로 여자 빰을 때린다. 물론 애플리케이션 광고 장면이다. 그러나 이건 단순한 상품 광고가 아니다. 광고 상품과 아무 상관도 없는 문화적 가치관을 유통시키고 있기 때문이다. 즉 못생긴 여자는 맞아도 된다는 얘기다. 물론 이것은 남성중심적 시각이고, 남성이 갖고 있는 편향된 여성상의 표현이다. 이뿐만이 아니다. '된장녀', '김치녀', '맘충' 등 기괴한 유행어들이 확산되고 있고, '페미니스트가 싫다'고 IS로 갔다는 중학생의 이야기도 있다. 이른바 '여혐' 현상들이다.

왜 이러한 일들이 벌어지는 것일까? 왜 여성은 남성에 비해 차별받고, 남성중심적 시각에 의해 폭력적으로 재단되어야 할까? 과연 이것은 정당한 일일까? 이것이 부당하다면 여성과 남성이 평등하다는 것은 무엇을 의미하며, 또 어떻게 가능할까? 우리는 이런 상황에서 무엇을 해야 하고, 어떻게 살아야 할까? 이런 문제로 고심하다 보면 우리는 불가피하게 페미니즘과 만날 수밖에 없다. 페미니즘이란 바로 이러한 문제의식 아래에서 등장한 지성의 흐름이기 때문이다.

페미니즘은 20세기부터 현재에 이르기까지 다양한 사상가를 통해, 그리고 다양한 이론과 주의 주장 형태로 변화하고 발전해왔다. 때로는 여성의 동등한 권리를 주장했고, 때로는 여성의 차이를 강조했고, 아니면 여성이라는 차별적 용어 자체를 극복하려 했다. 그리고 때로는 여성의 사회적 지위와 가치관의 변화를 강조하는 자유주의의 흐름 속에서, 때로는 여성의 불평등 해소를 사회구조 변화에서 찾는 마르크스주의의 틀 속에서, 아니면 당대의 사회문화와 사회구조 모두를 변혁하려는 급진적 흐름 속에서 페미니즘은 자신의 목소리를 강화해왔다. 더구나 페미니즘은 어느 특정한 학문 분과로 제한되지도 않는다. 때로는 철학의 이름으로, 때로는 문학, 사회학, 역사학, 경제학, 정신분석학의 이름으로 페미니즘이 등장하지만, 그 어떤 것도 하나의 학문이 아니라, 결국 학제적 연구를 토대로 하기 때문이다.

이렇게 페미니즘이 다양한 주의 주장, 다양한 지적 흐름, 그리고 다양한 학문을 전제한다면, 어떻게 이것을 페미니즘이란 하나의 명칭으로 포괄해낼 수 있을까? 아마도 그것은 이 모든 이론적 작업의 동기가 될 뿐 아니라 그 방향을 제시하는 이른바 '인식 주도적 관심' 때문일 것이다. 즉 페미니즘이라 규정될 수 있는 것은 여성에 대한 차별에 저항하면서 '여성 해방'을 추구하려는 이론 이전의 관심과 의도를 공통적으로 갖고 있다는 것이다. 이런 점에서 페미니즘은 한편으로 여성에 대한 차별을 양산하는 가부장적 문화나 제도, 혹은 사회구조를 비판할 수밖에 없으며, 다른 한편으로 여성 해방이란 관점 하에서 그 대안을 제시해야 한다.

이 책은 바로 이러한 페미니즘을 대표하는 현대의 이론들을 소개하는 데 목적이 있으며, 여기에는 여성 해방이라는 인식 주도적 관심을 제외하고는 주의 주장이나, 지적 배경, 그리고 학문적 토대에서 다양하고 이질적 모습마저 보이는 페미니즘 이론들이 수록되어 있다.

이 글에서 소개된 페미니즘 이론들의 키워드만 보면, 우선 보부아르는 여성을 '만들어진 존재'라고 비판하면서 결단과 초월이라는 '실존주의적 삶'에서 여성 해방의 길을 찾는다. 이리가레는 자기중심적이고 단일성적인 '남성 주체'를 비판하면서, '여성적 주체'라는 새로운 주체 모델을 제시한다. 하딩은 과학의 가치중립성과 서구 백인 엘리트 남성 중심의 과학을 비판하면서, '페미니스트 인식론과 과학철학'을 제시한다. 길리건은 남성중심적 도덕발달론을 비판하면서, '정의'라는 남성적 윤리가 아니라, '돌봄'이라는 여성의 도덕적 목소리를 주장한다. 식수는 남성적 관점에서 규정된 여성성을 비판하면서 '여성적 글쓰기'를 통해 여성의 몸과 여성성으로부터의 해방을 추구한다. 영은 '분배 중심의 정의론'을 비판하면서 사회적 집단 간의 '차이를 인정'하는 대안적 정의론을 제시할 뿐 아니라, 이를 통해 여성에 대한 다양한 지배와 억압을 밝혀낸다. 버틀러는 여성과 남성의 구분을 '이성애 중심적 권력 담론'이라고 비판하면서 '여성이라는 정체성 범주'를 해체한다. 깁슨-그레이엄은 '경제이론의 남성중심성'을 비판하면서 페미니즘적 시각에서 '비자본주의적이고 대안적인 경제발전 모델'을 제시한다.

이렇듯 다양한 이론 중 어느 하나를 선택해서 자신의 금과옥조로 삼을 필요는 없다. 모든 것이 합하여 선을 이룬다는 말이 있듯이, 오히려 이러한 다양한 시각은 현실 속에서 그리고 맥락에 따라 여성에 대한 차별을 극복하고 여성 해방을 이룩하는 데 풍부한 이론적 도구가 될 수 있을 것이다. 부디 이 책이 새로운 여성의 미래를 구상하려는 많은 사람들에게 일말의 보탬이 되길 기대한다.

2016년 3월

편집책임자 문성훈

I

Simone de Beauvoir

1 시몬 드 보부아르

절대적 타자에서 실존적 인간으로

문성훈

시몬 드 보부아르(Simone de Beauvoir, 1908~1986)는 현대 페미니즘 철학의 시원이라 할 수 있는 『제2의 성』의 저자로서 실존주의 철학자이자 문학가이며, 진보적 사회참여와 여성해방운동으로 유명하다. 또한 보부아르는 페미니즘을 단지 이론으로서가 아니라, 그녀 자신의 치열하고, 도발적이며, 진정으로 자유로운 삶을 통해 보여줌으로써 많은 여성 지식인들에게 롤 모델이 되었다. 보부아르는 열악한 여성 억압적 상황 속에서도 그 무엇에도 구애됨 없이 오직 자유와 책임이라는 원칙 하에서 해방된 삶을 살았기 때문이다.[1]

보부아르는 1908년 파리의 보수적인 부르주아 가정에서 태어났다. 어머니는 유복한 은행가의 딸로 독실한 가톨릭 신자였고, 이에 반해 변호사였던 아버지는 무신론자였다. 그러나 보부아르의 가정은 부유한 상류층은 아니었다. 외할아버지는 파산하여 아무런 도움도 줄 수 없었고, 아버지 역시 변호사 생활을 변변히 지속하지 못했기 때문이다. 이와 상관없이 유년 시절 보부아르는 가족의 사랑을 한 몸에 받는 매우 쾌활한 여자아이였다고 한다. 하지만 청소년기를 보내면서 보부아르는 부모와 심한 갈등을 겪는다. 14세 때 가톨릭을 버리면서 어머니와 대립하고, 이른바 '여성으로서의 삶'을 거부함으로써 아버지와 갈등한다. 당시까지만 해도 프랑스에서는 아직 여성에게는 투표권도 부여되지 않았고, 낙태와 피임은 불법이었으며, 기혼 여성은 남편의 동의가 있어야만 직업을 가질 수 있었다. 그리고 프랑스 상류층에서는 여성이 성년이 되면 지참금을 갖고 결혼하는 것이 상례였다고 한다. 이렇게 여성의 지위가 열악한 당시 상황 하에서 보부아르는 결혼하고, 아내가 되고, 어머니가 되는 통속적인 삶에는 아무런 의미도 느끼지 못했다. 그녀는 대학에 진학하여 직업을 갖기를 원했고, 여성에 대한 사회적 편견에서 벗어나려 했다. 이에 보부아르는 소르본 대학에 진학하여 당시 여성으로서는 시몬 베유 이후 두 번째로 철학을 전공하게 된다. 그리고 졸업 후 1931년 철학 교사가 되었고, 이는 1943년 본격적인 저술활동을 시작할 때까지 지속된다.

그런데 보부아르의 대학생활은 그리 행복한 것은 아니었다고 한다. 당시까지만 해도 그녀는 대학생활과 그 후 예비된 교사생활 말고는 삶에 대한 뚜렷한 방향을 잡지 못했고, 또한 심한 고독감에 시달렸기 때문이다. 보부아르는 여성에 대한 편견으로 얼룩진 부르주아적 가치관이나 사회질서를 불신했고, 이를 넘어 자유로운 인간으로 살아가려 하였다. 이런 점에서 그녀는 기성의 인간관계로부터 거부될 수밖에 없었지만, 그렇다고 자신의 자유를 실현할 어떤 분출구를 갖고 있던 것도 아니었다. 이러한 고독하고 권태로운 삶에서 벗어나 새로운 삶을 시작하게 된 것은 평생 그녀의 사상적 반려자가 된 사르트르와의 만남 때문이다. 보부아르는 자신과 마찬가지로 기성 질서와 가치관에 정면으로 맞서고 있는 사르트르에게서 바로 자기 자신을 볼 수 있었고, 이런 점에서 둘은 서로 의기투합했을 뿐 아니라 정서적 안정을 얻을 수 있었다. 1929년 보부아르는 사르트르와 '계약결혼'이라는 상궤를 벗어난 새로운 관계를 만듦으로써 평생의 동지가 된다. 계약결혼은 가정을 만드는 의례적인 남녀관계가 아니라, 서로에 대한 사랑과 신뢰에 기초하면서도 기존의 인습과 서로에 대한 속박에서 벗어나 완전한 자유를 허용하는 파격적 시도였다.

이후 사르트르는 『존재와 무』(1943)라는 저작을 통해 실존주의의 대표자라는 명성을 얻게 되었고, 보부아르는 사르트르와의 만남을 통해 실존주의 철학을 공유하고, 또한 발전시킴으로써 자신의 철학적 기반을 마련하게 된다. 그렇다고 사르트르와 보부아르가 동일한 철학적 입장을 갖고 있었다는 것은 아니다. 이 둘은 인간에게 선천적 본질이 있음을 부정하고, 개인의 자유와 책임을 절대시하는 실존주의 원칙을 공유하지만, 타인을 주체에 대한 부정으로 봄으로써 주체와 타인과의 대립적 관계에 머물렀던 사르트르와는[2] 달리 보부아르는 주체와 타인과의 상호인정을 통한 역동적 화해에도 주목했기 때문이다. 물론 보부아르가 사르트르와 다른 것은 사고를 표현하는 방법에도 있다. 사르트르가 세계에 대한 통찰에 보편적 원칙을 부여함으로써 하나의 체계를 형성하려는 철학자의 길을 갔다면, 보부아르는 자신의 경험 속에 담긴 특수한 통찰들을 서사적으로 전달하려는 문학자의 길을 택했기 때문이다. 이런 점에서 보부아르가 비록 『제2의 성』(1949)이나, 『피루스와 시네아스』(1944) 『이중성의 윤리』(1947)와 같은 철학적 저작을 남겼지만, 많은 저술들은 『초대받은 여인』(1943) 『모든 사람은 죽는다』(1946) 『레 망다랭』(1954) 『조용한 죽음』(1964) 『아름다운 영상』(1966) 『위기의 여자』(1968)와 같은 소설이거나, 『처녀 시절』(1958) 『여자 한창때』(1960) 『어떤 전후』(1963) 『결산의 시기』(1972)와 같은 자서전, 혹은 『실존주의와 상식』(1948) 『특권』(1955) 『긴 발걸음』(1957) 『노년』(1970)과 같은 평론집이거나 에세이이다.

이렇게 철학자이자 문학가로서 활동한 보부아르는 사회참여 활동으로도 깊은 족적을 남겼다. 보부아르는 이미 2차 대전 중인 1943년 프랑스 작가들의 레지스탕스 모임에 참여하였고, 1945년에는 사르트르와 함께 좌파 성향의 문학평론지 『현대』를 창간하였으며, 1950년대에는 알제리 독립을 지지하는 정치운동에도 참여하였다. 그리고 1960년대에는 참여문학 진영과 이에 반대하는 누보로망 진영 사이에 벌어진 기념비적 논쟁의 중심에 서기도 했고, 1967년에는 베트남 전쟁 중 미국이 저지른 전쟁범죄를 밝히려는 이른바 '러셀 법정'에 참여하기도 하였다. 이러한 사회참여 활동과 함께 보부아르를 단지 사회운동가가 아니라, '진짜 페미니스트'로 각인시켰던 것은 그녀의 여성해방운동이다.

비록 1949년에 『제2의 성』을 저술했지만 정작 보부아르가 자신을 페미니스트로 규정한 것은 1965년 프랑시스 장송과의 인터뷰에서였다고 한다. 그 전에도 프랑스에 여성운동이 존재했지만 보부아르는 참여하지 않았다. 오히려 이에 대한 보부아르의 입장은 냉소적이기까지 했다. 왜냐하면 흔히 '첫 번째 페미니즘 흐름'으로 규정되는 이 시기의 여성운동은 비록 주장은 과격했지만 합법적인 틀 속에 갇혀 있는 개량주의적 성향이 강했기 때문이다. 그러나 1968년 5월 전후 프랑스에서 최대의 혁명적 상황을 만들었던 '68운동'과 함께 '두 번째 페미니즘 흐름'이 등장하면서 일약 여성운동은 문자 그대로 '여성해방운동'으로 규정되는 행동주의 시대를 맞게 된다. 보부아르의 여성운동 참여 역시 이와 함께 본격화된다. 보부아르는 1970년대 초부터 낙태 및 피임 합법화 운동에 참여하기 시작하여, 자기 자신이 법률을 어기고 낙태를 했음을 스스로 밝힌 '부정한 여인 선언문'에 서명하기도 했다. 이후 보부아르는 1974년부터 '여성권리동맹' 대표로 활동하였고, 1977년에는 급진적 페미니스트 잡지인 『여성의 문제』 편집장이 되기도 했다.

이렇게 파란만장한 인생을 살았던 보부아르는 1980년 사르트르가 세상을 떠나자 깊은 실의에 빠졌고, 1986년 그녀도 세상을 떠났다. 보부아르는 현재 파리에 있는 몽파르나스 묘지에 사르트르와 함께 묻혀 있다. 그녀가 세상을 떠난 지 30여 년의 세월이 지났지만, 아직도 많은 사람들은 파리 센 강에 놓인 시몬 드 보부아르 다리를 지나며 그녀를 기억하고 있다.

이하의 글에서는 철학자이자 여성운동가로서 보부아르가 제시한 페미니즘적 테제가 무엇인지를 소개할 것이다.[3] 그리고 이를 위해 본 글은 세 가지 단계를 밟을 것이다. 첫째, 보부아르의 철학적 입장인 실존주의가 무엇인지를 서술할 것이다. 그러나 이러한 서술이 실존주의가 견지하는 일반적 입장을 밝히는 데 집중하는 것은 아니다. 본 글에서는 실존주의의 일반 원칙을 서술하면서도 보부아르의 특수한 입장에 주목할 것이다. 이렇게 보부아르의 철학적 입장이 가장 먼저 논의되는 것은 그녀의 페미니즘적 테제가 바로 이 철학적 입장을 여성에게 적용한 것이기 때문이다. 둘째, 『제2의 성』에 담긴 보부아르의 페미니즘적 입장을 '타자에서 실존으로'라는 테제로 집약할 것이다. 여기서 특히 문제가 되는 것은 여성이 타자라는 것이 무슨 의미인지, 그리고 어떻게 여성은 타자로 만들어졌으며, 이를 극복할 수 있는 여성해방이란 과연 무엇을 말하는가 하는 점이다. 셋째, 보부아르의 페미니즘적 입장이 오늘날 어떤 비판에 직면해 있고, 이러한 비판에도 불구하고 어떤 의미를 가질 수 있는지를 논의할 것이다. 특히 여기서는 '여성성의 인정'과 '여성성의 해체'라는 두 가지 새로운 페미니즘적 입장과 보부아르의 실존주의적 입장이 비교될 것이다.

1 | 보부아르의 실존주의

보부아르의 실존주의가 철학적으로 어떤 입장을 의미하는지는 '존재는 본질에 앞선다'라는 사르트르의 간명한 주장에 집약되어 있다.[4] 이 주장은 무엇보다도 인간에게는 본질이 없다는 것을 의미할 뿐 아니라, 여기에는 창조주로서의 신이 존재하지 않는다는 무신론적 입장이 전제되어 있다. 만약 창조주로서의 신이 존재한다면, 신은 인간을 창조하기에 앞서서 일종의 설계도처럼 인간의 본질을 가정했을 것이다. 그리고 이 본질에 따라 인간을 만들었을 것이다. 만약 세상 모든 것이 이렇게 창조되었다면 인간 존재만이 아니라, 이 세상 모든 존재에게도 창조에 앞서 본질이 선행한다. 그런데 창조주로서의 신이 없다면 어떻게 될까? 그 결과는 뻔하다. 인간이 존재하기에 앞서 어떤 본질도 선행할 수 없으며, 인간이 태어나 실제로 존재하게 될 때 인간은 그저 아무것도 아닌 '무'일 뿐이다. 따라서 인간의 본질이니 특성이니 하는 것은 나중에 인간 스스로 만들어낸 것이며, 인간의 현재 모습은 이렇게 인간이 스스로를 창조해낸 결과이다. 이런 점에서 인간에게는 존재한다는 것이 본질에 앞서며, 인간이 하나의 구체적 존재가 되기 위해서는 스스로를 창조해야만 한다.

이런 실존주의의 입장을 따른다면 인간은 자유로운 존재이며, 자신을 창조해야만 하는 주체이다. 그렇다면 이런 인간과 다른 존재, 그리고 다른 인간은 어떤 관계에 있을까? 사르트르는 자신의 핵심 저작인 『존재와 무』에서 이 세상에 존재하는 모든 것을 세 가지로 구분한다.[5] 대자존재, 즉자존재 그리고 타인이 그것이다. 즉 나라는 주체를 중심에 놓고 보면, 나는 나 자신만이 아니라, 이 세상을 의식하면서 나의 삶을 창조하듯이 이 세상이 나에게 어떤 의미가 있는지 그 의미를 부여한다. 이렇듯 의식을 갖고 있는 나는 나 자신과

이 세상을 의식의 대상으로 삼을 수 있다는 점에서 '대자존재'이다. 그런데 이 의식이란 항상 '무엇에 대한 의식'으로서 의식의 주체를 초월하여 무언가 다른 것으로 향하게 되어 있으며, 시간적으로 현존하는 것에 대한 의식일 뿐 아니라, 미래에 대한 의식까지도 포함하며, 존재하는 것만이 아니라, 존재하지 않는 것에 대한 의식도 가능하고, 하나를 의식할 때 그 전 것은 부정된다. 이런 점에서 의식에는 항상 의식된 것을 초월하여 새로운 의식으로 나아갈 수 있는 자유의 가능성이 내재되어 있다. 이런 점에서 대자존재로서의 주체는 자유로운 존재이지만, 이에 반해 '즉자존재'란 의식이 없는 존재, 따라서 의식의 대상일 뿐인 사물들의 존재방식을 말한다. 사물들은 그저 존재할 뿐 세계를 의식하고, 또한 의식을 초월하는 자유로운 존재가 아니다. 따라서 즉자존재는 자신과의 관계는 물론 다른 존재와의 관계도 스스로 맺지 못한 채 항상 동일한 존재로 남게 되며, 그 존재의 의미는 항상 의식을 통해 모든 존재를 대상화시키는 대자존재에 의해 부여된다.

사르트르에게서 흥미로운 것은 대자존재가 타인과 맺는 관계이다. 타인 역시 인간인 한 타인은 분명 의식을 갖고 있는 대자적 존재로서 나와 마찬가지로 스스로를 창조하는 자유로운 존재이며, 이 세상 모든 것에 스스로 의미를 부여하는 주체일 것이다. 그리고 나는 분명히 타인 역시 대자존재로서 내 앞에 존재함을 안다. 나는 타인의 시선을 경험하면서 그가 나를 의식하고 있음을 의식하기 때문이다. 사르트르에게 이 시선의 체험은 나의 주체성에 대한 '부정'으로 해석된다. 왜냐하면 내가 타인의 시선을 체험한다는 것은, 내가 타인의 시선의 대상이 됨을 의미하며, 내가 타인의 시선의 대상이 된다는 것은, 내가 더 이상 주체가 아니라, 한낱 타인의 의식 대상으로 전락함을 의미하기 때문이다. 즉 타인은 나를 의식의 대상으로 삼음으로써 내가 자기 자신에게 어떤 존재인지 그 의미를 주관적으로 부여하게 되고, 이런 점에서 내가 타인의 의식의 대상이 되는 순간 나는 더 이상 대자존재가 아니라, 즉자존재로 전락하고 만다는 것이다. 물론 나는 시선의 대상이 아니라, 다시 시선의 주체가 되어 타인을 의식의 대상으로 삼을 수 있다. 그렇다면 나와 타인의 관계는 어떤 관계일까? 나와 타인의 관계는 끊임없이 상대방을 대상화시킴으로써 자신의 주체성을 지키려는 갈등과 투쟁관계일 수밖에 없다. 이런 점에서 사르트르에게서 나와 타인은 한 번도 서로가 동등한 주체로서, 자유로운 존재로서 만나지 못한다.

그렇다면 인간은 영원히 고독한 존재일까? 나와 타인과의 화해는 불가능한 것일까? 사르트르가 나와 타인과의 화해 가능성을 포기한 것 같지는 않다. 왜냐하면 사르트르는 '상호주체성'이란 표현하에 나와 타인이 동시에 주체일 수 있는 또 다른 관계를 언급하고 있기 때문이다.[6] 그러나 사르트르의 『존재와 무』는 나와 타인과의 관계의 본질을 '갈등'으로 규정하면서,[7] 다만 양자 간의 유대 가능성을 윤리학적 저작의 과제로 남기고 있을 뿐이다.[8]

그러나 이와는 달리 보부아르는 주체와 타인의 화해 가능성에 대해 숙고함으로써 상호주체성이 무엇을 의미하는지 그 윤곽을 제시하려고 했다. 보부아르는 『제2의 성』(1949)보다 앞선 1947년 『이중성의 윤리』를 통해 실존주의적 윤리관을 정립하려고 했기 때문이다. 하지만 보부아르가 주체와 타인 간의 화해 가능성을 제시한다고 해서 대립적 측면이 부정되는 것은 아니다. 왜냐하면 보부아르는 주체와 타인 간의 관계, 즉 주체와 타 주체와의 관계를 대립과 화해가 지속적으로 교차되는 역동적 관계로 보기 때문이다. 그 이유는 보부아르가 인간을 즉자적 존재이자 대자적 존재라는 '이중성'을 통해 이해한다는 데 있다.

우선 보부아르에 따르면, '존재는 본질에 앞선다'는 실존주의의 대원칙이 말해주듯 인간은 아무런 선천적 본질도 없이 그저 이 세상에 우연히 내던져진 존재이며, 자신의 삶을 스스로 창조해야 한다. 왜냐하면 인간이 아무런 본질도 갖고 있지 않다는 것은 비록 존재함에도 아무것도 아닌 '무'라는 것이며, 이런 점에서 인간의 존재 자체는 역설적으로 말해서 존재의 부재, 내지 존재의 결여라고 규정할 수 있기 때문이다. 따라서 인간은 이런 존재의 부재 상태를 초월하여 어떤 식으로든 구체적인 '존재'가 되어야 한다. 그러나 이것이 인간이 어떤 특징을 갖는 고정된 존재가 된다는 것을 의미하지는 않는다. 인간에게는 본질이 없기 때문에 인간이 현실적으로 존재하기 위해서는 무언가 적극적으로 기획하고 실행하는 것, 즉 '기투'(project)가 필요하지만, 동시에 인간은 본질을 갖고 있지 않기 때문에 기투의 결과인 자신의 현재 상태를 지속적으로 넘어서야 하는 '초월'의 존재라는 것이다.[9]

그렇다면 이 초월은 어디로 향한 초월일까? 초월은 단지 현재의 상태만을 넘어서는 것을 의미할까? 이에 대한 대답은 인간이 설정한 가치이다. 즉 인간은 스스로 무엇이 가치 있고, 무엇이 가치 없는지, 그리고 자신은 어떤 가치를 추구할지 스스로 결정한다는 점에서 자기 초월의 방향과 목표를 설정한다는 것이다. 이런 점에서 인간에게 중요한 것은 '신의 눈'이 아니라, '자신의 눈'에 무엇이 올바른 것인가 하는 점이다.[10] 물론 이렇게 인간이 자신의 가치 설정의 원천이 되어야 하는 것은, 인간이 근원적으로 자유롭기 때문이다. 인간이 이 세상에 우연히 내던져진 존재로서 아무런 타고난 본질도 없다는 것은 인간을 구속할 만한 아무런 필연성도 존재하지 않는다는 것을 의미한다. 그러나 이러한 우연성은 동시에 인간의 존재가 아무런 정당성도 없다는 것을 의미한다. 그렇기 때문에 인간이 자신의 존재에 가치를 부여한다는 것은 인간이 스스로 자신의 존재에 정당성을 부여하려는 시도이기도 하다.

그러나 이런 자기 정당화가 인간이 오직 자신만을 중심으로 이 세상 모든 것에 가치를 부여하는 유아론적 존재라는 것을 의미하지는 않는다. 보부아르에 따르면, 인간은 끊임없는 기투와 초월을 통해 자신의 삶을 창조하고, 가치부여를 통해 자신의 존재를 정당화함으로써 이제 '자연상태로부터 도덕성으로 이동'하게 된다.[11] 그런데 여기서 말하는 도덕성이란 과연 무엇을 의미할까? 보부아르는 실존주의 윤리가 '인류'라는 미명 하에 개개인을 초월하여 어떤 절대적 가치를 설정하는 전체주의적 윤리가 아님을 강조할 뿐 아니라, 실존주의 윤리가 개인주의 윤리임을 천명하지만, 또한 이것이 결코 유아론을 의미하는 것이 아님을 단언한다. 실존주의 윤리는 개인에게 절대적 가치를 부여하고, 바로 이 개인만이 자신의 존재를 결정할 힘을 갖고 있음을 인정한다. 그러나 실존주의 윤리가 유아론에 빠지지 않는 것은 바로 이 주권적 개인이 타인과의 관계를 통해 규정됨을 인정할 뿐 아니라, 나의 자유가 타인의 자유를 통해 실현될 수 있다고 보기 때문이다.[12] 과연 어떤 이유에서 보부아르는 이렇게 말할 수 있었을까?

내가 끊임없는 기투를 통해 현재를 초월한다고 할 때, 이 현재는 내가 선택하지 않은 것, 즉 선택에 앞서 이미 나에게 주어진 사실들에 토대를 두고 있다. 분명 나의 출생은 내가 선택한 것이 아니다. 나는 나의 의지와 무관하게 이 세상에 태어났으며, 나의 신체 역시 내가 선택한 것이 아니다. 타인은 어떠할까? 내가 타인과 만나는 것은 항상 구체적인 상황 속에서이다. 하지만 타인이 존재한다는 것은 나의 선택의 결과가 아니다. 타인 역시 이 세상에 우연히 내던져진 존재이기 때문이다. 따라서 나에게 타인은 이미 주어진 사실로서 체험되며, 내가 처해 있는 구체적 상황의 일부로 존재한다. 이런 점에서 나의 기투와 초월은 타인과의 관계 속에서 이루어질 수밖에 없다.

물론 개개인은 타인과의 관계에서 이기적이고 자기중심적으로 행동할 수 있다. 인간은 대자적 존재로서 기투하며 초월하지만, 동시에 타인은 죽어 있는 사물처럼 취급하며 자기 마음대로 의미를 부여하고, 자기 마음대로 가치를 책정한다. 그리고 반대로 자기 자신이 타인으로부터 즉자적 존재로 취급받는다면 타인에 대한 증오감을 갖고 타인에게 복수하려 든다. 이런 점에서 인간 개개인은 '타인의 죽음'을 추구한다고도 할 수 있다. 만약 인간 간의 관계가 이렇게 적대적이 된다면, 타인은 나로부터 이 세계를 빼앗은 존재가 된다. 타인은 나를 세계의 의미 창조자가 아니라, 자신의 세계의 한 대상으로 취급하기 때문에, 이내 나의 세계는 사라지고, 나는 타인의 세계 속으로 빨려 들어가 버리고 말기 때문이다. 그러나 보부아르는 타인에 대한 이러한 태도를 순진하거나 비이성적인 태도로 본다. 왜냐하면 이성적인 사람이라면, 타인이 나로부터 세계를 빼앗아 가는 것이 아니라, 반대로 나에게 세계를 선사해 준다는 점을 깨닫게 되기 때문이다. 다시 말해 나는 타인이 이 세계를 탈취해 갈 때 비로소 이 세계의 존재를 의식하며, 타인이 이 세계를 자신의 세계로 창조함을 의식할 때 나 역시 이 세계의 의미를 깨닫게 되기 때문이다. 또한 내가 이 세계에 의미를 부여한다는 것은 항상 이에 선행하는 타인의 의미부여에 토대를 두고 있음을 알아야 한다. 만약 세계에 대한 주체의 의미부여를 이렇게 타인의 의미부여 행위와 연결시킨다면, 주체가 자신이 처한 상황에 의미를 부여함으로써 스스로의 세계를 창조한다는 것은 다른 주체의 의미부여에 기초하여, 혹은 이러한 의미부여와의 상호작용을 통해 이루어진다고 해야 할 것이다. 즉 주체는 스스로를 창조하고, 이 세계를 창조함에 있어 다른 주체와 '소통'한다는 것이다.[13]

그러나 이런 소통이 반드시 나와 타인과의 화해를 말해주는 것은 아니다. 나는 타인이 세계의 의미부여 주체가 됨을 의식할 때 비로소 나 역시 주체임을 의식하지만, 이 주체성의 발현은 다시 타 주체의 세계를 나에게로 흡수하려는 적대적 시도일 수 있기 때문이다. 그러나 타인은 사실 나에게 적대적인 것이 아니라, 오히려 나의 존재를 '정당화'해주는 또 다른 주체가 될 수 있다.[14] 왜냐하면 타인이 나를 주체로 인정하지 않는다면 나는 주체로서 나의 세계를 창조할 수 없기 때문이다. 따라서 내가 자유로운 존재이기 위해서는, 내가 끊임없이 현재의 나를 초월하기 위해서는 타인이 나를 자유로운 존재로 인정해야 한다. 그렇지 않으면 나는 타인 앞에서 즉자적 존재로 전락하고 말기 때문이다. 이런 점에서 나는 타인의 인정을 필요로 하며, 그 역도 마찬가지일 것이다. 타인 역시 주체이기 위해서는 나의 인정을 필요로 하기 때문이다. 이렇게 나와 타인 사이에 주체와 주체로서의 상호인정이 전제된다면 나의 기투와 초월 행위는 타인을 고려하면서 현재의 나를 초월하는 행위가 된다. 즉 나의 자유는 타인의 자유라는 한계 속에서 실현된다는 것이다.[15] 물론 이런 지적이 타인의 자유를 위해 나의 자유에 제한을 둔다는 소극적 의미만을 갖는 것은 아니다. 나와 타인이 서로를 주체로서 인정한다는 것은 나의 자유 실현만이 아니라, 내가 타인의 자유에 적극적으로 개입할 때에도 그것이 타인의 자유의 가능성을 열어줄 수 있는 한 정당성을 확보할 수 있다는 뜻이기도 하다.[16] 보부아르는 타인에 대한 무관심과 불간섭으로 일관하는 것이 타인의 자유를 보호하는 것이라 생각하지 않는다. 보부아르는는 어린아이, 환자, 중독자, 자살시도자 등의 예를 들면서 이들에게 미래의 가능성을 열어주고, 이들의 자유를 풍부하게 하기 위한 개입이 윤리적으로 정당함을 누누이 지적하고 있다. 따라서 보부아르가 말하는 실존주의 윤리란 내가 기투와 초월의 주체로서 타인과 무관하게, 혹은 타인으로부터 고립되어 나만의 세계를 창조한다는 유아론적인 것이 아니라, 나와 타인이 서로를 주체로서 인정하며, 서로의 자유를 신장시키기 위해 서로를 배려하는 상호주체적 윤리라 할 수 있다.

이렇게 주체 간의 인정과 배려를 주장하는 실존주의 윤리는 개인주의일 뿐 아니라, 타인에 대한 일종의 도덕적 의무를 전제하고 있다는 점에서 칸트 윤리학과 유사하다. 칸트 역시 인간을 수단이 아니라, 목적으로 대우해야 한다는 점에서 개개인에게 절대적 가치를 부여하고, 이를 서로에 대한 절대적 의무로 간주하기 때문이다. 그러나 실존주의 윤리가 칸트 윤리학과 같이 보편주의적 입장을 취하고 있는 것은 아니다. 왜냐하면 보부아르가 염두에 두고 있는 의무의 대상은 모든 인간이 아니라, 구체적 상황 속에서 나와 유대관계를 맺고 있는 특수한 타인에 대한 것이기 때문이다. 이런 점에서 보부아르는 '추상적이고 보편적으로' 정립된 윤리에 반대한다.[17] 따라서 보부아르가 말하는 도덕적 의무란 알지도 못하는 모든 사람에게 적용되어야 할 보편적 기준이나 정의의 원칙에 따른 의무라기보다 '사랑'과 같이 무관심을 허락하지 않는, 나와 밀접한 유대관계를 맺고 있는 사람들에 대한 의무라 할 수 있다.[18]

이러한 보부아르의 입장은 인간을 자유로운 존재로 보면서도 이런 자유가 도덕에 반대되는 것이 아니라, 바로 자유 속에 도덕의 '법칙'이 내재되어 있음을 전제한 것이다.[19] 보부아르에 따르면 '진정으로 자유로운 사람'은, 타인의 자유를 통해 자신의 자유를 확장하려 하고, 자신의 자유만이 아니라, 타인의 자유를 목적으로 삼고, 자신의 동료들의 삶과 타인의 자유에 관심을 가지며, 자신의 행동이 야기하는 인간적 문제 때문에 고심하는 사람이다.[20] 그러나 이와는 반대로 타인의 목적이나, 이에 대해 자신의 행동이 갖는 의미에는 아무런 관심도 갖지 않고, 오직 자신만의 쾌락에 관심을 갖고 타인을 수단으로 취급하며, 타인을 파괴하고 적대시하는 사람은 결국 자신의 자유도 잃게 된다. 왜냐하면 이들은 자유라는 미명 하에 결국 쾌락의 노예가 되기 때문이다.[21]

2 | 절대적 타자에서 실존적 인간으로!

페미니즘이 여성에 대한 차별을 극복하려는 이론적, 실천적 입장을 의미한다는 데는 이론의 여지가 없을 것이다. 그러나 여성에 대한 차별이 무엇이고, 그 원인은 어디에 있으며, 이를 극복할 수 있는 방법이 무엇인가에 대해서는 다양한 입장이 존재한다. 현상적으로 볼 때 여성은 과거 가부장적 사회에서 항상 남성에게 종속되어 있었고, 임신과 출산, 그리고 가사와 육아라는 한정된 역할만 부여받았다. 오늘날 비록 여성의 지위가 향상되고, 법적으로 동등한 위치에 올랐다고는 하나 여성은 여전히 불리한 위치에 놓여 있다. 여성의 사회 진출이 확대되었지만 남성과 여성 사이에는 임금격차가 심하고, 남성에 비해 여성은 채용이나 승진에서 불이익을 겪고 있다. 또한 사회적으로 높고 중요한 직책은 여전히 남성이 장악하고 있다. 보부아르는 이러한 여성에 대한 차별을 어떻게 개념화하고 있으며, 무엇을 근거로 이를 비판하려고 할까? 그리고 이러한 차별로부터 벗어나 여성해방에 이르는 길을 어디에서 찾고 있을까? 보부아르의 페미니즘적 입장은 근본적으로 앞서 서술한 실존주의적 윤리관을 여성의 현실에 적용한 것이며,[22] 이는 그녀의 핵심 저작인 『제2의 성』에 집약적으로 표현되어 있다. 왜냐하면 이 글에서 보부아르는 여성을 '타자'로 규정하면서,[23] 어떻게 여성이 타자가 되었는지를 분석할 뿐 아니라, 이로부터 벗어난 여성해방이 무엇을 의미하는지를 밝히고 있기 때문이다.

절대적 타자

그렇다면 보부아르가 말하는 '타자'란 무엇을 의미하는가? 그리고 왜 여성이 타자인가? 타자란 우선 개념적으로 볼 때 동일자와 반대되는 말이다. 즉 어떤 존재와 동일화될 수 없는 것이 타자라는 것이다. 따라서 낮에 대해서는 밤, 선에 대해서는 악, 행복에 대해서는 불행, 신에 대해서는 악마가 타자이다. 그런데 이를 인간 집단에 적용하면 어떨까? 나와 함께 '우리'가 될 수 있는 사람들은 서로 동일자이며, 이 우리 안에 포함될 수 없는 사람들은 타자가 된다. 즉 토착민에게는 이방인, 백인 인종주의자들에게는 흑인, 식민지 경영자들에게는 원주민, 부르주아에게는 프롤레타리아, 반유대주의자들에게는 유대인이 타자라는 것이다. 그런데 우리와 타자와의 관계는 적대적이다. 왜냐하면 타자가 적대적일 때 비로소 그들은 우리가 될 수 없으며, 바로 이러한 적대성에 기초하여 우리는 상대 집단을 타자로 규정하고, 또한 그들을 타자로 대우하는 '주체'가 되기 때문이다. 물론 그 역도 마찬가지이다. 우리가 주체가 되어 어떤 집단을 타자로 규정하는 순간, 이 집단 역시 주체적 입장에서 우리를 타자로 규정하기 때문이다. 이런 점에서 주체와 타자의 관계는 누구를 기준으로 하느냐에 따라 타자의 위치가 달라진다는 점에서 '상대성'을 가질 뿐 아니라, 또한 서로가 주체이기도 하다는 점에서 '상호성'을 갖는다.[24]

그러나 보부아르에 따르면, 여성과 남성의 관계는 그렇지 않다. 왜냐하면 남성은 여성과의 관계와 상관없이 독립적으로 규정될 수 있지만, 여성은 남성과의 관계에서만 규정될 수 있기 때문이다. 이런 점에서 남성은 여성을 타자로 규정할 수 있는 주체이지만, 여성은 남성에 의해 타자로 규정될 뿐, 역으로 남성을 타자로 규정할 수 있는 주체가 되지 못한다. 즉 여성은 남성과의 관계에서 아무런 상호성도 갖지 못하는 절대적 타자이며, 남성은 여성과의 대립 없이도 주체로 규정될 수 있는 절대적 주체라는 것이다. 보부아르는 그 이유를 두 가지 측면에서 설명한다. 첫째, 남성은 성별에 따라 규정되지 않는다. 남성이란 단어는 대부분의 문화권에서 '인간'이란 단어와 동의어를 이루고 있으며, 이런 점에서 남성은 남성과 여성 모두를 대표한다. 이에 반해 여성은 남성과의 관계에서 일종의 '결함'으로 규정된다. 즉 남성이 그 자체로 완전한 인간이라면, 여성은 남성에 비해 불완전한 인간, 즉 '불완전한 남성'이라는 것이다.[25] 따라서 인간의 본질이 전제된다면, 남성은 이런 본질을 분유받은 본질적 존재가 되고, 여성은 이를 결여하고 있는 비본질적 존재로 취급된다. 둘째, 여성은 타자이면서도 주체로의 반전을 꾀하지 않았다. 이방인, 흑인, 유대인, 프롤레타리아와 같은 상대적 타자들은 주체들의 억압과 차별에 맞서 저항한다는 점에서 스스로 주체가 됨으로써 상대방을 타자로 만든다. 이런 점에서 이들에게 주체와 타자라는 지위는 상대적일 뿐이며, 이들이 항상 타자로 존재했던 것은 아니다. 그러나 여성은 역사적으로 볼 때 남성에 종속되어 있었으며, 여성들은 스스로를 주체로 내세우며 종속적 지위로부터 벗어나려 하지 않았다. 이런 점에서 여성은 상대적 타자가 아니라, 절대적 타자로 존재했다.

만들어진 여성

그렇다면 여성들은 왜 장구한 역사 동안 주체가 되지 못하고 절대적 타자에 머물러 있었을까? 이에 대한 보부아르의 대답은 '여성은 태어나는 것이 아니라, 만들어지는 것'이라는 그녀의 유명한 주장에 있다.[26] 즉 여성이 절대적 타자가 된 것은 사회문화적 산물일 뿐, 여기에 어떤 불변적 필연성이 존재하는 것은 아니라는 것이다. 보부아르는 이러한 주장을 정당화하기 위해 우선 여성의 종속을 여성의 불변적 속성에 따른 필연적인 결과로 해석하는 세 가지 본질주의적 입장을 논박한다.

첫째, 생물학적 입장에 따르면 여성의 본질은 무엇보다도 여성의 신체적 특성을 통해 규정되며, 이를 통해 필연적으로 여성의 사회적 역할과 지위가 결정된다.[27] 즉 여성은 남성에 비해 종의 유지라는 본능에 더욱더 예속되어 있으며, 이런 점에서 여성의 본래적 역할은 '모성'에 있다. 그리고 여성은 신체적으로 남성보다 열등한 존재이며, 따라서 남성에게 종속될 수밖에 없다는 것이다. 그런데 과연 그럴까? 보부아르는 이 두 가지 사실을 부정하지는 않는다. 분명 여성에게 신체는 자신의 것이지만, 월경, 장기간의 임신, 고통스

럽고 위험스런 출산, 수유 때문에 여성은 남성에 비해 신체에 대한 자주성을 잃고, 종의 유지를 위한 생식기능에 더 종속되어 있다. 이뿐만이 아니다. 여성은 남성보다 근육의 힘도 적고, 적혈구도 적고, 폐활량도 적다. 이런 점에서 여성은 남성보다 신체적으로 연약하다. 그러나 이러한 여성의 생물학적 특징이 여성의 사회적 역할이나 지위를 결정할 수는 없다. 인간은 자연 속에 사는 것이 아니라, 자신이 처한 자연적 조건의 의미를 사회문화적으로 재구성함으로써 '제2의 자연' 속에서 살고 있기 때문이다. 즉 인간은 자연에 종속된 것이 아니라, 이를 넘어서는 초월적 존재이며, 바로 이 때문에 단지 신체적 존재로 사는 것이 아니라, 스스로 설정한 가치, 금기, 법에 신체를 종속시킨다.

이런 점에서 여성과 모성의 관계는 이미 자연적으로 결정된 것이 아니라, 사회적 조건에 따라 달라진다. 즉 출산의 중요성, 사회적으로 요구되는 자녀의 수, 임신과 분만의 의학적 조건, 남성의 부양능력에 따라 여성이 생식기능에 종속되는 강도가 달라진다는 것이다. 그리고 여성의 연약함 역시 인간이 추구하는 목적과 이를 달성하기 위한 수단이 무엇인가에 따라 그 의미가 달라진다. 과연 오늘날 신체적 강인함이 요구되는 일들은 어떤 일들일까? 그리고 폭력을 금지하는 사회적 풍토 하에서 신체적 완력이 과연 중요성을 가질 수 있을까? 이렇게 보부아르는 여성의 신체적 특징을 부정하는 것이 아니라, 그것이 갖는 사회적 의미가 가변적임을 주장함으로써 여성의 삶과 여성의 생물학적 조건 사이의 필연적 고리를 끊어버리려 한다. 그리고 더 나아가 보부아르는 여성과 남성이라는 이분법적 구별 역시 넘어서려고 한다. 보부아르에게 여성과 남성의 구별이란 단지 '생식의 목적'이란 차원에서 등장한 구별방식일 뿐이다. 즉 인간이 자신의 행동에 의미와 가치를 부여하는 것처럼, 생식 활동에 의미를 부여하면서 양성의 구별이 필요했다는 것이다. 하지만 생식 활동이 인간에게 본질적인 요소는 아니며, 따라서 여성과 남성이라는 이분법적 구분 역시 필연적인 것은 아니다. 왜냐하면 인간에 대한 구별은 어떤 기준을 택하느냐에 따라 다양해질 수 있기 때문이다. 그리고 보부아르는 종의 유지를 위해 꼭 양성의 구별이 필요한 것도 아니라고 본다. 생명체에는 양성생식만이 아니라 단성생식, 무성생식, 양성구유 등 다양한 생식의 방식이 존재한다. 이런 점에서 보부아르는 비록 상상이지만, 단성생식이나 양성구유로 구성된 사회 역시 충분히 가능한 것 아니냐고 반문하기도 한다.

둘째, 프로이트의 정신분석학적 입장에 따르면 여성은 리비도(성욕동 혹은 성충동) 발달과정상 결함 있는 존재이며, 열등한 존재이다.[28] 왜 그럴까? 프로이트에 따르면, 어린아이는 구순기, 항문기를 지나 남근기에 이르러 비로소 성적 정체성을 형성한다. 왜냐하면 어머니의 젖을 빠는 구순기의 체험과 배설을 조절하는 항문기의 체험은 여자아이에게나 남자아이에게 공통적으로 나타나는 현상이지만, 남근기에 이르러 어린아이들은 자신의 성기가 다름을 인식하기 때문이다. 그런데 이 다름에 대한 체험이 남자아이와 여자아이에게 전적으로 다르게 나타난다. 남자아이는 자신의 페니스를 인식하며 이를 자신과 동일시하지만, 동시에 어머니에게 페니스가 부재함을 인식하며 충격에 빠진다. 항상 자신을 보살펴 줌으로써 자신에게 만족감을 주었던 어머니가 자신과 다른 존재임을 알게 되었기 때문이다. 남자아이는 이런 충격을 자신이 어머니의 페니스가 되어 주겠다는 욕망으로 전환시킨다. 이것이 이른바 오이디푸스 콤플렉스이다. 물론 이것은 어머니에 대한 욕구이기도 하지만, 어머니로부터 떨어질 것을 요구하는 아버지에 대한 적대감이기도 한다. 그러나 동시에 남자아이는 자신보다 우월한 아버지의 권위를 의식하며, 아버지로부터 거세당할 수 있다는 공포감을 갖게 된다. 결국 남자아이는 아버지와 자신을 동일시하면서 자신도 아버지 같은 남자가 됨으로써 이러한 권위를 자신도 갖고자 한다. 이에 반해 여자아이는 자신의 성기를 페니스의 부재로 체험하며, 남자아이와는 달리 엘렉트라 콤플렉스를 갖게 된다. 이는 한편으로 페니스 부재 상태를 자신과 마찬가지로 페니스를 결여하고 있는 어머니 탓으로 돌리며 어머니를 원망하는 것이지만, 다른 한편 자신의 페니스 부재를 아버지를 통해 극복하려는 남근 선망을 의미한다. 따라서 결국 남성은 여자아이에게 절대적 권위자로 등장하게 된다.

이러한 정신분석학적 입장을 전제한다면, 여성의 종속은 필연적이다. 여성의 성기를 페니스 부재로 설명하는 것은 남성을 리비도 발달의 보편적 기준으로 본다는 것이며, 따라서 여성을 결함 있는 존재로 본다는 것이다. 그리고 남근 선망이란 이미 여성 자신이 열등한 존재임을 전제한 것이다. 그런데 과연 그럴까? 보부아르는 리비도의 발달과정에 대한 프로이트의 입장이 인간의 성적 정체성을 설명하는 결정적 요인이 아니라, 오히려 이러한 입장에는 보다 근원적으로 사회적 질서가 반영되어 있음을 주장한다. 왜냐하면 여자아이들의 열등감이나 남성에 대한 선망은 페니스의 부재에 따른 필연적 결과가 아니라, 오히려 페니스에 권위를 부여하는 사회문화적 산물이기 때문이다. 단적으로 말해서 여자 어린아이가 페니스의 부재를 지각할 때 이것은 신체 구조의 다름 이상의 의미를 지니지 않는다. 페니스의 부재가 열등감으로 이어지는 것은 남자의 가치에 대한 예비지식의 결과이다. 즉 페니스가 남성에게 주어진 특권의 상징으로서 어떤 우월감을 표현하는 것으로 생각될 때 페니스의 부재는 비로소 열등감을 갖게 하고, 남성에 대한 선망을 갖게 한다는 것이다. 그리고 사실 열등감이라든지 선망과 같은 감정은 무언가 가치 평가적 요소를 포함할 수밖에 없다. 이런 점에서 페니스의 유무라는 사실 자체가 아니라, 페니스를 어떤 가치의 상징처럼 만들어내는 리비도 밖의 질서를 전제해야 한다. 그러나 정신분석학은 남성의 우월함에서 출발함으로써 흡사 이것을 애초부터 주어진 사실처럼 여길 뿐, 그 유래에 대해서는 침묵한다.

셋째, 엥겔스의 역사유물론에 따르면, 여성의 종속적 지위는 기술 발전에 따른 필연적 결과이다.[29] 석기 시대만 해도 남성은 사냥과 어로를 담당하고, 여성은 토기 제작이나 작물 재배 등 가내노동을 담당했다. 그러나 이 시기에 여성은 결코 남성에 대해 종속적이지 않았다. 여성의 가내노동이 경제 활동에서 중대한 역할을 담당했기 때문이다. 그러나 이러한 원시적 노동 분업은 청동기를 사용하게 되면서 결정적인 변화를 겪게 된다. 왜냐하면 청동제 농기구를 통해 삼림을 개간하고 들판을 경작할 수 있게 되었을 뿐 아니라, 이에 적합한 강력한 노동력이 필요하게 되었기 때문이다. 따라서 이제 남성이 농업 생산을 담당하게 되었고, 또한 다른 남성을 노예로 사용하게 되면서 경제적 생산력이 비약적으로 향상되었다. 그 결과 토지와 노예의 소유자가 된 남성이 여성도 소유하게 되면서 이제 여성의 노동은 남성의 노동에 비해 부수적인 역할만을 담당하게 되고, 여성의 역할은 재산 상속자인 아들을 낳고 키우는 모성으로 한정되었다. 이것이 바로 남성에 대한 여성의 종속을 낳은 '역사적 패배'이다. 만약 이렇게 여성의 종속적 지위를 이해한다면, 여성해방의 가능성 또한 기술 발전에 달려 있다. 왜냐하면 기술 발전으로 인해 생산노동을 하는 데 강력한 노동력이 요구되지 않는다면, 여성 역시 가사나 육아에서 해방되어 생산노동에 참여할 수 있기 때문이다. 그리고 실제로 근대 기계문명은 여성의 생산노동 참여를 가능하게 하고 있다. 이런 점에서 여성을 소유물로 귀착시키는 사적 소유가 철폐되고, 여성의 생산노동 참여가 이루어지는 사회주의 체제에서는 프롤레타리아트만이 아니라 여성 역시 종속적 지위에서 해방될 수 있다.

그런데 과연 여성의 지위를 이렇게 기술 발전의 필연적 결과로 해석할 수 있을까? 보부아르에 따르면 청동제 농기구 사용으로 등장한 사유재산 제도가 필연적으로 여성의 종속을 낳았다고 생각할 이유는 없다. 이는 무엇보다도 사회 제도를 단지 경제적 이해관계로만 설명할 수는 없기 때문이다. 만약 그렇게 되면 사실 인간은 단지 경제적 동인에 따라 행동하는 이른바 '경제적 인간'으로 축소될 것이다. 하지만 경제적 행동 역시 보다 근원적인 조건을 전제한다.

사유재산 욕구가 등장하기 위해서는 자율적일 뿐 아니라 타인과 구별되는 개인으로서 자기의식이 전제되어야 하며, 또한 이를 주장하기 위해서는 타인과의 경쟁, 대립, 갈등도 불사하려는 일종의 우월성 욕구도 전제되어야 하기 때문이다. 그뿐만이 아니다. 인간에게 자신이 아닌 다른 대상물에 자신을 투영하면서 이를 자신과 동일시하려는 경향이 나타나지 않았다면 사유재산 제도는 불가능하다. 왜냐하면 사유재산이라는 것도 사실은 자신이 얻은 재산과 자신을 동일시하려는 태도의 결과이기 때문이다. 그리고 여성 가내노동이 남성의 재산 축적에 도움이 되지 않는다고 해서 여성이 반드시 남성에 종속되어야 하는 것은 아니다. 남성과 여성이 수평적인 분업 관계를 통해 상호 협력할 수도 있기 때문이다. 즉 인간과 인간이 근본적으로 우호적 관계라면 어떤 노예적 관계도 발생하지 않는다는 것이다. 예속 현상은 객관적으로 자신의 우월성을 확보하려는 적대적 노력의 산물이기 때문이다. 따라서 타인을 지배하려는 의식이 등장하지 않았다면 청동기의 발견도 여성의 종속으로 이어지지는 않았을 것이다.

이렇게 여성의 종속적 지위를 여성의 생물학적 특징, 리비도 발달과정, 그리고 여성의 노동 능력이란 차원에서 설명하려는 본질주의적 입장을 거부한다면, 과연 어떤 대안적 설명이 가능할까? 보부아르는 무엇보다도 여성의 종속적 지위가 가부장제 하에서 사회적으로 만들어진 것이지, 여성이 갖고 있는 어떤 불변적 특징의 산물이라고 생각하지 않는다. 그리고 바로 이런 이유에서 보부아르는 여성이 실제로 어떻게 만들어졌는가 하는 점에 주목하고 있으며,

이에 대한 설명은 유년기, 사춘기, 젊은 처녀, 결혼이라는 네 가지 단계를 밟고 있다.

우선 유년기에 여성이 만들어진다는 것은 여자아이에 대한 양육방식과 관련이 있다. 앞서 설명했듯이 프로이트는 여자아이가 페니스의 부재를 경험하면서 자신을 열등한 존재로 보고 남성을 선망한다고 생각했지만, 보부아르는 열등감과 남성 선망을 양육방식의 차이에서 비롯된 것으로 본다. 즉 이유기 이후 어린아이들은 남녀 할 것 없이 어머니와의 분리를 경험하게 되지만, 여자아이에게는 여전히 어머니의 치마폭에서 생활하는 것이 허락되고, 이에 반해 남자아이는 독립적으로 행동해야 찬사를 받는다. 이런 점에서 남자아이는 이미 '꼬마 어른'이다.[30] 그런데 어른들은 남자아이에게 선고된 '가혹한 독립'을 바로 남자라는 우월성 때문이라고 설득하며, 이에 남자아이는 이 우월성을 지키기 위해서 어른들의 요구를 수용한다.[31] 그리고 페니스란 바로 남자아이가 갖는 남자다움의 화신이 되며, 남자아이는 페니스와 자신을 동일시함으로써 제2의 자아로 삼는다. 이렇게 되면 사실 남성의 우월성과 여성이 갖는 남성 선망은 페니스의 유무에 대한 경험에 기인한 것이 아니라, 남성에 대한 사회적 가치평가의 결과일 뿐이다. 하지만 여자아이는 사회적 가치평가의 화신인 페니스를 갖고 있지 않다는 점에서 자신과 동일시할 제2의 자아를 자기 안에 갖지 못한다. 이런 점에서 여자아이는 자기가 아닌 것, 대개 인형과 같은 수동적인 사물에서 제2의 자아를 찾는다. 그리고 인형을 꾸며주고 귀여워해주면서 자신 역시 그렇게 되길 공상한다. 이런 점에서 여자아이는 일종의 인형처럼 자신을 생각하며 수동성을 형성하게 된다. 따라서 수동성이란 여성의 생물학적 특성이나 그 어떤 본질적 특성의 결과가 아니라, 실제로 사회 속에서 형성된 특징일 뿐이다.

여성이 갖는 수동성은 유년기가 지나고 사춘기에 이르면서 점차 강화된다. 왜냐하면 이제 관습이나 전통, 그리고 교육을 통해 여성에게는 여성다움이 지속적으로 강조되기 때문이다. 물론 이것은 특히 같은 여성인 어머니를 통해 이뤄진다. 그리고 마찬가지로 남성에 대한 열등감 역시 강화된다. 여자아이는 가정에 존재하는 '남녀의 계급 차이'를 발견하게 되기 때문이다.[32] 아버지는 최고의 권력을 가진 신비스런 존재로 등장하고, 여자아이는 이에 대해 '무력한 찬탄'으로 반응하며 아버지의 우월성을 받아들인다.[33] 그러나 이것은 동시에 아버지에 종속되어 있는 어머니의 발견이며, 자신의 운명을 어머니에게서 발견함으로써 자신의 숙명을 깨닫게 되는 과정이기도 하다. 물론 사춘기 시절 여성의 숙명에 대한 깨달음은 아버지의 권력에 대한 인식에서만 비롯되는 것은 아니다. 사춘기 여자아이는 자신의 몸에서 일어나는 생리 변화를 느끼며 자신이 바로 여성이 되고 있음을 확인한다. 유방이 커지고 생식기가 변하고, 월경을 경험하게 된다. 그런데 많은 경우 이러한 변화는 여자아이에게 수치심을 안겨 준다. 왜냐하면 이러한 경험은 바로 자신이 열등한 존재, 즉 여성이 되고 있다는 증거이기 때문이다.

이렇게 사춘기를 보내면서 여자아이는 젊은 처녀가 된다. 그런데 보부아르의 설명에 따르면, 처녀가 된다는 것은 여성이 열등감과 패배주의를 받아들이는 과정이다. 그러나 이것이 순탄한 과정인 것은 아니다. 사춘기를 보내는 여자아이가 여성의 숙명을 받아들인다는 것은 아무런 갈등이나 반항 없이 이루어지는 일이 아니기 때문이다. 젊은 처녀가 된다는 것은 남성들과는 달리 자신의 미래를 기획하고 스스로를 계발하는 것이 아니라, 사회적으로 요구되는 여성다움을 간직한 하나의 여성이 되는 일이며, 이는 결국 한 인간으로서의 삶을 포기하는 것이기 때문에, 젊은 처녀들은 자기 포기로 인한 내적 갈등을 견디지 못하고 많은 기이한 행동을 보이기도 한다. 자신의 무너진 가치를 남자들의 환심을 통해 만회하려고 하거나, 지독한 나르시시즘에 빠지기도 하고, 자신에게 열등감을 주는 남성을 거부하며 동성애적 경향을 보이거나, 그렇지 않으면 자신을 학대하고, 타인 모두를 경멸하며, 아예 인간관계에 관여하지 않으려고까지 한다. 하지만 젊은 처녀는 결국 자신의 반항이 아무런 소용도 없다는 것을 깨닫고 여성다움을 받아들인다. 보부아르에 따르면 이러한 수용은 다름 아닌 결혼을 예비하는 것으로 이어진다. 왜냐하면 이제 젊은 처녀가 스스로의 삶을 설계하고 자신의 의지와 노력으로 이를 성취해내려는 한 인간으로서의 삶을 포기한다면, 결국 결혼 속에서 자신의 삶과 정당성을 찾을 수밖에 없기 때문이다.

결혼은 여성이 타자로서의 지위를 확고히 하게 되는 결정적 계기이다. 왜냐하면 이제 여성은 실질적으로 남성에게 종속된 삶을 살게 되기 때문이다. 즉 여성은 결혼을 통해 생존 수단을 확보하지만 동시에 남성의 경제력에 종속된다. 또한 여성은 결혼을 통해 사회적 지위를 확보하지만 그것은 어느 남자의 아내라는 종속적 지위일 뿐이다. 그리고 결혼은 성적 욕구와 관련해서 볼 때 여성의 희생을 요구한다. 결혼은 남녀 간의 성적 관계를 부부 간의 권리와 의무 관계로 바꾸어 놓지만, 남성은 권리만 갖고, 여성은 의무만 갖기 때문이다. 남편에게는 성적 자유가 허용되지만, 여성의 성적 욕구는 음탕한 것이 되고, 여성은 정절의 의무만 갖는다. 그러나 여성이 쉽게 이혼을 요구할 수는 없다. 이혼이란 여성에게 경제적 생존 수단과 사회적 지위의 상실을 의미하기 때문이다. 이런 점에서 여성은 결혼을 통해 가정이라는 내재성의 영역에 갇혀, 끊임없이 반복되기만 할 뿐 아무런 새로움도 없는 가사 일에 얽매이게 된다. 그리고 이렇게 내재성에 갇힌 여성은 결국은 어머니가 됨으로써 여성으로서의 사명을 완수하게 될 뿐 아니라, 여성으로서도 완성된다. 하지만 보부아르가 보기에, 어머니가 된다는 것이 그렇게 모성 본능에 따른 것은 아니다. 왜냐하면 임신과 출산과 관련하여 모성 본능이라고 규정하기에는 너무나 다양한 태도가 나타나기 때문이다. 여성은 임신을 통해 자신이 풍요로워진다고 느끼기도 하지만 반대로 자신이 손상된다고 느끼기도 한다. 또한 아이를 낳는 순간 환희와 기쁨을 느끼기도 하지만, 아이가 자기로부터 분리되었다는 소외감을 느끼기도 하고, 아이를 키우면서 아이와 자신을 동일시하지만, 아이를 자주적 주체로 경험하기도 한다. 이처럼 어머니의 태도는 자신이 처한 상황과 이에 대한 수용방식에 따라 천차만별로 달라진다.

이렇게 아내로서, 어머니로서 가정을 세계의 전부라고 생각하며 살던 여성도 나이가 들며 늙게 된다. 여성은 젊음을 유지하기 위해 노력한다. 그리고 뭔가 새롭게 출발하려고 한다. 그러나 이것은 과거에 하지 못한 것에 대한 상징적 보상일 뿐 실제의 인생이 되지는 못한다. 그리고 노년을 맞아 폐경기를 겪으면서 결국 모든 의무에서 해방되어 자유를 얻지만, 이 자유는 아무런 쓸모도 없는 자유이다. 왜냐하면 여성이 자유를 얻은 것은 결국 여성이 가부장제 사회 안에서 아무런 쓸모도 없게 되었다는 데 그 원인이 있기 때문이다.

여성해방

지금까지 서술했던 유년기, 사춘기, 젊은 처녀, 결혼으로 이어지는 여성의 삶은 한편으로 여성이 종속적 존재로 만들어지는 과정이며, 다른 한편으로 여성이 종속적 존재로서 어떻게 살고 있는가를 보여준다. 그렇다면 여성이 이런 종속적 존재로서의 삶에서 벗어날 수 있는 여성해방의 길은 어디에 있을까? 보부아르가 염두에 두고 있는 여성해방은 무엇보다도 '여자'라는 것을 문명에 의해 고안된 산물로 볼 때 가능하다.[34] 그렇지 않고 지금까지의 여성의 삶을 자연적으로 결정된 필연적인 현상으로 본다면 여성해방은 불가능하다. 이런 점에서 여성해방이란 사회문화적으로 만들어진 여성의 본질을 넘어서 여성 역시 '자유로운 실존'으로서의 지위를 확보하는 데 있다.[35] 즉 여성 역시 '본질'에 앞선 존재로서 그 자체는 아무것도 아닌 '무'이며, 따라서 미래에 대한 기투와 현재의 초월을 통해 지속적으로 자신을 창조해야 한다는 것이다. 물론 기투와 초월의 방향은 이 세계와 자신의 삶에 스스로 어떤 의미를 부여하느냐에 따라 달라진다. 이런 점에서 이제 여성 자신이 모든 가치의 원천이 되어야 한다.

이렇듯 여성이 실존적 존재가 되는 것이 여성해방을 의미한다면, 이를 위해 구체적으로 여성은 무엇을 해야 할까? 물론 여성의 차별을 금지하고, 또한 방지할 수 있는 다양한 권리가 보장되어야 할 것이다. 그러나 보부아르가 보기에 이런 법적 권리만이 아니라, 더욱 중요한 것은 여성의 경제적 자립이다. 경제적 자립이 없다면 여성의 생존은 남편에 의존할 수밖에 없기 때문이며, 여성의 법적 권리 역시 경제적 자립이 없다면 '허울 좋은 간판'에 불과할 수 있기 때문이다.[36] 이런 점에서 여성 역시 직업을 갖고 사회적 노동에 참여해야 한다. 또한 여성은 피임과 낙태를 합법화시킴으로써 모성을 필수적 의무가 아니라 선택 사항으로 만들어야 한다. 여성의 경제적 의존성이 남성에 대한 여성의 종속을 낳았고, 여성을 가정이라는 내재성의 공간에 가두어 놓았다면, 임신, 출산, 육아 역시 여성을 몸이라는 내재성 영역에 묶어 놓음으로써 미래로의 기투와 현재의 초월을 방해하기 때문이다. 이런 점에서 여성의 '자유로운 모성'이 사회적으로 인정되어야 한다.[37] 하지만 이것이 임신과 출산의 가치를 부정하는 것은 아니다. 보부아르가 강조하는 것은 임신과 출산이 여성의 필수적인 의무가 아니라, 자신의 삶의 조건에 따른 선택 사항이 되어야 한다는 점이다. 즉 "여자의 상황은 그 육체에 좌우되는 것이 아니라, 육체가 상황에 좌우"되어야 한다는 것이다.[38] 그리고 여성은 태어나면서부터 남성과 똑같이 양육되고 교육받아야 한다. 앞서 서술했듯이 여자아이가 남자아이와 다르게 양육된다면, 즉 남자아이에게는 우월성을 심어주고, 이와 반대로 여자아이에게는 열등감을 심어준다면 여성 자신이 스스로의 힘으로 자신의 삶을 개척한다는 것은 사실상 불가능하다. 그러나 여자아이나 남자아이가 '같은 요구와 경의, 같은 엄격함과 자유'로 양육된다면,[39] 그리고 어머니와 아버지, 모든 여성과 남성이 평등한 분위기에서 여자아이가 양육된다면 여자아이가 열등감이나 남성 선망을 갖는 일은 없을 것이다.

그렇다면 여성해방이 함축하는 남성과 여성 간의 관계는 어떤 것일까? 물론 해방된 남녀관계는 남성과 여성 간의 종속적 관계가 아닌, 평등한 관계를 의미할 것이다. 그런데 보부아르에게 여성해방이 무엇을 의미하는지가 그녀의 실존주의적 입장에 함축되어 있듯이, 해방된 남녀관계가 어떤 것인지 역시 그녀의 철학적 입장에 따라 이해될 수 있다. 즉 해방된 남녀관계는 단순히 남녀 간의 평등한 권리와 의무 관계만을 의미하는 것이 아니라, 주체와 주체로서의 상호인정 관계를 말한다는 것이다. 왜냐하면 남녀 간의 종속적 관계가 여성이 남성에 대해 영원한 객체, 즉 절대적 타자로 존재함을 의미한다면, 해방적 관계란 이제 여성이 남성과 마찬가지로 기투와 초월, 즉 자유의 주체가 됨을 의미하기 때문이다. 물론 앞서 설명했듯이 주체와 주체의 관계는 타인의 자유라는 한계 내에서 자신의 자유를 실현할 뿐 아니라, 타인의 자유의 신장을 자신의 의무로 생각하는 도덕적 관계이다. 왜냐하면 이러한 관계를 통해서만 서로의 자유가 보장되고 실현될 수 있기 때문이다. 이렇게 본다면 주체와 주체의 관계는 소통과 협력이라는 화해의 관계이지만, 이것이 주체와 주체 간의 갈등을 배제하는 것은 아니다. 주체가 자신의 자유를 실현하려는 순간, 즉 자신의 가치를 기준으로 이 세계에 의무를 부여하려는 순간 타 주체는 의미부여의 대상, 즉 객체로 전락하기 때문이다. 이런 점에서 주체와 주체의 관계는 화해와 대립이 교차하는 역동적 관계이며, 이런 상황 속에서 주체의 기투와 초월이 실현된다. 따라서 남성과 여성이 서로를 주체로 인정한다는 것은 서로가 서로에게 영원한 주체로 존재하게 된다는 것이 아니라, 서로에 대해 주체이면서도 객체가 되는 상대적 타자로서의 지위를 갖게 됨을 의미한다. 이런 점에서 해방된 남녀관계는 서로를 '주체로 인정'하면서도 동시에 서로에 대해 '타자로 머물러 있는' 역동적 관계를 말한다.[40]

3 | 다시 실존으로!
여성성의 인정과 여성성의 해체를 넘어

지금까지 살펴본 보부아르의 페미니즘은 이후 페미니즘 역사에 있어서 모든 논의의 시원이 되었다고 해도 과언이 아닐 것이다. '여성'을 사회문화적 구성물로 본 것은 페미니즘에 있어서 누구도 부정할 수 없는 기본 전제이기 때문이다. 그러나 보부아르 이후 그녀의 페미니즘은 많은 비판의 대상이 된다. 비록 대부분의 페미니스트들이 보부아르에게서 영감을 얻고, 자극을 받은 것은 사실이지만 모두가 같은 방향으로 사고를 전개한 것은 아니기 때문이다. 보부아르에 대한 비판은 크게 보아 두 가지로 나눌 수 있다. 즉 '여성성의 인정'을 주장하는 입장과 '여성성의 해체'를 주장하는 새로운 페미니즘으로부터 제기된 비판이 그것이다.[41] 첫 번째 입장에 따르면, 보부아르는 여성의 차이를 부정할 뿐 아니라, 전통적으로 여성이 담당해온 역할을 폄하한다. 그리고 보부아르가 여성해방으로 제시한 실존적 인간이란 사실 남성성을 의미한다는 점에서 이는 여성이 남성처럼 되어야 한다는 주장과 다를 바 없다는 것이다. 두 번째 입장에 따르면, 보부아르가 비록 여성을 사회문화적 구성물로 보지만 그녀에게는 여전히 여성이 존재한다는 것이다. 왜냐하면 보부아르는 가부장적 이데올로기에 지나지 않는 이성애 모델에 빠져 인간을 남성과 여성이라는 이원적 구조 하에서 이해하고 있기 때문이다.

여성성, 내지 여성의 차이를 인정하자는 첫 번째 주장은 캐롤 길리건이나, 쥘리아 크리스테바, 뤼스 이리가레 등에서 발견할 수 있다. 이들은 남성중심적 사고에서 벗어나 남성과 구별되는 여성의 윤리적 태도, 여성의 정체성, 그리고 여성적 글쓰기 등에 새로운 가치를 부여하기 때문이다. 그런데 과연 보부아르의 페미니즘이 여성의 차이나 여성성의 가치를 부정하는 것일까? 분명 보부아르는 '차이 속의 평등'이 아니라, '평등 속의 차이'를 주장한다.[42] 존재가 본질에 선행한다는 실존주의 원칙을 따르고 있는 보부아르에게 여성성이라든지 여성의 본질, 혹은 여성만이 갖고 있는 불변적 특징이란 것은 존재하지 않는다. 아마도 여성의 차이를 인정하자는 페미니스트라도 그것이 남성중심적 사회 공간 속에서 여성에게 경향적으로 나타나는 것이 아니라, 오직 여성만이 갖고 있는 불변적 본질이라고 생각하기는 어려울 것이다. 여성성의 인정이란 주장이 의미가 있다면 그것은 남성적 윤리, 정체성, 혹은 글쓰기 방식과 다르다는 이유로 지금까지 폄하되어온 다른 도덕, 정체성, 혹은 글쓰기 방식도 남성적인 것으로 환원될 수 없는 독자적 가치를 갖는다는 점을 부각시킨 데 있을 것이다. 또한 보부아르가 실존주의적 입장에서 모든 본질주의를 거부한다는 것이 전통적으로 여성이 담당하던 역할이 무의미하다는 주장은 아니다. 그것이 가사나 육아, 혹은 임신과 출산과 관계되든 보부아르가 주장하는 것은 이 모든 것을 실존적 기투와 초월의 대상으로 삼자는 것이기 때문이다. 이런 점에서 보부아르가 모성을 부정한 것이 아니라, 모성 역시 선택의 대상으로 삼을 것을 주장했다는 점에 주목해야 한다.

그런데 실존적 인간처럼 미래를 향해 기투하고 현재를 초월하는 주체가 된다는 것이 과연 남성성을 의미하는 것일까? 따라서 실존적 인간이 되라는 보부아르의 주장은 여성에게 남성이 되라고 주장하는 것과 같은 것일까? 보부아르가 말하듯이 여성은 태어나는 것이 아니라, 만들어진 것이라면, 이에 반해 남성은 태어날 때부터 어떤 타고난 본질을 지니고 있었을까? 존재가 본질에 선행함을 주장하는 실존주의 원칙을 전제한다면, 이른바 남성성이라는 것도 사실상 사회적으로 구성된 것에 불과하다. 즉 여성뿐 아니라, 남성 역시도 태어나는 것이 아니라, 만들어졌다는 것이다. 이를 실증적으로 뒷받침할 수 있는 것은 남성성이 사회적으로 구성된 것임을 입증하려는 일련의 연구들이다. 이는 대개 1980년대 이후 독일 역사학계에서 이루어졌으며, 그 중 우테 프레베르트의 연구가 밝혀낸 것은,[43] 근대로의 시대사적 전환기라 할 수 있는 19세기에 이르러 남성성과 여성성을 주장하는 본질주의적 담론들이 본격적으로 형성되었다는 것이다.[44] 이러한 담론들에서는 대개 남성은 완벽한 인간으로 규정되는 데 반해 여성은 불완전한 존재로 간주되었고, 남성의 덕목으로 독립성, 공격성, 의지력, 대담성 등을 꼽는 반면, 여성의 덕목으로는 종속성, 부드러움, 수동성을 제시하고 있다. 물론 이렇게 본다면, 미래를 향한 기투와 이를 통한 현재의 초월이라는 실존적 주체의 모습은 독립성, 공격성, 의지력, 대담성과 같은 남성적 덕목을 전제한다고 할 수도 있다. 하지만 이런 남성적 덕목이 남성에게 본질적인 것이 아니라, 시대적 조건 하에서 구성된 것이라면, 이를 굳이 남성과 동일한 것으로 볼 필요는 없다.

더구나 실존적 인간을 이런 남성적 덕목 하에서만 이해할 필요가 있는 것도 아니다. 현재의 구속에서 벗어나 자신의 미래를 설계하려는 태도가 과연 여성에게는 불필요한 일일까? 이런 태도는 성별과 관계없이 누구에게나 필요한 보편적 태도라고 볼 수는 없을까? 이런 의문에 대해서는 그 반대를 생각해보면 분명한 해답을 찾을 수 있다. 여성이 실존적 인간이 되는 것이 여성임을 포기하고 남성이 되라는 주장이라면, 여성은 여성이 되기 위해 현재의 구속에서 벗어나 스스로의 삶을 기획하고 실천해서는 안 된다는 것일까? 이런 점에서 실존적 인간은 성차적 시각이 아니라, 오히려 탈성차적 시각에서 보아야 하며, 성차가 발생하는 것은 실존적 삶의 태도가 낳은 결과로 해석해야 한다. 왜냐하면 내가 어떤 존재가 되느냐는 내가 주어진 상황 속에서 어떻게 기투와 초월을 하며 스스로를 창조하느냐에 달려 있기 때문이다.

이런 점에서 보부아르에게는 여성성이니 남성성이니 하는 것은 단지 사회문화적 가공물이란 점에서 별 의미를 가질 수 없으며, 성차에 앞서 중요한 것이 실존적 삶이다. 그런데 여성성의 인정과 관련하여 보부아르에게서 발견할 수 있는 흥미로운 점은 그녀의 실존주의적 윤리관이 캐롤 길리건이 말하는 여성적 윤리, 즉 보살핌의 윤리와 유사하다는 것이다.[45] 캐롤 길리건은 『다른 목소리로』에서 남성의 윤리적 태도를 '정의의 원칙'으로 규정하면서, 이와 달리 여성들에게서 나타나는 윤리적 태도를 '보살핌의 원칙'으로 규정한다. 즉 남성에게서는 보편타당한 원칙에 따라 모든 인간을 동등하게 대우하려는 태도가 나타난다면, 여성에게서는 자신과 관계된 구체적 사람들과의 유대를 강화하기 위해 이들을 보살피려는 경향이 나타난다는 것이다. 이를 통해 길리건이 주장한 것은 보살핌의 원칙이 정의의 원칙에 비해 윤리적 미성숙을 말하는 것이 아니라, 정의의 원칙과 마찬가지로 윤리적 태도로서 동등한 가치를 지니는 '다른' 윤리적 원칙이라는 것이다. 앞서 서술했듯이 보부아르는 실존주의 윤리를 칸트 윤리학과 차별화시킨다. 실존주의 윤리가 나와 타인이 서로를 주체로 인정하고, 서로의 자유를 신장시키기 위해 서로 배려할 것을 윤리적 의무로 삼고 있지만, 여기서 말하는 타인이란 칸트 윤리학에서 말하는 모든 인간이 아니다. 보부아르가 염두에 두고 있는 것은 구체적 상황 속에서 나와 유대관계를 맺고 있는 사람들이며, 이런 점에서 실존주의 윤리가 말하는 윤리적 의무란 '사랑'과 같이 무관심을 허락하지 않는, 나와 밀접한 유대관계를 맺고 있는 사람들에 대한 배려라 할 수 있다. 이렇게 본다면 사실 보부아르가 말하는 실존주의 윤리는 보살핌의 원칙과 크게 다를 바 없다. 다만 보부아르와 길리건의 차이가 있다면, 길리건과 달리 보부아르는 이런 타인에 대한 의무를 여성적 윤리가 아닌, 실존주의 윤리로 말하고 있다는 점이다. 즉 보부아르에게 중요한 것은 여성이 갖는 윤리적 태도가 아니라, 칸트 윤리학과 차별화되는 '다른' 윤리적 태도라는 것이다.

여성성의 해체라는 두 번째 입장은 주디스 버틀러에게서 그 전형을 발견할 수 있다.[46] 이에 따르면 기존의 페미니즘 담론이 전제한 핵심 개념 틀인 섹스-젠더 이원론은 유지될 수 없다. 왜냐하면 젠더와 구별되는 섹스란 존재하지 않으며, 섹스 역시 이미 젠더이기 때문이다. 다시 말해 흔히 사람들은 섹스를 해부학적 특징이나 염색체, 혹은 호르몬의 차이로 말하면서 이를 자연적인 것으로 보지만, 이렇게 섹스를 자연적인 것으로 보고, 이에 반해 젠더를 문화적인 것으로 보는 것 자체가 사회문화적 가공물이라는 것이다. 이런 점은 섹스와 젠더라는 개념 외에 섹슈얼리티라는 개념을 도입할 때 분명해진다. 왜냐하면 섹스를 자연적인 것으로 보는 것은 이성애적 가부장제의 담론일 뿐이기 때문이다. 가부장제 사회는 남성을 중심에 두고 여성은 종속적 존재로 주변화시킨다. 그뿐만이 아니다. 가부장제 사회는 동시에 이성애를 정상적 섹슈얼리티로 보고, 동성애를 배제한다. 아마도 아버지의 권력이 아들에게로 이어지는 전통 속에서 여성의 역할은 무엇보다도 임신, 출산, 육아로 한정되며, 이런 점에서 가부장제 사회는 생식이 가능한 이성애를 정상으로 규정할 수밖에 없었을 것이다. 그렇기 때문인지 여성의 신체 부위는 유방이나 자궁이니 하는 것처럼 생식의 관점에서 규정되고 이해된다. 따라서 남성과 여성을 구별하는 것은 이성애를 정상으로 취급하는 사회문화적 실천의 결과이지, 남성과 여성이 존재하기 때문에 이성애가 정상적 섹슈얼리티가 된 것은 아니라는 것이다. 이런 입장을 받아들인다면 젠더만이 사회문화적 가공물인 것이 아니라, 섹스 역시 이성애적 가부장제가 만든 사회문화적 가공물이며, 이에 선행하는 여성이란 존재는 없다.

사실 과학사적 연구에 따르더라도 인간을 성을 기준으로 여성과 남성으로 구별한 것은 그렇게 오래된 일이 아니라고 한다.[47] 예를 들어 르네상스나 17세기까지만 해도 인간에 대한 해부도는 여성과 남성을 구분하지 않는 단성 모델에 따라 그려졌다. 이에 반해 인간에 대한 해부도가 여성과 남성을 구별한 양성 모델에 따라 그려진 것은 18세기에 이르러서이며, 19세기 시민혁명 이후 남녀 간의 불평등을 정당화하기 위해 자연과학적 성차 개념이 객관적이고 불변적인 진리가 되었다는 것이다. 그리고 보부아르 역시 지적하고 있듯이 원시 모계사회에서는 생식을 여성과 남성의 교접으로 설명하는 것이 아니라, 조상의 영혼이 씨앗으로서 여성의 태내에 침투한 것으로 생각하곤 했었다고 한다.[48] 이런 입장들이 말해주는 것은 여성과 남성을 성과 생식의 차원에서 구별한 것은 근대 자연과학의 등장이라는 시대적 조건 하에서의 일일 뿐, 그것이 불변의 진리는 아니라는 점이다.

그렇다면 보부아르의 입장은 어떻게 되는가? 보부아르는 여성은 태어나는 것이 아니라, 만들어진다는 입장에 서 있기 때문에, 보부아르에게는 만들어진 여성과 만들어지기 이전의 여성이 존재한다. 그렇다면 만들어지기 이전의 여성은 자연적 존재로서의 여성이고, 만들어진 여성은 문화적 존재로서의 여성을 말하는가? 보부아르가 여성을 만들어진 존재로 본 것은 섹스와 젠더를 구분하는 이분법의 효시가 되었다. 이런 점에서 보부아르에게 분명 여성은 존재하며, 이는 여러 가지 생물학적 특징 속에서 파악된 여성일 것이다. 그렇다면 보부아르의 주장이 사실 이성애를 절대시하는 가부장적 담론에 종속되었다고 보아야 할까? 그렇지는 않을 것이다. 보부아르는 이성애를 절대시하고 있지 않다. 그녀에게는 동성애 역시 가능하기 때문이다. 보부아르는 이성애와 동성애를 정상과 비정상의 관계로 보지 않는다. 따라서 보부아르에게 중요한 것은 이성애와 동성애 중 어느 것이 정상적이냐가 아니라, 이것 역시 선택의 대상이라는 점이다. 즉 "동성애는 의식적인 배덕도 아니요, 숙명적인 저주도 아니다. 그것은 상황에 따라 선택되는 하나의 태도, 즉 동기가 있고 자유롭게 채택된 태도"라는 것이다.[49]

앞서 서술했듯이 실존적 인간이 기투하고 초월하는 것은 '상황' 속에서이다. 이 상황은 내가 선택한 것이 아니라, 이미 내게 주어진 사실을 의미한다. 이런 점에서 실존적 인간은 기투와 초월의 존재이기도 하지만, 동시에 상황 지워진 존재이다. 또한 인간은 이 상황 속에서 주체이면서 동시에 객체로서의 지위를 갖는다. 나는 기투와 초월의 존재로서 이 세계와 나의 삶에 의미를 부여하는 주체이지만, 타인의 시각 속에서 나는 의미부여의 객체로 존재하기 때문이다. 이것이 보부아르가 말하는 인간의 이중성이며, 이는 만들어지기 이전의 여성과 만들어진 여성이라는 여성의 이중성을 이해하는 열쇠이다. 왜냐하면 이러한 이중성은 만들어지기 이전의 여성과 만들어진 여성을 단지 섹스와 젠더의 관계로 보는 것이 아니라, 양자 간의 관계를 실존과 사실성, 주체와 객체와의 관계로 보게 하기 때문이다. 앞서 서술했듯이 보부아르는 남성과 여성에 대한 생물학적 구별을 절대시하지 않는다. 보부아르는 여성과 남성의 구별, 더 나아가 암컷과 수컷의 구별을 단지 '생식의 목적'에 따른 구별로 볼 뿐, 생물학적 종이 엄밀하게 양성으로 구분된다고 생각하지 않는다. 더구나 생식 활동을 인간의 본성으로 보지도 않는다. 보부아르에게는 이 모든 것이 결국 인간이 어떤 의미와 가치를 부여하느냐에 달려 있을 뿐이기 때문이다. 따라서 실존은 섹스-젠더 모두와 대립하며, 엄밀하게 말해서 보부아르에게 존재하는 이원론적 구별은 섹스-젠더 이원론이 아니라, 실존과 섹스-젠더 이원론이라고 규정해야 할 것이다. 이런 구분을 전제한다면 사실 보부아르에게 여성은 없고, 실존만이 있을 뿐이다. 즉 본질에 앞서 아무런 규정성도 갖지 않는 '무'로서의 존재만이 있을 뿐이다. 그러나 이런 존재는 동시에 상황 속에 있다. 그리고 타인의 시각을 통해 객체화되고 있다. 내가 이 세상에 존재하는 것이 나의 선택의 결과가 아니듯이, 내가 어떤 상황에 처해 있느냐도 결코 선택의 결과는 아니다. 따라서 이 존재를 바로 여성이라 규정하는 것은 내가 아니라, 타인이다. 이런 점에서 보부아르에게 존재하는 여성이란 객체로서의 여성을 말하지 주체로서의 여성을 말하는 것은 아니다. 보부아르에게 주체로서 존재하는 것은 실존적 인간일 뿐이기 때문이다. 따라서 여성해방이란 여성 자신이 객체로서의 여성성을 넘어서 이제 실존적 인간이 됨을 의미하며, 따라서 여성해방의 주체는 역설적이게도 객체로 규정된 여성들이다.

그런데 만약 버틀러처럼 섹스 역시 젠더로 보면서 여성 자체를 해체시킨다면, 과연 여성해방의 주체가 누구일까? 여성이란 본래 존재하지 않는데 과연 여성이 여성해방을 추구한다고 할 수 있을까? 섹스와 젠더 모두를 사회문화적 구성물로 보는 버틀러에게 여성의 본질이란 존재할 수 없기 때문에, 모든 여성을 포괄하는 집단적 이익이나 정체성 또한 존재할 수 없다. 그럼에도 버틀러에게 여성운동은 여전히 가능하다. 그러나 이것이 어떤 통일된 정체성을 토대로 하는 것은 아니다. 여성운동이 여전히 가능하다면 그것은 어떤 하나의 정체성으로 통일되지 않는 수많은 여성들이 구체적인 행동의 맥락에서, 당면한 목적에 따라 이합집산을 거듭하는 열린 집단으로서의 연대와 이를 토대로 한 여성운동일 것이다.[50] 그런데 과연 이런 여성운동이 실존적 인간을 전제하지 않고도 가능할까? 보부아르는 버틀러와 마찬가지로 여성에 대한 본질주의적 규정에 반대한다. 여성의 생물학적 특징 역시 사회문화적 산물일 뿐이며, 이성애가 정상적 섹슈얼리티를 말하는 것도 아니다. 여성은 실존적 인간으로서 자신의 삶을 창조해야 한다. 그렇기 때문에 실존적 인간으로서의 여성들 사이에 어떤 통일된 정체성이 존재한다는 것은 가능하지도 않으며, 또한 아무런 의미도 없다. 그럼에도 여성들 사이에 연대가 가능하다면, 그것은 여성을 종속적 존재로 객체화시키는 상황 때문이다. 그러나 이 상황 역시 구체적 맥락에서 다양하게 나타난다. 개개의 여성이 처한 상황은 다양하기 때문이다. 따라서 여성이 객체로서의 지위에서 벗어나 주체가 되기 위해서는 같은 상황에 처한 여성들끼리 연대해야 한다. 이런 점에서 보부아르는 흑인이 흑인을 위해, 유대인이 유대인을 위해, 프롤레타리아가 프롤레타리아를 위해 싸우는 '특수한 연대'를 말한다.[51] 그러나 이 연대는 물론 모든 인간에게 개방되어 있다. 왜냐하면 문제는 결국 실존적 존재로서 무엇을 공동의 목표로 선택하느냐에 달려 있기 때문이다. 이렇게 본다면 과연 보부아르는 버틀러에게서 얼마나 먼 거리에 있을까? 반대로 말하면 버틀러는 과연 얼마만큼이나 보부아르에서 벗어나 있을까?

4 | 나가는 말

오늘날 여성의 상황은 보부아르의 시기와는 많이 다르다. 당시와는 달리 여성의 직업 활동이 급증하고 있으며, 아직도 임금격차와 유리천장이 존재하지만, 여성들은 점차 남성에 대한 경제적 종속에서 벗어나고 있다. 물론 그렇다고 해서 여성이 가사노동으로부터 해방되었다는 것은 아니다. 비록 이중고를 겪는다고 말해야 할 상황이지만, 오늘날 여성은 직업노동과 함께 여전히 가사노동도 담당하고 있다. 그 반대의 경우도 마찬가지이다. 아직은 미약하지만 남성 역시 생산노동만을 담당하는 것이 아니라, 가사노동에도 참여하고 있으며, 실업의 증가는 남성을 가정으로 돌려보내고 있다. 이런 점에서 남성은 직업노동을 통해 가족을 부양하고, 여성은 남성에 종속된 채 가사와 육아를 담당한다는 전통적 역할분담 모델은 물적 기반을 상실하고 있다. 따라서 오늘날 여성과 남성의 역할은 보편적 부양자-양육자 모델을 통해 규정되어야 하며, 누가 무엇을 얼마나 담당해야 하느냐는 민주적 소통의 문제로 남는다. 만약 이것이 성공적으로 이루어진다면 아마도 우리 사회가 점차 '탈성차 사회'로 나아갈지도 모른다. 이것은 남성과 여성이 존재하지 않는다는 것이 아니라, 성을 통해 인간을 구별한다는 것이 모든 영역에서 절대적 의미를 갖지 않는 사회를 말한다. 즉 한 개인의 삶은 더 이상 여성, 혹은 남성으로서의 삶이 아니라, 실존적 인간으로서의 삶이 된다는 것이다. 따라서 어떤 개인의 정체성을 말할 때 개성이 중요하지, 성별은 더 이상 절대적 의미를 갖지 않는다. 이렇게 된다면 결국 가부장제나 성차에 기초한 차별은 불가능해질 것이다. 과연 여성성이 인정되는 것이 여성해방일까? 아니면 여성성이 해체되는 것이 여성해방일까? 아니면 보부아르의 입장처럼 실존적 인간이 되는 것이 여성해방일까?

II

Luce Irigaray

2 뤼스 이리가레

성차의 존재론과 수평적 초월

황주영

뤼스 이리가레(Luce Irigaray)는 1930년 벨기에에서 태어나 여든이 훌쩍 넘은 지금까지도 꾸준히 저서를 출간하고 있으며, 자신의 철학에 대한 박사논문을 준비하고 있는 학생들과 함께 매년 세미나를 열고 있다.[1] 뤼스 이리가레는 벨기에와 프랑스에서 다양한 분야에 걸쳐 수학했고, 프랑스 여성해방운동에도 일찍부터 참여해왔다. 문학과 철학으로 학문의 여정을 시작한 그녀는 1960년 프랑스로 건너와 심리학과 정신병리학 과정을 밟은 뒤, 2년간 벨기에의 국립과학연구재단(Fond National de la Recherche Scientifique)에 있다가 1964년 파리에 있는 국립과학연구센터(Centre National de la Recherche Scientifique)의 연구원으로 일했으며 1968년에는 센터장이 되기도 했다. 당시 그녀는 자크 라캉의 세미나에 참여하면서 정신분석학자가 되기 위한 훈련을 받았고 1968년에는 언어학 박사학위를 취득했다. 1970년부터 파리의 뱅센 대학에서 강의를 시작했으며, 이 시기에 파리프로이트학회(Ecole Freudienne de Paris)의 일원이 되었다.

뤼스 이리가레의 첫 번째 저서 『치매환자의 언어』(*Le Langage des déments*, 1973)는 치매환자에게 나타나는 언어능력 붕괴에 성에 따른 차이가 있음을 보여준다. 이름이 알려지기 수년 전부터 이미 자신의 주요 개념인 '성차'(la différence sexuelle)에 관한 연구가 시작된 셈이다. 하지만 페미니스트 철학자로서 그녀의 학문적 삶이 크게 변화한 것은 1974년 철학박사 학위 논문으로 『검경: 여성으로서의 타자에 대하여』(*Speculum. De l'autre femme*)를 제출하면서다.[2] 논문심사 과정에서 곤란을 겪은 뒤 출간된 『검경』은 상당히 문제적인 텍스트가 되었다. 이 저작이 수많은 남성 철학자들과 더불어 지그문트 프로이트와 자크 라캉의 이론을 성차에 무지하고 무관심한 남근중심주의 담론이라고 정면으로 비판하고 있는 탓에, 뤼스 이리가레는 파리프로이트학회에서 축출됐고 결국 대학에서도 쫓겨나 프랑스에서는 다시 교편을 잡지 못했다. 이 일련의 사건은 학문의 영역, 특히 담론의 최고 지위를 자처하는 철학 내부에서 여성과 여성적인 것이 배제되는 상황을 적나라하게 보여준다. 이후 그녀는 주로 유럽의 여러 대학에서 방문 교수로서 연구와 강의, 저술 활동을 계속하고 있으며, 특히 이탈리아 사회주의 정당과 관계를 맺으며 여성운동과 민주주의 운동에 참여하기도 했다.

페미니스트들 사이에서 『검경』은 더욱 뜨거운 논쟁거리였다. 처음에는 그녀의 날선 비판과 여성들 사이(특히 엄마와 딸)의 관계에 대한 강조가 일종의 레즈비어니즘으로 읽히면서 환영받았다. 하지만 곧이어 성차를 중심축으로 하는 뤼스 이리가레의 저작들은 '본질주의' 비판에 내몰려 한동안 깊이 있고 풍부한 해석과 토론이 불가능할 정도였다. 그럼에도 불구하고 그녀의 철학은 수많은 페미니스트들에게 영향을 끼쳤다. 여성 철학자로서는 최초로 별도의 학회가 만들어졌으며, 그녀의 철학에 관한 논문과 책들이 끊임없이 출간되고 있다. 그녀의 이론은 페미니즘과 철학뿐 아니라 상당히 다양한 분야에 영향을 주고 있다. 쥘리아 크리스테바와 엘렌 식수와 함께 그녀는 여성적인 재현과 표현의 양식으로서 새로운 글쓰기 스타일을 보여줌으로써 문학비평에서 반향을 일으켰다. 촉각적 감각에 대한 강조와 미메시스에 관한 논의는 미학에서, 공간, 리듬, 거주에 관한 논의들은 건축 분야에서 심심치 않게 언급된다. 또한 신학, 교육, 정치학 등의 분야에도 꾸준히 영감을 주고 있다.

하지만 뤼스 이리가레의 저작들은 스스로도 강조하고 있듯이 무엇보다도 철학 텍스트로 보아야 한다. 페미니즘이 다양한 학문의 성과들을 수용하고 내부적인 비판의 과정을 통해 성장해온 것은 사실이다. 그러나 페미니스트들이 나름대로 구축해온 페미니즘의 원리와 언어만으로 뤼스 이리가레의 철학적 저작들을 해석하기는 쉽지 않다. 특히 우리가 '페미니즘'이라는 말로 지시하는 것은 대개 영미 지역의 젠더 연구와 문학비평에 토대를 둔 것이라고 할 수 있다. 반면 뤼스 이리가레의 사유는 페미니스트들보다는 고대 그리스 철학자들, 독일과 프랑스의 현대 철학자들과의 대화 속에서 발전한 것이다. 그러므로 철학자로서의 그녀의 학문적 토대에 대한 충분한 이해가 동반되지 않는다면 수많은 오해를 피하기 어렵다. 이 글에서는 뤼스 이리가레의 전기의 비판적 주장들을 먼저 살펴보고, 본질주의 논쟁을 검토하면서 성차 개념을 이해해볼 것이다. 더불어 국내에서는 상대적으로 덜 소개되어 있는 후기 철학의 논의를 고찰해보고자 한다.

1 | 타자인 여성

뤼스 이리가레의 페미니스트 철학은 연대에 따라 깨끗하게 구분되는 것은 아니지만 세 단계로 전개되어 있다. 『검경』과 『하나가 아닌 성』(*Ce sexe qui n'en est pas un*, 1977)이 포함되는 첫 번째 단계는 비판의 시기로서, 서구의 자기중심적이고 단일성적인 남성 주체가 어떻게 세계를 구축하고 이해하며 해석해왔는지를 보여주고 타자인 여성의 관점에서 이를 비판한다. 특히 『검경』은 전통적으로 남성적이었던 철학적 주체 개념이 다른 모든 타자들을 자신과의 관계로 환원해버린다는 것을 보여준다. 두 번째 단계에는 위의 두 저작 역시 포함되지만 주로 80년대 초반에서 90년대 초반까지의 작업이 해당된다. 이 시기에 뤼스 이리가레는 여성적 주체를 정의하는 데 주력한다. 이는 앞서 비판한 남성중심적인 사회문화 속에서 여성들이 떠안은 '남성을 위한 타자'라는 지위에서 벗어나, '여성적 주체로서의 타자'일 수 있도록 하기 위한 것이다. 이제 여성이 자기 자신으로서의 주체로 존재하게 된다면, 여성은 주체이자 타자로서 남성과 관계를 맺을 수 있게 된다. 여기서는 남성 역시 주체이기만 한 것이 아니라 여성의 성적 타자로 존재한다. 따라서 남성과 여성은 한 성이 다른 성으로 환원되거나 예속됨 없이 각자가 주체이면서 서로에게 타자인 관계를 형성할 가능성을 갖게 되는 것이다. 그러나 그런 관계가 자동적으로 가능한 것은 아니다. 그래서 뤼스 이리가레가 자신의 학문적 삶의 마지막 시기에 초점을 맞추는 과제는 남성과 여성의 새로운 관계의 탐색, 즉 "성차를 존중하는 상호주체성을 구축"하는 일이다.[3] 이것은 『성차의 윤리학』(*Éthique de la différence sexuelle*, 1984)에서 어느 정도 예비되어 있는 것으로서, 『나는 너에게로 사랑을 한다』(*J'aime à toi*, 1992) 『둘로 존재하기』(*Être deux*, 1994) 『사랑의 길』(*The Way of Love*, 2002) 등의 저서에서 구체적으로 서술되고 있다.

각 단계로의 이행에 변화가 없지는 않지만 그것이 단절이나 급격한 선회라 할 만한 것은 아니다. 뤼스 이리가레는 일관되게 성차의 망각이 온갖 종류의 억압, 폭력, 차별을 야기한다는 문제의식에서 출발하여, 성적 차이를 다시 회복시키는 일을 목표로 삼는다. 성차를 회복한다는 것은 곧 여성적 주체성, 여성의 문화, 여성의 세계를 찾아내고 그것들이 남성적인 것과 나란히 함께 존재할 수 있도록 함을 의미한다. 왜냐하면 현재로서는 남성이라는 하나의 주체와 하나의 성만 허용하는 가부장제적이며 남성우월주의적인 문화만이 존재하기 때문이다. 전기, 중기, 후기에서 뤼스 이리가레가 집중하고 있는 각각의 과제들은 이미 『검경』에서 그 전체적인 모습을 어느 정도 드러내고 있다고 할 수 있다.

『검경』에서 그녀는 지그문트 프로이트에서 시작하여 플라톤에 이르기까지 대표적인 철학 담론의 아버지들을 역순으로 불러낸다.

이들의 저작들을 세밀하게 따라가며 인용하면서, 자신이 대결하는 철학자의 말과 자기 자신의 말을 교묘하게 뒤섞어 놓는 그녀의 글쓰기 방식은 때로는 남성 철학자의 가부장제적인 관념을 그대로 수용한다는 오해를 불러일으키기도 한다. 하지만 이러한 인유법은 남성 철학자가 숨기고 있던 모순과 그들이 공유하고 있는 남성중심적인 무의식적 욕망이 스스로 말을 하도록 하는 효과를 낸다. 이는 특히 이 책의 삼분의 일을 지그문트 프로이트 분석에 할애하고 있는 1부 "대칭이라는 오래된 꿈의 맹점"에서 잘 드러나고 있다. 여기서 뤼스 이리가레는 지그문트 프로이트의 오류와 무지를 밝힐 뿐 아니라 그가 의존하고 있는 남성적 상상계와 상징계의 특성과 욕망을 드러낸다. 그녀에 따르면 그는 문화와 담론 속에 "처음부터 내내 함축적이고 숨겨져 있고 알려지지 않은 채로 남겨져 있었음에도 효력을 가져왔던" 것, 즉 "모든 학문의 진리, 모든 담론의 논리의 기초를 이루고 있는 성적 무관심(무차이, indifférence)"을 무심결에 드러낸다.[4]

물론 그는 누구보다도 성에 대해 깊이 탐구했다. 그런 그가 성적 무관심을 드러냈다는 것은 성적 차이를 보지 못했다는 것을 의미한다. 그가 설명하고 있는 여성과 남성의 차이는 어디까지나 동일성을 전제로 한 차이이며, 남성적 리비도와 남성의 섹슈얼리티를 기준으로 하여 비교와 대조를 통해 여성적인 것을 설명하는 것일 뿐이다. 지그문트 프로이트는 남성이라는 하나의 성을 중립적이고 보편적인 것으로 간주하고, 자신의 이론이 이미 남성중심적으로 구성되어 있음을 알지 못했다. 그렇기에 그는 여성의 음핵을 '작은 남근'으로 부르고 여자아이가 스스로를 거세당한 것으로 여긴다고 보았으며, 여성의 삶이 남근 선망을 중심축으로 하여 조직된다고 이해한 것이다. 이런 의미에서 지그문트 프로이트에 대한 뤼스 이리가레의 비판은 단지 그가 여성의 섹슈얼리티를 제대로 설명하지 못하는 지점들을 지적하는 것에 그치는 것이 아니다. 그가 기술한 여성성의 발달 과정은 그가 믿었던 것처럼 본래적인 것이 아니다. 그는 이것이 여성이 자신의 고유한 섹슈얼리티를 표상하고 재현할 언어와 같은 문화적 원천을 갖지 못하게 하는 가부장제의 결과라는 점을 통찰하지 못하였다. 따라서 뤼스 이리가레는 성차가 인정되지 않는 현재의 상상계와 상징계에서 나타나는 여성의 타자화라는 문화적 증상을 설명하기 위해, 지그문트 프로이트의 텍스트를 증례로 삼고 있다.

여성은 남성중심적인 사회문화 안에서, 남근로고스중심주의 안에서 타자가 된다. 뤼스 이리가레의 페미니즘 철학에서 '타자'라는 말은 맥락에 따라 크게 두 가지 의미를 지닌다. 하나는 동일자의 타자, (전통적으로 남성인) 주체의 주체를 위한 타자로서 동일자에게로 환원되고 흡수되는 타자이다. 이때 타자는 일방적으로 주체의 지각과 의식, 욕망의 대상으로 주체에게 종속되며 주체와의 관계 속에서만 이해되고 설명된다. 타자는 주체와 비교했을 때 어떤 점이 얼마나 유사하거나 다른지에 따라 평가되고 주체에 비해 열등한 위치에 놓이게 된다. 물론 타자는 다른 한편으로 주체를 위협하기도 한다. 주체는 타자의 시선 앞에서 위축되고 자기 역시 타자가 될 수 있다는 사실에 공포를 느낀다. 또한 타자는 주체가 주체의 방식으로는 미처 다 파악할 수 없는 미지의 영역이기도 하다. 하지만 지금껏 대부분의 인간의 역사에서 이 미지의 대상에 대한 대처 방법은 타자가 가진 독특성을 폭력적으로 제압하고 주체의 영역 안으로 흡수해버리거나 완전히 무화시키는 것이었다. 이런 의미에서 뤼스 이리가레는 여성이 남성 주체에 의해 폭력적으로 억압되고 동화되고 무화된 타자이고, 남성과의 관계를 떠나서 여성으로서의 주체가 되었던 적이 없었다고 진단한다.

하지만 뤼스 이리가레가 '타자'를 이처럼 부정적으로만 생각한 것은 아니다. 오히려 그녀는 진정한 의미의 타자가 존재할 수 있어야 한다고 본다. 특히 성적으로 분화되어 있는 존재로서 여성과 남성은 각자가 주체이면서 서로에게 성적 타자로서 관계를 형성할 수 있어야 한다고 주장한다. 남성적 주체의 동일성 논리로 환원되지 않는 여성적 주체성이 마련된다면, 여성과 남성은 환원불가능한 성차를 지닌 존재로서 둘 사이의 교환과 초월을 가능하게 하는 변증법적 관계를 맺을 수 있다는 것이다.

동일성 논리에서 변증법은 동일자인 '나'가 그 자신과 맺는 관계이다. 가령 지그문트 프로이트는 남근을 향한 동일한 욕망을 양성 모두에게 똑같이 부과한다. 이때 여성의 "성적 타자성은 '남근을 갖지 않음'으로 전락한다."[5] 그래서 여성은 '남근이 결핍된 남성'으로서, 남성의 부정으로서의 타자라는 위치에 있게 된다. 이와 같은 구조에서 **변증법**은 남근을 가진 자인 남성 주체는 남근을 못 가진 여성이라는 부정의 항을 경유하여 다시금 가치와 권위를 가진 남근을 소유한 남성으로 되돌아오는 **방식으로 작동한다**. 그러나 동일자들 사이에는 사실상의 교환도 초월도 불가능하다. 무한정한 자아의 확장만이 있을 뿐이다. 동일자는 하나이자 전체이기 때문이다. 뤼스 이리가레는 이러한 구조를 '(남성)동성애적(hom[m]o sexuel) 사회'라 부르기도 한다. 생물학적으로는 여자라 하더라도 남성적 방식으로만 정의된 여성은 남성이나 다름없기 때문이다. 그러므로 실상 가부장제 사회에서 남성들은 여성들과 주체 대 주체로서 교환하지 않고 남성들 사이에서 여성을 교환한다. 이런 맥락에서 볼 때 동일자에게로 환원불가능한 차이를 지닌 타자는 인간 존재자들 사이의 참된 관계와 초월을 위한 가능 조건이라 할 수 있을 것이다.

그러므로 뤼스 이리가레에게는 진정한 의미의 타자가 된다는 것은 주체가 되는 것만큼 중요한 일이다. 이것은 시몬 드 보부아르 이후의 페미니즘이 '제2의 성'의 지위에서 벗어나 타자가 되기를 거부하고 주체 입장을 쟁취하는 것을 목표로 삼았던 것과는 사뭇 다르다. 뤼스 이리가레는 평등주의 페미니즘을 비판하면서, 남성과 동등한 권리를 위한 싸움은 매우 중요한 것이지만 그것이 여성해방의 최종적인 목표가 되어서는 안 된다는 입장을 재차 강조한다. 평등과 동등함을 추구하는 것은 지그문트 프로이트와 마찬가지로 남성을 주체의 모델로 삼음으로써 여성이 남성이 되고자 하는 것이기 때문이다. 그녀의 목표는 남녀 모두가 제1의 성도 제2의 성도 되는 일 없이, 차이 나는 두 성으로서 주체이자 타자가 될 수 있는 길을 모색하는 것이다. 이를 위해서는 무엇보다도 성적 차이에 대한 인식과 인정이 필수적이다. 왜냐하면 그녀에게 성차는 다른 모든 차이들 중에서도 가장 근본적인 것이며, 우연적, 사회적, 정치적 차원의 차이나 개념적으로 구성된 허구적 차이가 아니라 존재론적 인 것이기 때문이다.

2 | 성차의 존재론

> 이렇게 말해보죠. 남성과 여성 사이에 부정성이 있다, 굳이 말하자면 존재론적인, 환원불가능한 유형의 부정성이 있다고 말입니다. 한 여성과 다른 여성 사이에서 그것은 훨씬 경험적인 유형의 부정입니다. 나아가 부정성은 오직 남성과 여성 사이의 존재론적 차이에서만 이해될 수 있고 살아갈 수 있는 것입니다.[6]

> 철학의 과제는 이 차이를 어떤 존재론적인 수준으로 (…) 고양시키는 것이다. 지금까지 그것은 경험주의에 (…) 내맡겨져 왔다.[7]

성차가 존재론적 차이라는 것은 대체 무슨 말인가? 뤼스 이리가레는 이것을 개념적으로 말끔하게 정의내리지 않는다. 정의할 수 있는 차이는 개념적 차이이지 더 이상 존재론적인 것이 아니기 때문이다. 우리가 흔히 일상생활에서나 심리학과 같은 학문 분야에서 여성과 남성의 차이를 말할 때 사용하는 젠더상의 차이는 존재론적인 것이 아니라 경험적이고 개념적인 차이이다. 개념적 차이라는 것은 비교, 대조, 대립 등을 통해서, 어떤 대상들을 더한 것과 덜한 것 혹은 비슷한 것 등으로 분류하는 것이다. 이는 뤼스 이리가레가 근본적으로 비판하는 동일성 논리에 따라 차이를 파악하는 방식이다. 그러므로 뤼스 이리가레가 말하는 성차는 우리가 경험의 차원에서 가려낼 수 있는 순전히 생물학적인 차이나 심리적인 차이가 아니다. 그렇지만 성차는 전적으로 사회문화적 차원에서 구성되기만 하는 것도 아니기 때문에 신체의 차이들을 포함한다.

우리는 습관적으로 중립적이고 무성적인 용어인 '인간'이라는 개념으로 남녀를 모두 아울러 칭하지만, 사실 인간은 성적 존재이며 적어도 두 개 이상의 성으로 분화되어 있다. **성차화 되기** 이전의 인간이란 없으며, 그런 의미에서 성차는 성적 존재로서의 인간의 존재론적 조건이다. 그러나 가령 성기의 기능이 성적 차이를 결정하는 것은 아니다. 정신분석학의 관점에서 볼 때 **성별화 되어** 있는 신체의 이미지는 주체 형성에서 매우 핵심적인 것이다. 하지만 신체적 차이는 날것의 자연이나 본능으로 고정되어 있는 것이 아니라 항상 문화적, 심리적 의미작용에 의해 매개되어 체험되는 것이다. 정신분석학뿐 아니라, 게오르크 헤겔, 마르틴 하이데거, 모리스 메를로-퐁티 등의 현상학으로부터 깊은 영향을 받은 뤼스 이리가레에게 신체는 이미 항상 세계 안에서 주체가 자기 자신, 다른 대상 및 타자, 그리고 세계 자체와 관계 맺는 방식을 표시한다. 쉽게 말해 성차는 여성이 여성적 신체에 체현된 방식으로 여성으로서 살아가는 것과 남성이 남성적 신체에 체현된 방식으로 남성으로 살아가는 것이 비교할 수도 한 쪽으로 환원할 수도 없는 독특한 차이를 구성한다는 것을 의미한다.

그런데 한동안 많은 페미니스트들이 뤼스 이리가레의 성차와 여성적 주체성 개념을 신랄하게 비판했다. 어떤 이들은 그녀가 가부장제적 관념들을 강화하는 데 일조하고 있기 때문에 페미니스트라고 명명할 수조차 없다고 보았다.[8] 지금까지도 페미니즘에서 가장 강력한 비판적 도구이자 반여성적인 성별 체계를 무너뜨리기 위한 핵심 개념은 '젠더'이다. 젠더는 여성성과 남성성이 모두 사회적 구성물이며 따라서 여성에게 특정한 본성과 역할을 부여하여 여성의 삶에 제약을 가하는 모든 젠더 관념들은 허구적인 것임을 밝혀주었다. 따라서 일반적으로 페미니스트들은 젠더를 채우고 있는 내용들을 폐기하고 여성이 남성과 동등한 인간 주체로서 살아가도록 하는 것이 여성해방을 가져다줄 것으로 믿어왔다. 다시 말해 페미니즘의 목표는 여성과 남성 사이에 존재한다고 가정된 차이들을 제거하는 것이었다.

이때 핵심 지점은 몸이다. 가부장제가 여성에 대한 억압과 차별 그리고 폭력을 정당화할 근거로 삼은 것이 바로 남녀 사이의 생물학적 차이이기 때문이다. 특히 출산 및 육아와 관련된 여성의 신체적 기능은 여성의 사회적, 정치적 권리들을 박탈하고, 남성의 지배와 보호 아래에서 살아가도록 여성을 가족 안에 묶어두는 구실이 되었다. 페미니스트들은 이러한 논리를 생물학적 결정론이나 본질주의라고 부른다. 본질주의는 가부장제의 논리일 뿐 아니라, 사회와 문화의 정치적이고 역사적인 변화의 가능성을 차단한다. 나아가 모든 여성에게 보편적인 본성을 가정하고 있기 때문에 여성들 사이에 존재하는 무수한 차이들을 무시하게 된다. 이로 인해 본질주의는 페미니스트라면 무엇보다도 경계해야 할 것이 되었다. 그렇기 때문에 성차를 존중해야 한다는 뤼스 이리가레의 주장은 페미니즘의 원칙과 근본적 입장에 균열을 일으키고 가부장제의 논리를 반복하는 것처럼 보일 수밖에 없었다.

특히 가장 문제가 되었던 것은 『하나가 아닌 성』에서 여성의 섹슈얼리티를 기술하는 대목이다. 여기서 뤼스 이리가레는 여성 성기의 음순을 '두 입술'로 표현하면서 이미 항상 접촉하고 있는 두 입술들이 여성의 섹슈얼리티의 특징을 나타내는 것으로 설명한다.

> 이 모든 것은 (…) 여성만의 쾌락에는 매우 생소한 것이다. 따라서 예를 들어, 여성의 자가 성애는 남성의 자가 성애와는 매우 다르다. 남성이 자신을 만지려면 그는 도구가 필요하다. 그의 손, 여성의 몸, 언어 등. 그리고 이 자기 애무에는 적어도 최소한의 활동이 요구된다. 여성의 경우, 그녀는 그녀 안에서 그리고 그녀 스스로 자신과 접촉한다. 이것은 어떤 매개물 없이, 그리고 능동성과 수동성의 구별이 일어나기 전에 이루어진다. 여성은 언제나 "자신을 만지며", 게다가 누구도 여성이 그렇게 하는 것을 막을 수 없다. 왜냐하면 여성의 성기들은 지속적으로 접촉하는 두 입술들로 이루어져 있기 때문이다. 그러므로 그녀 내부에서, 여성은 이미 서로를 애무하는 둘이지만, 하나(들)로 나눌 수 없다.[9]

> 보여줄 것이 없는 이 성 기관은 또한 고유한 형태도 결여하고 있다. 그리고 이러한 형태의 불완전성이 이 기관으로 하여금 계속해서 무한히 스스로 자신을 만지도록 하고, 여성이 이 불완전성

> 으로부터 쾌락을 얻는다면, 이 쾌락은 남근형태학에 특권을 주는 이 문명에 의해서 부정된다.[10]

이에 따르면 남성의 섹슈얼리티가 통일성, 선형성, 자기동일성, 목적론적 특성을 띠는 반면, 여성의 성적 욕망은 복수성, 비선형성, 유동적 특성을 갖는다. 이에 대한 비평가들의 첫 반응은 생물학적 또는 해부학적 결정론이라는 것이었다. 그들은 뤼스 이리가레가 여성성이나 남성성으로 제시한 내용들이 신체의 생물학이나 해부학에 기반을 두고 있으며 그 특징들을 본질로 가정하고 있다고 이해한다. 문제의 구절이 수록되어 있는 바로 그 책에서 뤼스 이리가레가 "담론 이전의 실재란 없다. 모든 실재는 담론에 기반을 두고 있으며 담론에 의해 규정된다"고 말한 것은 너무나 쉽게 간과되었다.[11]

정신분석학자로서 뤼스 이리가레는 우리가 실재를 있는 그대로 만나는 것이 아니라 상상적이고 상징적인 질서를 경유할 수밖에 없다고 본다. 따라서 생물학이나 해부학도 있는 그대로의 자연적 육체를 기술하는 것이 아니라 특정한 담론의 질서에 속해 있다. 그녀의 이러한 입장은 '형태학'이라는 개념에서 잘 나타난다. 전기 저작에 한정하여 말하자면, 형태학이란 신체가 문화 내부에서 받아들이게 되는, 문화적으로 상상된 신체의 형상을 의미한다. 앞에서 보았듯이 가부장제 사회에서 여성의 신체는 남근의 결핍을 중심으로 형상화된다. 심지어는 아무런 형상이나 본질도 갖지 않는 순전한 질료나 동물적인 몸 또는 출산과 양육이라는 해부학적 운명에 예속되어 있는 어머니의 몸으로만 이해된다. 뤼스 이리가레는 여성들이 이와 같은 상징체계에서 벗어나 여성을 위한 여성에 의한 방식으로 여성의 신체와 섹슈얼리티를 상징화하는 형식을 발견하고 창조해야 한다고 주장한다.

이런 맥락에서 어떤 이들은 뤼스 이리가레를 생물학적 본질주의자가 아니라 전략적 혹은 정치적 본질주의자라고 평가하기도 한다.[12] 이들에 따르면 여성 신체에 대한 두 입술의 은유는 여성의 생물학적 본질의 목록을 작성하거나 여성이 무엇인지를 정의 내리려는 시도가 아니라, 여성이 스스로 자기 신체를 적극적으로 상징화하는 한 가지 방법을 보여주는 것이다. 이런 설명은 생물학적 본질주의라는 비판보다 훨씬 더 광범위한 공감을 얻었다. 여성의 본질 혹은 어떤 보편적 공통성에 대한 무조건적인 거부가 '여성'이라는 범주 자체를 사용할 수 없게 함으로써, 여성이 처한 현실에 대해 합의된 이해를 끌어내고 공동으로 대응하는 정치적 힘을 보장할 수가 없기 때문이다. 따라서 전략적 본질주의는 여성해방이 완수될 때까지 정치적 필요에 따라 '여성'이라는 보편적 개념을 사용하고 여성의 공통된 특수성을 가정하는 것이 가능하다고 본다.

뤼스 이리가레의 입장을 전략적 본질주의로 해석하는 것은 그녀의 철학을 전체적 맥락에서 더 일관되게 읽는 방식이기 때문에 생물학적 본질주의보다는 훨씬 설득력이 있다. 특히 여성과 여성적인 것에 대한 의미화와 관련하여 상징계에서의 변화를 강조하는 초기의 텍스트들에는 상당히 잘 들어맞는 독법이라 할 수 있다. 하지만 뤼스 이리가레가 성차를 가장 근본적이고 보편적인 존재론적인 차이라고 거듭 주장한다는 점을 염두에 두면, 그녀가 페미니즘의 정치적 목표를 위해 여성의 보편적 특수성을 일시적으로 가정한다고 하기는 어렵다. 존재론은 일반적으로는 어떤 존재하는 것들이 세계 내에서 어떻게 존재하는지를 다루는 학문이다. 전통적인 철학에서는 모든 존재자들의 차이를 사상하고 남는 근본적인 실체 또는 존재자들의 최초의 원인이나 최종적인 목적의 본질을 탐구해왔다. 따라서 성차가 '존재론적'이라는 것에는 성차가 우연적이거나 일시적이고 잠정적인 게 아니라 근본적인 본질이며 보편적인 것이라는 의미가 담겨 있다.

하지만 뤼스 이리가레가 이 말을 사용하는 맥락은 마르틴 하이데거의 존재 이해와 훨씬 더 가깝다. 그에 따르면 존재는 존재자들 중 가장 최상위나 가장 근저에 있는 실체(즉 하나의 존재자)도 아니요, 우리가 개별적 대상들을 대하듯이 존재에 관한 지식을 이론적, 개념적으로 손에 쥘 수 있는 것도 아니다. 그는 존재를 자연의 고대 그리스적 의미를 나타내는 '퓌지스'(physis)와 동일시한다. 그에 따르면 고대 그리스에서 퓌지스란 현대인들이 생각하는 자연물의 총체이자 자원으로서의 물질적 자연이 아니라, 존재자들을 관장하는 섭리 혹은 자연 만물에 숨겨져 있는 어떤 힘과 같은 것이다. 이러한 퓌지스는 자기 자신을 열어 피어오르고 펼치며, 그 펼침 속에서 머무르고 또한 스스로를 숨기는 섭리로 설명된다. 이러한 퓌지스로서의 존재가 스스로를 은닉하고 또 드러내는 바를 사유하는 것이 마르틴 하이데거적인 의미의 존재론이라 할 수 있다. 인간이라는 존재자는 이러한 존재-퓌지스와의 관계에 의해서만 비로소 참되게 존재할 수 있는 것이며, 반대로 존재는 인간과 같은 존재자들을 통해서 자신을 발현할 수 있다.

이런 맥락에서 볼 때, 성차가 존재론적이라는 것은 성차가 인간의 존재 조건이고 인간을 통해서 성차가 발현된다는 것을 의미한다. 나아가 성차는 단지 인간에게만 해당되는 것이 아니라 퓌지스로서의 자연이 태어나고 성장하고 죽게 되는 전체의 순환적 과정을 관장하는 힘과 관련되는 것이기도 하다. 뤼스 이리가레는 중기와 후기의 텍스트들을 통해 퓌지스를 물질적 흐름으로 구성되어 있는 무한히 순환하는 생성과 성장의 과정으로 재정의한다. 그리고 이 과정에서 나타나는 모든 자연적 현상들은 이원적 리듬들, 즉 성적으로 분화되어 있는 두 리듬들에 따라 이루어진다. 이원적 리듬들은 신체적 형상과 같은 구체적인 성적 차이의 내용들을 모두 결정하는 것이 아니라, 각 신체가 성장하고 변화하는 과정의 패턴들을 규제한다. 말하자면 뤼스 이리가레가 성적 본질로 삼는 것은 신체의 형태나 그 형태가 갖는 기능들(월경, 출산, 수유 등)이 아니라, 우리의 신체를 비롯한 자연 전체에서 물질적 흐름의 패턴들과 시간성을 규제하는 리듬인 것이다.[13]

지금까지 이해한 것을 바탕으로 보면, 존재론적 지위를 갖는 성차 개념은 생물학적 결정론이나 전략적 본질주의가 아니라, 여성과 남성을 여성과 남성으로 존재하게끔 하는 일종의 본질로서 가정된 것으로 볼 수 있다. 그러나 본질주의냐 아니냐 하는 것보다 더 중요한 질문은 과연 본질을 주장하는 것이 항상 나쁘냐 하는 것이다. 본질 혹은 신체와 물질과 자연에 여성 주체성을 결부시키는 데 대한 공포나 거부감은 오히려 자신을 성적으로 분화되어 있고 신체적, 물질적으로 체현되어 있는 존재가 아니라 문화와 이성에만 속하는 것으로 선언한 남성의 공포를 은연중에 공유하고 있는 것은 아닐까? 뤼스 이리가레는 근본적이고 보편적인 성차를 역동적이고 자발적이며 생성의 흐름으로서 신체와 자연 개념을 통해 설명한다. 이로써 그녀는 본질에 함몰되지 않으면서도 자연과 문화 모두를 포함하는 세계 내에 뿌리를 내린 인간, 성적 존재로서의 인간의 구체적인 존재론적 토대를 보여주고 있는 것이다.

3 | 성들 사이의 상호주체적 관계와 수평적 초월

그렇다면 성차가 존중될 때 여성과 남성의 관계는 어떠할 것인가? 아니 그러한 상황을 만들기 위해서 어떤 노력들이 필요할까? 뤼스 이리가레는 전기 저작들에서는 먼저 여성들 사이의 관계를 통해 여성으로서의 여성 주체성을 구성할 것을 제안한다. 가부장제 사회가 남성의 성, 남성적 주체성, 남성적 세계 구축만을 허용한다고 할 때 그것은 남성 신에서 아버지, 아버지에서 아들로 이어지는 부계 계보만이 존재한다는 의미이다. 계보가 있다는 것은 단순히 이름을 물려주는 것을 넘어, 남성의 언어와 문화를 전수하고 보존하고 지속적으로 창조한다는 것인데, 여기에 일종의 세대 차이가 개입하지 않는다면 계보의 역사적 변화나 창조는 불가능할 것이다. 말하자면 아버지와 아들은 다르다. 그 차이 속에서 아들은 아버지에게서 물려받은 것을 똑같이 반복하지만은 않는다.

그런데 여성에게 이러한 계보, 모계 계보가 불가능한 것은 여성들 사이에 아무런 차이가 없기 때문이다. 이는 남성중심적인 상상계와 상징계에서 여성에게는 '남성의 어머니'로서의 자리만이 허락되어 있기 때문이다. 이때 '어머니'는 '여성'과 그리고 '모성적인 것'은 '여성적인 것'과 전혀 구별되어 있지 않고 여성적인 것은 모성적인 것으로 흡수되어버린다. 어머니와 딸의 관계는 여성적 방식으로 상징화되지 못하기 때문에 여성들 간의 세대 차이가 존재하지 않고 따라서 여성의 계보도 구성되지 못하는 것이다. 그래서 뤼스 이리가레는 어머니에서 딸로 이어지는 종적 관계를 통해 모계 계보를 구성할 것을 주장한다. 이 종적 관계에서의 승화를 통해 여성은 여성만의 상징체계, 즉 언어, 문화, 종교, 이론들을 창조적으로 만들어가고 또 이어갈 수 있기 때문이다. 이러한 세대 간의 관계가 없다면, 여성들 간의 수평적 관계는 '남성의 어머니'라는 자리를 둘러싼 경쟁관계가 될 것이다.

두 번째로 필요한 것은 남녀 관계의 변화이다. 후기 저작으로 갈수록 뤼스 이리가레의 관심은 여성과 남성의 새로운 관계에 집중된다. 앞서 보았듯이 여성이 여성으로서의 주체가 된다면, 그 다음으로는 각자가 자기가 속한 성의 주체이자 서로에게 성적 타자인 여성과 남성이 공존하기 위해 어떤 관계를 맺을 것인가 하는 과제가 남는다. 뤼스 이리가레는 페미니스트들이 현재의 성별 권력관계를 전복하려고 해서는 안 된다고 본다. 그녀가 보기에 중요한 것은 한 성이 다른 성에게 종속되거나 굴복하지 않으면서, 차이를 지닌 둘로서 존재할 수 있는 관계를 만들어가는 것이다. 주인과 노예의 변증법 안에서 엎치락뒤치락 하는 것은 무의미하다는 것이다.

그러나 변증법적 관계는 여전히 중요하다. 여성과 남성은 각자가 환원할 수 없는 차이와 고유한 세계를 갖는 주체로서 서로를 마주해야 한다. 이때의 변증법에서 타자는 극복될 수 없는 차이를 표시하며 주체의 자기동일성을 동요시킨다. 이를 통해 주체는 끝없는 되기의 운동을 계속할 수 있다. 뤼스 이리가레에 따르면 인간 존재는 "일반적으로 망각되는 것을 주체적 되기의 책무로서 삼아야 한다. 망각되는 것은 바로 차이 그 자체"이다.[14] 다시 말해 우리는 차이를 통한 주체적 되기를 계속해 나가야 한다는 것이다. 이 차이를 가져다주는 것은 바로 타자, 그 중에서도 성적 타자이다. 이를 다른 말로 하자면 우리는 타자와의 관계를 통해서만 초월에 이를 수 있다. 뤼스 이리가레는 다음과 같이 말하고 있다.

> 수직적 초월의 경우 시초의 실재에서 인류의 기초를 다진 차이는 망각된다. 그 실재야말로 이 세계 너머에 속하는 전적인 타자에게로 그저 외삽하지 않고 수평적 초월을 존중하며 일궈야 할 것인데 말이다.[15]

> [삶의] 피어남은 수직적인 면과 수평적인 면, 두 영역에 기대고 있다. 여기서 다시 서구 문화는 수직성을 선호했으며, 단연코 근사(近似)한 재생산의 정점에 놓여 있는 이념에의 관계, 즉 상징적

아버지에의 관계나 지도자, 천상의 전적인-타자와의 관계를 선호했다. 대지 위에서 나의 옆이나 앞에 지금 이 순간 존재하는 타자와의 관계는 인간적 되기의 수평적 영역으로 계발된 바가 거의 없다.[16]

일반적으로 철학사에서 주체의 초월은 수직적인 것이거나 바깥으로 자신을 내던지는 것이다. 이는 자신의 현재를 부정하고 한계를 극복하는 것으로 묘사되는데, 이때 물질성, 신체, 죽음, 세속적 삶, 가족과 같은 사적인 영역은 극복되고 부정되고 초월되어야 하는 것들에 속한다. 그래서 초월은 더 많은 자유, 정신, 보편성을 획득해가는 과정이기도 하다. 하지만 뤼스 이리가레에게 초월은 수평적인 것이며 오히려 자신의 한계를 분명히 하는 과정이다. 인간과 세계가 성적으로 최소한 둘 이상으로 분화되어 있다는 것은 주체가 속한 세계가 전체와 동일시될 수 없는 부분이라는 것을 의미한다. 한계를 가지면서도 무한한 초월을 가능하게 하는 것은 나의 한계를 깨닫게 해주는 타자와의 만남, 전혀 다른 세계에 속한 성적 타자와의 만남이다. 이를 통해 주체는 "단일한 일자로 존재하기를 단념하고, 그 대신 상호주체적 관계 속에 있는 둘을 존중한다."[17] 나아가 뤼스 이리가레에게 물질성이나 신체, 자연적인 것은 극복해야 할 것이 아니라 일궈나가고 경작(cultivation)해야 하는 것, 즉 문화적으로 길러내야 할 것이다. 이런 의미에서 그녀에게 초월은 수평적인 것이며 동시에 감각적인 것이기도 하다.

뤼스 이리가레는 "단일하고 유일한 (남성적) 주체성으로부터 등가적인 가치와 존엄성을 갖는 두 주체들의 현존으로의 이행을 역사적으로 완수하는 것이야말로 철학과 정치학 모두와 관련하여 여성들에게 적합한 과제"라고 주장한다.[18] 주체와 타자의 새로운 관계, 새로운 주체 모델에 대한 논의는 현대 철학의 중요한 주제이며 여러 철학자들이 이를 다룬 바 있다. 그 가운데서 뤼스 이리가레가 보여주는 독특함은 단지 성차를 그 관계의 토대로 삼는 데에만 있는 것은 아니다. 그녀는 또한 주체가 끝없는 되기와 초월의 과정 중에서도 자신의 정체성, 자신의 동일성을 유지할 필요가 있다고 주장한다. 그럴 때만 차이를 보존할 수 있기 때문이다. 그녀는 에마뉘엘 레비나스처럼 타자가 주체에게 윤리적일 것을 명령한다거나, 타자가 주체보다 윤리적 우위를 차지한다고 보지 않는다. 또한 자크 데리다나 질 들뢰즈처럼 소수자로서의 타자가 될 것을 요구하지도 않는다. 뤼스 이리가레는 초월만큼이나 내재성을 강조하면서, 주체가 자신의 세계에 거주하면서 타자와의 조우를 통하여 자기 세계의 한계와 차이를 인식할 것을 주장한다. 이는 자기 자신과의 친밀함을 유지하고 회복할 수 있는 자율성을 요구한다. 타자와의 친밀함은 타자와 주체 사이의 차이와 거리를 삭제하고 극복함으로써가 아니라 각자의 거주지와 각자의 차이를 보존함으로써 가능하다는 것이다.

이런 관계를 만들어가는 데 중요한 것은 시적 언어이다. 뤼스 이리가레에게 언어는 단지 의사 표현이나 정보 전달의 수단이 아니라, 인간의 존재, 사유, 관계의 방식들, 즉 세계를 지각하고 인식하고 이해하며 세계와 관계 맺는 방식을 고스란히 담고 있는 것이다.

그녀에 따르면 지금까지 인간의 언어는 단일한 주체의 언어이고 이 주체가 대상과의 관계를 지시하기 위해 다른 사람들과 공유하는 코드화된 언어이다. 우리는 타자'와 함께 소통하기'(communicating with) 위해 언어를 사용하는 것이 아니라 타자'에게 무언가를 전달하기'(communicating to) 위해 언어를 사용해왔다는 것이다. 이때 언어는 보편적이고 선험적인 공통성과 객관성을 전제로 하여 이미 질서가 주어져 있는 언어이다. '둘'의 관계에서 새로움을 창조하고 이로써 문화를 경작해 나갈 것을 주장하는 뤼스 이리가레에게는 언어 역시 이러한 인간의 과업에 기여하는 것이 되어야 한다. 따라서 그녀는 둘 사이에서 차이를 존중하고 되기를 실행하며 욕구와 본능을 주체와 타자 간의 욕망과 이끌림으로 변모시킬 수 있도록 언어를 창조해야 한다고 주장한다. 이것이 그녀가 말하는 언어의 시적 사용의 의미라 할 수 있다.

4 | 과제와 의의

뤼스 이리가레에 대한 본질주의 논쟁은 일단락된 측면이 있으며 특히 생물학적 본질주의라는 비판은 이제 거의 의미가 없게 되었다. 하지만 LGBTQ에 더하여 탈젠더(post-gender), 무젠더(a-gender), 무성애(asexual), 젠더 플루이드(gender fluid)까지 다채로운 성 정체성 개념이 등장하는 오늘날, 갈수록 세계와 존재의 근본적 토대로서의 성차의 성격이 분명해지는 후기 저작들이 상대적으로 주목받지 못하는 것으로 보인다. 또한 성차를 가장 근본적이고 보편적인 차이로 삼음으로써, 전 세계적으로 나타나는 다양한 사회 문제들, 가령 계급이나 생태 위기와 같은 문제들이 갖는 특수성을 보지 못하고, 문제를 너무 단순화하고 성의 차원을 지나치게 보편화한다는 비판도 제기된다.

앞서 보았듯이 뤼스 이리가레는 성차가 다른 모든 차이들과 달리 가장 근본적이고 보편적인 차이의 지위를 갖는다고 주장한다. 자연에서 문화로의 이행을 가능하게 하는 차이는 성적 차이뿐이기 때문이다. 예컨대 인종, 민족, 종교, 계급 등에 따른 차이들은 사회문화적으로 구성된 차이이지 그 자체가 자연 안에 새겨져 있는 것은 아니라는 것이다. 자연의 성적 이원성은 인간에게서 가장 완전히 실현되는데, 그것은 인간이 성적 이원성에 문화적 표현을 주기 때문이다. 인간은 물질적, 자연적 세계와 문화적 세계 모두에 거주한다는 점에서 특유한 존재자이다. 이때 이 두 영역을 연결하는 것, 자연에서 문화로의 이행을 표시하는 것은 바로 성을 가진 신체이며, 서로에게로 환원될 수 없는 성차를 가진 신체들 사이의 관계이다. 두 개의 리듬, 두 개의 성은 두 개의 존재론적, 인식론적 지평, 두 개의 세계를 일구는 문화적, 사회적 표현들의 의미작용들을 인수한다. 이렇게 서로 다른 두 세계에 속한 남성과 여성 사이의 변증법적 관계 속에서 새로운 것을 창조해내며 초월의 가능성을 갖게 되는 것이다.

이러한 주장은 쉽사리 받아들여질 수 있는 것은 물론 아니다. 일례로 퀴어 이론가이자 페미니스트 철학자인 주디스 버틀러는 뤼스 이리가레가 남성중심적 질서에서 배제된 외부를 여성적인 것과 동일시하며, 그로 인해 이 질서에서 배제된 다른 타자들을 배제함으로써 자신이 비판하는 동일성 논리를 반복하고 있다고 지적한다.[19] 실제로 뤼스 이리가레는 다른 차이들이 부차적이라고 언급하곤 한다. 하지만 이것은 이 차이들로 인한 배제 혹은 타자화의 문제가 덜 중요하다고 보는 것은 아니다. 게다가 젠더 경계선들을 위반하고 넘나드는 다양한 정체성들이 성차 개념과 완전히 대립되는 것은 아니다. 성차는 단지 가부장제가 만들어낸 차별적이고 위계적으로 구성된 젠더 차이가 아니기 때문이다.

뤼스 이리가레에게 있어 성차의 독특성은 그것이 자연과 문화의 연결지점이라는 데 있다. 반면 다른 차이들은 젠더와 마찬가지로 사회적, 문화적 차원에서 구성된 차이이다. 그 차이가 배제와 억압의 구실이 되는 것은 남성 혹은 남성중심적 질서가 성적 차이를 부정하고 자신이 자연적으로, 물질적으로 그리고 성적으로 체현되어 있다는 사실을 지워버린 데 있다. 자신을 중립적이고 무성적인 존재로 선언한 남성은 문화적 가치들과 사회적, 담론적 권력을 독점하며, 이성적 인식의 주체로서 자신의 동일성 안으로 포섭할 수 없는 모든 것을 배제하기 때문이다. 따라서 뤼스 이리가레가 다른 차이들이나 다른 배제의 문제들을 부차적이라고 하는 것은 이 문제들을 야기하는 동일성 논리가 성차의 망각과 그로 인한 자연과의 단절에 기인하기 때문이다.

오히려 문제는 사회적 젠더에 한정되지 않는 문제, 가령 간성인 혹은 양성구유처럼 성적 이원성을 분명하게 표시하지 않는 신체들을 뤼스 이리가레의 이론이 포괄할 수 있는가 하는 것이다. 이런 신체들을 이원화된 자연의 리듬과 관련지어 말할 때 우리는 탈선, 변이, 예외와 같이 타자를 배제하고 무화하는 언어를 사용하지 않을 수 있을 것인가? 또 한 가지 남는 문제는 여성과 남성 사이의 끌림, 이들 사이의 욕망을 당연시하거나 적어도 특권적인 관계로 만든다는 점이다. 물론 이것은 단순한 문제는 아니다. 뤼스 이리가레가 이성애의 정상성 같은 것을 그저 가정하고 있는 것은 아니기 때문이다. 우리 역시, 퓌지스로서의 자연과 그에 속해 있는 인간의 끝없는 생성과 순환, 성장과 변화에 있어서 차이를 지닌 것들 사이의 교대와 교환, 성적 분화가 매우 중요하다는 것을 부인할 수는 없을 것이다. 그러나 차이를 지닌 타자의 신비를 통해 이루어지는 진정한 상호주체적 관계의 모델을 거의 배타적으로 남녀 커플에서 발견할 때, 단지 다른 성격의 관계라고 간단히 넘어갈 수 없는 위계화가 발생하는 것을 피하기 어렵다. 조금 적극적인 질문으로 바꾸면, 가치의 위계화 없이, 성차 개념을 중심으로 구상한 여성과 남성 사이의 윤리적, 존재론적 관계 모델을 어떻게 다른 상호주체적 관계에까지 확장하고 적용할 수 있을 것인가?

이런 의문들과 남은 과제들에도 불구하고 뤼스 이리가레의 페미니즘 철학이 꾸준히 음미해볼 만한 가치가 있는 까닭이 있다. 그녀는 여성 문제를 단지 여성이 겪는 문제, 여성에 관한 문제가 아니라 인간의 사회문화와 존재방식을 구축하는 심층적인 질서들을 변혁해내는 문제로 만들어, 성차를 존재물음의 차원으로 가져왔다. 이는 여성들이나 페미니스트들만이 아니라 모든 인간들과 사회가 더 나은 삶을 위해 여성해방을 필요로 한다는 페미니스트들의 관점에 철학적 기반을 구성해준다. 뿐만 아니라 뤼스 이리가레는 자연과 문화, 신체와 정신에 독특한 관계를 설정함으로써 물질적인 것, 자연, 신체, 감각과 우리가 어떤 관계를 맺어야 할 것인지 재고하게 한다. 이는 우리 시대의 가장 광범위하고 시급한 생태 위기에 대해서도 철학적 토대를 제공해줄 수 있다.[20]

가장 중요한 것은 좀 더 구체적인 현실과 관련된다. 성차를 우리가 존중하고 문화적으로 길러내야 할 근본적인 차이로 보지 않을 때의 결과를 지금 우리는 목도하고 있다. 남성과 동등한 권리, 동등한 권력, 동등한 자본을 소유하는 것을 일차적인 목표로 삼았던 여성들은 이제 갈 길을 잃었다. 남성적인 주체성을 성취하는 데 성공한 여성들은 그렇지 못한 여성들을 점점 더 심각한 폭력과 예속 상태로 몰아넣는 데 일조하고 있을 뿐이다. 여성들 사이에 선을 긋고 어떤 여성들을 더 확실한 제2의 성으로, 타자로 만들지 않고서는 자신의 명예남성성을 과시할 수가 없기 때문이다. 여성들은 점점 더 자본주의적이고, 공격적으로 경쟁에 뛰어들면서 지배적인 남성적 주체 모델을 좇고 있다.

지배적인 남성적 주체성이 아닌 다른 대안적 주체성을 구성하기 위해 성차가 필수불가결한가, 하는 질문에는 당장 대답하기 어렵다. 하지만 적어도, 우리의 기억 속에서는 한 번도 존재하지 않았고 별로 시도한 적 없었던 여성적 주체성과 여성의 계보를 통해, 여성과 남성의 새로운 관계를 설계해보는 것이 대안이 될 수는 있을 것이다. 젠더 질서를 교란시키거나 복수적인 섹슈얼리티를 실천하는 것만으로는 지배 질서의 구심력을 떨쳐내기 어려울 뿐 아니라, 미래를 구상하기 위한 민주적 대화를 촉발하기 어렵다. 뤼스 이리가레의 페미니즘 철학은 전혀 다른 구심력을 가진, 집합적 정체성으로서의 여성의 경험에 객관성을 부여하고 여성들의 언어와 문화를 구축할 것, 그리고 그 세계에 속한 주체로서 다른 세계에 속한 주체와 조우하여 지어내는 상호주체적 언어 속에서 새로움을 창조할 것을 촉구하고 있다.

III

Sandra Harding

3 샌드라 하딩

포스트모던 입장론의 변화와 한계

조주현

샌드라 하딩(Sandra Harding)은 미국의 철학자로서 1935년에 태어났다.[1] 하딩은 1956년에 럿거스 대학(Rutgers University)을 졸업한 후 뉴욕을 근거지로 12년간 연구자와 편집자, 그리고 초등학교 5학년 수학교사로 활동했다. 1968년에 다시 대학원으로 돌아온 하딩은 5년 후인 1973년에 뉴욕 대학(NYU) 철학과에서 박사학위를 받은 후 알바니 소재 뉴욕 주립대(SUNY)에서 강의를 시작했다. 하딩이 강의를 시작한 뉴욕 주립대의 앨런 센터(The Allen Center)는 급진적 비판사회과학을 가르치는 곳으로 유명했는데 뉴욕 주 정부는 그 급진성을 문제제기하면서 1976년에 센터에 대한 재정지원을 중단했다. 이후 하딩은 델라웨어 대학(University of Delaware) 철학과로 자리를 옮겼고 여성학 협동과정의 겸임교수로 활동했으며 1981년부터는 사회학과의 겸임교수로도 활동했다. 하딩은 델라웨어 대학에서 1979년과 1986년에 각기 부교수와 정교수로 승진했으며, 1985-1991년과 1992-1993년에 델라웨어 대학 여성학 협동과정의 책임교수직을 맡았다.

델라웨어 대학에서 20여 년간 재직한 후 하딩은 1996년에 로스앤젤레스 소재 캘리포니아 대학(UCLA) 대학원 교육학과와 여성학과 교수직으로 자리를 옮겼다. UCLA로 부임한 후 하딩은 UCLA의 여성연구센터장직과 저명한 페미니스트 저널인 *Signs*의 공동편집위원장직을 역임했다. 2011년에는 이스트 랜싱 소재 미시간 주립대(Michigan State University) 철학과의 겸임석좌교수로, 2012년에는 UCLA 대학원 교육학과와 여성학과의 석좌교수로 선정되었다. 2013년에는 과학학회(4S, The Society for the Social Studies of Science)가 수여하는 버널 상(The Bernal Prize)을 수상했다. 이 상을 받은 연구자들로 R. 머튼, T. S. 쿤, M. 더글러스, J. 니덤 등이 있다.

하딩의 연구 분야는 과학철학, 페미니즘 이론과 탈식민 담론, 그리고 인식론과 연구방법론이다. 하딩은 "강한 객관성" 개념을 발전시키고 입장론적 방법론을 구체화했다. 강한 객관성과 입장론적 방법론은 피지배집단 구성원들의 일상의 삶에서 비롯되는 의문들을 연구문제로 채택하는 것이 특징이다.[2] 입장론적 연구방법은 먼저 피지배집단들을 배제시킨 구체적인 기획과 상황을 분석한 후, 그 기획과 연관된 과학기관 및 제도들의 원칙, 관행, 문화를 추적해가는 방식을 택한다. 하딩은 사회과학과 자연과학 전반에 걸쳐 페미니즘, 인종주의, 다문화주의, 탈식민주의 연구가 이루어질 수 있게 하는 데 기여했으며, 많은 저서와 편서, 논문들을 발표함으로써 페미니스트 인식론과 과학철학의 창시자 중 한 명으로 자리 잡았다. 하딩의 페미니스트 인식론과 과학철학은 사회과학뿐 아니라 모든 분과학문에 걸쳐 진행되고 있는 여성/젠더 연구에 영향을 끼쳤고 과학과 민주주의를 재연결할 수 있는 최상의 방식에 대한 논의를 촉발시켰다.

하딩은 암스테르담 대학, 코스타리카 대학, 스위스연방기술연구소, 아시아기술연구소의 방문교수직을 역임했으며, 유엔 산하의 미주보건기구, 유네스코, 과학기술위원회, 유엔 여성개발기금의 자문을 맡았다. 하딩은 1996년에 유네스코가 발행한 「1996 세계 과학보고서」 중 "과학기술에서의 젠더 문제"를 작성했는데 56페이지에 달하는 이 글은 과학기술에서의 젠더 문제를 전 지구적 차원에서 다룬 최초의 시도로 평가된다. 2010년에는 유네스코가 발행한 「2010 세계 사회과학보고서」 중 "입장론적 방법론과 인식론들: 대중을 위한 과학탐구 논리"를 작성했다.

하딩은 5대륙에 걸쳐 300개가 넘는 대학과 학회에서 강연했다. 하딩은 소위 "과학전쟁"으로 알려진 과학적 사실주의자들과 포스트모던 비평가들 간의 지적 논쟁에 뛰어들어 과학의 가치중립성을 비판했다. 하딩의 이러한 입장은 이후 과학자들의 비판을 촉발했다. 하딩이 주력해온 젠더, 인종, 탈식민 문제는 연구자들 사이에서 언제나 논쟁적인 주제였다. 그 중에는 몇 가지 "문화전쟁" 사례가 있다. 1981년 미국의 급진우파인 존 버치 협회(The John Birch Society)는 하딩이 미국사를 계급 관점에서 강의해왔다며 델라웨어 대학 총장에게 하딩의 교수직 취소를 요구하는 서한을 보냈다. 1990년대 "과학전쟁" 기간 중에는 자연과학과 사회체계는 서로 지적, 정치적 자원의 역할을 한다고 보는 페미니즘적, 사회학적, 포스트모던적 접근방식을 상징하는 연구로 하딩의 연구가 지목되면서 하딩은 자연과학자들의 비판의 대상이 되었다. 특히 소칼(A. Sokal)의 원고가 실린 *Social Text*의 같은 호에 하딩의 원고가 권두논문으로 실리면서 하딩의 작업은 해양생물학자 폴 그로스(P. Gross)와 수학자 노먼 레빗(N. Levitt)이 펴낸 『고등미신』(*Higher Superstition*, 1994)의 주요 표적이 되기도 했다.

하딩은 지금까지 열네 권의 저서를 저술, 편집하였는데 이 중 가장 혁신적인 연구로 『페미니즘과 과학』(*The Science Question in Feminism*, 1986/2002)과 『누구의 과학이며 누구의 지식인가?: 여성들의 삶에서 생각하기』(*Whose Science? Whose Knowledge?: Thinking from Women's Lives*, 1991/2009)가 거론된다. 『페미니즘과 과학』이 1980년대 입장론의 패러다임을 세우는 데 주력한 책이라면, 『누구의 과학이며 누구의 지식인가?: 여성들의 삶에서 생각하기』는 과학학(social studies of science), 포스트모더니즘, 탈식민주의의 지적 조류를 수용하여 입장론을 진화시킨 특징을 보인다. 하딩의 이러한 변화는 입장론의 여러 창시자들(D. 스미스, N. 하트속, H. 로즈, P. H. 콜린스, A. 재거)과 하딩을 차별화하고 하딩 고유의 연구세계를 구축하게 하는 계기를 이룬다. 이 글에서는 위 두 책을 중심으로 하딩의 핵심 사상을 소개한다.

1 | 포스트모던 입장론의 핵심 테제들

페미니스트 입장론(feminist standpoint theory)은 지난 40여 년간 페미니즘 연구에서 끊임없이 논란의 중심에 있었다. 그러나 논란에도 불구하고 입장론은 오늘날 여러 분과학문들의 연구방법론이자 연구프레임으로 활용되고 있다. 초기의 입장론은 사회학이 가장 먼저 수용했고 이후 정치철학과 생물학이 입장론을 받아들였다. 현재 입장론은 인종, 계급, 섹슈얼리티, 탈식민 연구프로젝트에서 초분과적인 연구방법으로 활용되고 있다. 이 절에서는 하딩의 입장론이 어떻게 과학학, 포스트모더니즘, 탈식민 담론과 같은 새로운 지적 조류들을 수용하면서 '포스트모던 입장론'으로 진화했는지를 설명하도록 한다. 특히 하딩의 핵심 테제들인 '과학', '인식론', '타자들'을 중심으로 포스트모던 입장론의 주장과 근거를 살펴보도록 한다.

과학

하딩이 전망하는 새로운 과학은 서구백인엘리트남성을 위한 과학이 아닌 모든 인종, 계급, 문화의 구성원들을 위한 과학이다. 하딩은 과학을 그렇게 민주화할 수 있다고 보았다. 하딩이 과학의 민주화를 상상하는 것은 하딩 자신이 과학에 대해 완전히 다른 전제를 갖고 있기 때문이다. 하딩은 과학이 세상에 대한 믿을 수 있는 정보를 생산하지만 동시에 정치적인 것이며, 과학은 진보적 성향과 퇴행적 성향 둘 다를 가지고 있다고 보았다.[3]

그동안 자유주의 페미니즘이 과학에 대해 요구해온 것은 역사적으로 묻혀 있던 여성과학자들을 발굴하고 더 많은 여성들을 과학 안에 편입시키는 것이었다. 그러나 하딩은 자유주의 페미니즘의 이러한 목표에 조건부적 동의를 표하면서 과학기술에 대한 비판적 읽기를 제안하고 있다. 예컨대 역사적으로 묻혀 있던 여성과학자들의 발굴 문제의 경우 이들 엘리트 여성과학자들이 후배 여성들에게 길을 열어준 점은 있지만 이들의 존재로 인해 오히려 대다수 일반 여성과학자들의 존재가 과학사에서 배제되는 결과를 가져왔고, 더 많은 여성들을 과학 안에 편입시키는 문제의 경우 그렇게 편입된 많은 여성과학자들이 과학에는 공헌을 했지만 그 공헌이 과연 일반 여성들에게 무엇을 의미하는지에 대해 이들 여성과학자들은 일반적으로 관심이 없었다는 것이다. 이것은 과학이 개별 과학자들의 사회적 배경의 영향력을 제거할 수 있을 정도로 강력한 연구 방법을 갖고 있다고 말하지만 실제로 과학사를 보면 '타자'의 범주에 속하는 모든 사람들은 사실상 제외됐던 것에서 알 수 있듯이, 과학의 보편성이란 지배 계급, 인종, 성별, 문화 안에서만 제한적으로 적용되는 보편성이어서 단지 여성들을 더 많이 과학계에 진입시키는 것만으로는 과학의 그 제한적 보편성을 바꿀 수 없다는 것을 보여주는 것이다.

이러한 상황에서 하딩이 제안하는 과학에 대한 비판적 읽기란, 한편으로 과학기술이 자연과 사회세계에 대한 귀중한 기술과 정보를 여성들에게 제공하여 여성들의 과학적 가독성을 높여준다는 것을 깨닫고 과학기술을 익혀나가면서도 다른 한편으로 과학기술이 인종, 계급, 성별에 따른 배제를 제도화하고 있음을 "발견"해나가는 작업을 동시에 해나가는 것을 말한다. 하딩은 과학이 진보적 성향과 퇴행적 성향 둘 다를 가지고 있으며 여성과 과학은 동일한 사회적 조건의 영향을 받는다는 이 두 가지 인식에 기반한 새로운 개념의 페미니스트 과학학(feminist social studies of science)이 필요함을 역설했다.[4]

그러나 하딩이 목표로 하는 페미니스트 과학학에 대해 페미니스트들 사이에는 의견이 엇갈리고 있다. 일반적으로 페미니스트들의 과학 비판은 '나쁜 과학'(bad science) 비판과 '정상과학'(normal science) 비판으로 나뉜다. 과학 문제를 단지 나쁜 과학의 문제로 보는 페미니스트들은 모든 과학적 탐구는 가치중립적 객관성과 공정성이 추구돼야 한다고 생각하며 그것이 좋은 과학이라고 말한다. 이들에게 인식주체의 기본 단위는 언제나 개인이고 그 개인은 추상적인 개인이다. 또한 이들은 개별 과학자의 사회적 배경이 연구가설, 개념, 설계, 자료수집, 그리고 연구결과의 해석에 끼칠 수 있는 사회적 편견을 과학적 연구방법을 통해 제거할 수 있다고 생각한다. 그러므로 이들은 **여성으로서** 과학을 해야 한다는 주장에 반대한다. 과학적 방법과 연구내용은 연구자가 여성이라는 사실로부터 영향을 받지 않으며 또 받아서도 안 된다고 보는 것이다. 이들이 더 많은 여성과학자들이 있어야 한다고 주장하는 이유는 여성에게도 남성과 똑같은 기회를 줘서 재능 있는 사람들의 풀을 넓힐 수 있게 하려는 것일 뿐이다. 이들은 여성운동이 남성과학자들과 여성과학자들 모두에게 편견을 제거해주고 신선한 관점을 갖게 하여 과학이 편견으로부터 벗어나는 데 도움을 줄 수 있을 것이라고 보지만, 그렇다고 특별히 페미니스트 과학학(Feminist Social Studies of Science)이 필요하다고는 생각하지 않는다. 이러한 나쁜 과학 비판을 '페미니스트 경험론'이라고 한다.[5]

반면에 '정상과학' 비판은 과학 산업 전체에 대해서 그 목적과 실천, 기능을 비판의 대상으로 삼는다. 과학 문제를 '정상과학' 문제로 보는 페미니스트들은 모든 지식은 특정한 역사적, 사회적 상황에 근거해 생산된다고 생각한다. 우리 각자는 사회구조 내의 특정한 위치에서 세상을 편파적으로 볼 수 있을 뿐이기 때문이다. 그리고 인식주체의 기본 단위인 개인은 결코 원자적 개인이 아니며 그 상황을 공유하는 사회집단을 대변하는 개인이 된다. 정상과학 비판 페미니스트들은 관찰자로서 개인은 항상 자신이 속해 있는 문화의 눈으로 이 세상을 바라보며 자신이 속해 있는 문화의 가설들 안에서 생각한다고 말한다.

한편 정상과학 비판 페미니스트들은 여성과학자들이 의도적이든 아니든 남성 지배에 연루돼 있기 때문에 여성과학자들이 자신보다 어려운 처지에 있는 여성들에게 거의 아무런 긍정적인 효과도 주지 못하고 있지만, 여성과학자들이 **여성으로서** 과학에 특별한 자원을 제공할 가능성은 열려 있다고 판단한다. 예컨대 사회과학의 경우를 보면, 재생산, 양육, 가사노동, 섹슈얼리티, 강간, 아내구타, 성형 등과 같은 여성들의 몸 경험은 지배적 개념틀에 들어맞지 않고 지배적 개념틀의 해석과 차이를 보이기 때문에 바로 그 틈새에서 새로운 연구 문제들이 출현할 수 있었고 그를 통해 사회과학 연구과제의 특별한 자원으로 연구영역을 확장시키는 역할을 할 수 있었다. 마찬가지로 과학기술의 경우에도 여성과학자들이 여성경험을 사용하는 방법을 찾아낸다면 과학지식의 성장에 특별한 도움을 줄 수 있을 것이라고 정상과학 비판 페미니스트들은 주장한다.[6]

정상과학 비판 페미니스트들은 과학 문제를 논의할 때 단지 기술적 해결만이 쟁점이 되는 경우에는 여성이 과학기술의 희생자가 되는 것을 막을 수 없다고 판단한다. 그렇기 때문에 이들에게서 페미니스트 과학학은 반드시 필요한 자원이다. 페미니스트 과학학은 과학자들이 더 적절한 신념을 갖도록 지원해줄 수 있는 과학제도와 사회적 조건을 설명하고, 문화적 편견이 가장 덜 반영될 수 있는 연구기획과 개념설정을 지원하며, 가장 신뢰할 수 있는 자료선택과 결과해석이 이루어질 수 있게 지원하는 것을 내용으로 한다. 특히 하딩은 우리가 페미니스트 과학학이 필요한 결정적인 이유는, 과학자와 과학제도뿐 아니라 연구대상인 자연마저도 결코 그 사회적 기원, 이해관계, 가치관, 그리고 사회사상 속 과거 "경력들"을 벗어던지고 우리에게 오는 법이 없기 때문이라고 설명한다.[7] 과학이 정치인 것만은 아니지만 과학이 정치인 게 분명한 것처럼, '연구대상으로서의 자연'은 문화적 구성물인 것만은 아니지만 그것이 문화적 구성물이라는 사실에는 변함이 없다는 것이다. 하딩은 과학자, 과학제도, 연구대상이 모두 동일한 사회적 조건의 인과율적 국면에 놓여 있는 바로 이러한 상황이 페미니스트 과학학이 필요한 이유가 된다고 설명한다. 이러한 정상과학 비판을 '페미니스트 입장론'이라고 한다.

한편, 하딩이 주장하는 페미니스트 과학학에 대한 여러 반론들

중 다음 두 가지는 주목할 만하다. 첫째, 잘못된 신념만이 사회적 원인을 갖고 있고 좋은 신념은 사회적 원인을 갖지 않는다는 반론이다. 이에 대해 하딩은 최악의 신념뿐 아니라 최선의 신념도 사회적 원인이 있다고 주장한다. 어떤 사회적 조건들은 자연에 나타나는 패턴들에 대해 믿을 만한 설명을 할 수 있게 하지만 또 어떤 사회적 조건들은 그렇게 할 수 없게 만든다. 그러므로 우리는 나쁜 신념뿐 아니라 좋은 신념의 사회적 원인들도 찾아내야 한다.

둘째, 과학은 형식적이고 정량적인 진술들로만 구성돼 있기 때문에 페미니즘이 개입할 공간이 없다는 반론이다. 이에 대해 하딩은 과학이 형식적 진술로 구성된 특유의 연구방법이라는 생각은 잘못된 것이라고 주장한다. 하딩에 따르면 과학은 근대국가, 자본주의, 청교도주의의 의제들과 양립될 수 있었던 정치이자 그러한 사회적 관계들을 반영하고 또 형성하는 사회적 제도다. 즉 과학은 정치 이상이지만 정치인 것은 분명하다. 예컨대 어떤 과학 보고서가 인종 문제에 대해 열등/우등을 평가하는 것이 아니라 차이점만 묘사하는 최대한 가치중립적인 것이라 할지라도 우리는 인종주의 사회에서 그 보고서가 인종차별적 목적에 쓰이게 되리라는 것을 쉽게 예측할 수 있다. 하딩은 만약 어떤 연구결과에 모든 사람들의 이해관계가 걸려 있다면 가치중립적인 객관적 탐구라는 것이 무슨 의미가 있는가라고 반문한다. 더구나 가난, 곤궁, 고문, 잔혹함 같은 사회적 사건들을 가치중립적으로 묘사하는 것은 결코 가치중립적일 수 없으며 연구결과를 일종의 포르노로 전락시키는 것일 뿐이다.[8] 하딩은 과학자들과 페미니스트들은 가치중립성을 앞세운 이러한

"순진무구함"의 위험에서 벗어나서 자신의 과학적 행위의 쉽게 예측 가능한 결과들을 숙고할 수 있어야 한다고 주장한다.

페미니스트 과학학의 목표는 자연과학자의 위치에서는 결코 보이지 않는 일상적 과학 활동과 신념의 기원을 밝히는 것이다. 그를 통해 페미니스트 과학학은 해방적인 경향과 억압적인 경향을 동시에 포함하고 있는 과학의 특징 중에서 해방적인 경향을 발전시키고자 한다. 예를 들어 근대과학은 우주의 중심에 있었던 인간을 탈중심화시키고 반귀족적인 메시지들을 보냈지만 동시에 부르주아인 새로운 사회계층이 다른 계층에 대해 자신들의 정통성을 주장할 수 있는 자원을 제공했다. 즉 근대과학은 스스로 가치중립적이라고 생각하지만, 사실상 해방적이고 압제적인 가능성들을 동시에 지닌 정치적 의제들에 의해, 그 안에서 구성된 것이다. 페미니스트 과학학은 성차별, 인종차별, 제국주의, 그리고 부르주아 사상들이 가장 강력하게 잘못된 과학적 신념들을 만들어내는 데 영향력을 행사한다고 판단하고 이러한 사상들이 과학적 연구결과에 어떤 영향력을 행사하는지 조사하는 것 자체가 자연과학 연구내용의 일부가 돼야 한다고 주장한다.[9]

인식론

통상 페미니스트 인식론의 세 유형으로 페미니스트 경험론, 페미니스트 입장론, 페미니스트 포스트모더니즘이 거론된다. 1986년의 저술에서 하딩은 이 세 인식론들은 근대의 계몽적 이성을 어떻게 이해하느냐에 따라 분류된 것이라고 설명했다. 당시 하딩은 페미니스트 경험론과 페미니스트 입장론이 각기 다른 전략을 통해 계몽적 이성의 기획을 완성시키려는 근대적 프로젝트 안에 위치한다면, 페미니스트 포스트모더니즘은 근대의 계몽적 이성은 해체돼야 한다는 입장을 갖고 있는 것으로 구분했다. 페미니스트 인식론의 이 세 유형은 이후 페미니스트 지식생산 방식의 다양성을 이해하고 각각의 지식의 정당성을 입증해주는 토대가 되었다.[10]

페미니스트 경험론은 객관적이고 신뢰할 수 있는 페미니스트 지식을 생산하기 위해서는 연구자가 성차별이나 남성중심성 같은 사회적 편견을 제거하고 확장된 시선을 가져야 한다고 생각한다. 사회적 편견은 중립성을 유지해야 하는 개별 연구자의 계몽적 이성을 흐리게 만들기 때문이다. 여성운동의 역할은 이 같은 사회적 편견들을 제거하고 연구자가 확장된 시선을 갖게 하는 데 있다. 페미니스트 경험론에서 연구자가 여성이라는 사실은 성차별과 같은 사회적 편견을 가질 확률이 적다는 것을 뜻하며 그만큼 중립적 위치에서 기존의 과학연구 규범을 엄수하여 객관적인 연구결과를 산출할 가능성이 높다는 것을 뜻한다.[11]

반면에 페미니스트 입장론적 인식론은 연구자가 언제나 특정한 사회적 조건을 갖고 있으며 연구자가 중립적일 수 있는 위치는 없다고 주장한다. 뿐만 아니라 연구자의 참여적 가치관이 연구결과의 객관성을 보장한다고 보기 때문에 연구자의 사회적 정체성은 오히려 신뢰할 수 있는 연구결과를 낳는 데 중요한 변수가 된다.[12] 이때 연구자가 내재한 신념들 중에 어떤 신념이 연구의 객관성을 높일 수 있는 신념인지 판별하는 것이 중요한데 하딩은 이를 판별할 수 있는 외재적 기준이 있다고 주장했다. 예컨대 연구자가 인종차별, 계급차별, 성차별 같은 억압적 가치를 내면화했을 경우 그 연구자의 연구결과는 신뢰하기 어렵지만 반인종주의, 반계급주의, 반성차별주의 같은 참여적 가치를 내면화한 연구자들의 연구결과는 신뢰할 수 있다고 보는 것이 그것이다.[13]

하딩은 연구자의 정체성 중 특히 젠더 차이에 주목하면서 여성과 남성은 각기 다른 활동에 배치되며 다른 패턴의 생활을 영위하는데 여성들의 삶의 관점에서 연구를 시작하는 것이 지배계급/인종/문화/남성들의 삶에 근거한 지식을 비판하고 자연과학과 사회과학의 기술에 배어 있는 편파성과 왜곡을 줄이게 한다고 주장했다.[14] 여성들은 젠더관계의 다른 한 쪽이면서 사회체계에서 귀중한 "이방인"의 역할을 하는 자이며, 여성 사회학자와 같은 여성 연구자들이 그렇듯이 "내부에 있는 외부인"이다. 하딩은 이러한 여성들의 일상에서 연구를 시작하는 것이, 그간 사회적 불의와 개인적 불의를, 혹은 저항과 협력을, 상호 대립적인 것으로 보고 정치권력을 통해서만 사회 변화가 일어난다고 보았던 전통적 인식에서 벗어나서 새로운 저항의 패턴과 의미를 창조해낼 수 있게 한다고 보았다.[15]

한편, 연구자의 사회적 조건이 연구결과의 객관성을 제고한다는 입장론적 인식론의 주장은 객관성을 제고하는 "여성" 연구자의 사회적 위치는 무엇인가에 대한 논의로 이어졌다. 1980년대 초의 페미니스트 입장론자들은 "손, 머리, 가슴을 통합하는 여성노동의 특징"을 반영하는 연구방법을 개발하고,[16] "감각적이고 관계적이고 구체적인 활동을 하는 여성들의 특징"을 통해 남성들의 활동에서는 보이지 않는 자연과 사회의 여러 측면들을 파악하며,[17] 유아기의 분리개별화 과정을 겪지 않은 여성적 인식이 그 과정을 겪은 남성적 인식과 철학적 개념들 사이의 정합성을 폭로할 수 있고,[18] 여성 연구자는 연구대상 여성들과 "같은 인식론적 지평"에 놓여 있기 때문에 여성들을 자기 경험으로부터 소외시키는 남성 연구자와 달리 관념적 범주들을 덜 왜곡되고 더 완전한 방식으로 사용할 수 있으며,[19] 1960년대의 정치, 경제, 사회적 변화를 토대로 그 이전 시대의 여성들과는 다른 삶의 전망을 지닌 여성들이 등장하면서 근대적 공/사 구분을 벗어난 틈새 공간이 생기게 됐고 이 틈새 공간의 위치에서만 보이는 세계에 접근함으로써 새로운 인식론이 가능해졌다고 주장했다.[20] 이렇게 초기의 페미니스트 입장론적 인식론은 '보편적 여성' 정체성에 근거한 것이었다.[21]

그러나 하딩의 입장론은 1990년대에 들어 포스트모더니즘을 수용하면서 변형을 겪게 된다. 먼저 변형된 입장론은 단일한 집합적 여성 정체성의 인식론에서 벗어나서 '여성'을 관련된 수많은 위계적 사회관계들의 배열을 거쳐 최종적으로 구성되는 것으로 재규정한다. 단일한 집합적 여성 정체성의 인식론은 남성중심주의와 성차별에만 초점을 맞추게 되어 결과적으로 다른 위계적 사회관계들을 도외주는 퇴행적 결과를 낳을 수 있기 때문이다. 변화된 페미니스트 입장론적 인식론에서 젠더관계는 인종, 계급, 섹슈얼리티 등의 위계적 사회관계들의 상호교차를 통해 최종적으로 확정되기 때문에 객관성을 제고하려면 연구자는 단일한 여성의 삶이 아닌 다중적이고 복잡한 여성들의 삶에서 연구를 시작해야 한다. 또한 개별 연구자와 연구자 집단은 연구대상과 동일한 사회적 조건이라는 인과율의 단면에 놓여 있기 때문에, 연구대상인 '여성'을 구성하는 여성들이 상호 모순적이고 상충되는 삶을 살고 있듯이 개별 연구자나 연구자 집단도 각기 상호 모순되고 상충적인 삶을 살고 있는 것으로 설정해야 한다.[22]

그러므로 변화된 입장론에서 페미니스트 연구자란 '여성'이거나 '여성'이 되는 경험을 한 연구자를 뜻하는 게 아니고 서로 모순되고 상충되는 삶의 위치에서 기꺼이 연구를 시작하려는 자세를 갖춘 연구자를 뜻하며, 따라서 남성도 페미니스트 연구자가 될 수 있고, 페미니스트 관점이란 여성경험에 근거한 관점이 아니고 "중심 집단의 경험이 만들어내는 상식과 그에 기반한 자연스러운 사회관계들을 상대화해서 볼 수 있는 관점"이라는 놀라운 결론에 이르게 된다.[23] 변화된 페미니스트 입장론에서 페미니스트 관점이란 여성들의 삶의 현실을 통해 자연적으로 주어지는 것이 아니고 담론적으로 구성되는/구성하는 것, 즉 성취하는 것이다.

하딩이 이렇게 자신의 인식론적 위치를 여성들 간의 차이를 인정하는 "포스트모던 입장론"으로 재규정한 것은 그간 입장론에 대한 비판으로 제기되었던 바, 입장론이 여성들을 단일화(본질화)하고 있고 여성들이 경험하는 불평등 문제를 젠더 관점으로만 환원하고 있다는 비판을 수용했다는 것을 뜻한다. 그러나 하딩의 포스트모던 입장론적 인식론은 여전히 두 가지 상반되는 비판에 직면한다. 첫째, 페미니스트 입장론의 두 주장, 즉 연구자에게 절대적 기준을 제공해줄 수 있는 아르키메데스적 지점은 존재하지 않으며 연구자는 반드시 사회적 위치를 갖게 된다는 주장과, 다른 한편 여러 사회적 위치들 중에 어떤 사회적 위치에서 연구를 시작하는 것이 덜 왜곡되고 더 신뢰할 만한 지식을 산출할 수 있는지 그 우열을 판별할 수 있는 기준이 있다고 보는 주장은 상호 모순된 것이라는 비판이다. 페미니스트 입장론은 연구자의 관점과 무관한 보편적이고 객관적인 단 하나의 진실을 산출하려는 근대의 계몽적 기획은 불가능하다고 주장하면서도 "객관성"이라는 개념을 유지하려고 하는데, 이러한 페미니스트 입장론은 덜 왜곡된 지식을 판별할 수 있는 외재적 기준이 있다고 주장함으로써 하나의 통합된 진리체계를 구축하려는 근대의 기획을 여전히 수용하는 것처럼 보이게 만들기 때문이다.[24] 둘째, 하딩의 '포스트모던 입장론'이 만약 하나의 페미니스트 입장이 있는 게 아니고 다양한 페미니스트 입장들이 있을 수 있으며 하나의 진실이 아니라 여러 현실과 진실들이 있을 수 있다는 주장을 수용한다면 포스트모던 입장론은 상대주의에서 벗어날 수 없다는 비판이다.

하딩은 입장론적 인식론이 한편으로는 가치중립적 객관성을 수호하는 것으로 보이면서 다른 한편으로는 상대주의의 질곡에 빠진 것으로 보이는 문제를 벗어나기 위해 '강한 객관성'(strong objectivity) 개념을 제시했다. '강한 객관성' 개념은 모든 지식들은 상황적 지식임을 인정하지만 그렇다고 모든 지식들이 동등한 수준인 것은 아니며 그 중에 더 객관적인 지식을 판별할 수 있는 기준이 있고, 억압의 수준이 높은 사회적 상황에서 구성된 지식이 더 객관적일 수 있다고 보는 것이다. 다른 한편 상대주의 비판에 대해서는 '도덕적 판단의 상대주의'와 '문화상대주의'를 구분하면서, 도덕적 판단의 상대주의는 어떤 하나의 신념이 있을 때 그 신념의 타당성에 대해 전혀 판단을 내릴 수 없다고 주장하는 것으로서 우리는 그러한 상대주의를 거부해야 하지만, 문화상대주의는 하나의 하위문화에서 합리적인 주장이라고 생각하는 것을 다른 하위문화에서 거부하는 것을 뜻하는 것으로서 우리는 그러한 상대주의는 인정해야 한다고 주장했다. 하딩에 따르면 도덕적 판단의 상대주의는 서구중심주의라는 도덕적 판단의 절대주의의 논리적 보완물로 작동한다. 예컨대 판단의 오류를 이유로 유럽인만이 유럽을, 중국인만이 중국을, 기독교인만이 기독교를, 회교도만이 이슬람을 이해할 수 있다는 당사자주의로 전개되는 도덕적 판단의 상대주의는 전도된 도덕적 판단의 절대주의라고 할 수 있다.[25] 하딩이 도덕적 판단의 상대주의가 아닌 문화상대주의 개념을 통해 강조하려는 것은, 누구라도 다른 사람을 판단할 권리가 있지만 어떤 판단도 완결된 것은 없으며 그러기에 토론은 언제나 지속되어야 한다는 것이다. 그리고 그것이 바로 가치중립적 객관성과 상대주의라는 양날의 칼로부터 벗어날 수 있는 핵심이다. 논쟁을 회피하지 말고 논쟁을 지속하기. 이것이 우리가 객관적 지식을 확보할 수 있는 유일한 방법이 된다.

타자들

하딩은 자신의 '포스트모던 입장론'을 전 지구적 페미니즘 내 과학 문제가 내포하고 있는 좀 더 포괄적인 억압들에 다가갈 수 있게 하기 위해 그간 여성들의 상황과 의제에 치중해왔던 분석을 "우리 자신을 타자로 재창조하는" 문제로 이동시켰다.[26] 하딩은 여성들의 삶에서 연구를 시작해야 한다는 입장론의 주장이 **모든** 여성들의 삶을 뜻하는 것이라는 점을 진지하게 받아들이지 않을 경우, 페미니스트들은 치우치고 왜곡된 설명만을 하게 될 것이라는 점을 강조하고 있다. 모든 여성들의 삶에서 연구를 시작해야 한다는 것은 여성들 간의 차이, 인종들 간의 차이, 성적 정체성들 간의 차이를 인정하고 각 차이들이 상호 교차하는 위치에 놓여 있는 일상의 삶에서 지금까지 알지 못했던 권력을 발견하여 타자들의 삶의 조건을 개선하는 데 기여하는 그런 지식을 생산해야 한다는 것을 말한다. 한 예로 과학 분야의 아프리카계 미국여성들의 업적을 다룰 때 우리가 만약 이들의 업적을 아프리카계 미국남성들의 업적과 비교하는 젠더 차이에만 초점을 맞춘다면 그 설명은 왜곡된 것이 되기 쉽다. 아프리카계 미국여성들의 이야기는 집합적이고 지역사회중심적인 아프리카계 미국인 지역사회의 조건 안에서 맥락화되어야 한다. 아프리카계 미국여성들은 인종관계의 역사를 통해 창조돼왔으면서 동시에 그 역사를 창조해온 사람들이기 때문이다.[27] 또 다른 예로, 타자의 관점에서 보면 유럽계 미국여성들은 인종차별적인 재생산정책과 기술, 그리고 실천을 통해 빈곤여성 및 제3세계 여성들의 자궁과 푸에르토리코 여성들의 건강을 위험에 빠트리는 대가로 자신의 재생산 통제능력을 얻게 됐다는 설명이 가능하다.[28]

하딩은 탈식민 담론을 받아들여 서구의 발전과 아프리카, 아시아, 그 밖의 제3세계 사회의 저발전 간의 관계에 주목했다. 하딩은 세 명의 탈식민 이론가들의 연구에 주목했는데, 먼저 이반 반 세

티마(I. V. Sertima)는 아프리카의 미개함이 북대서양 노예무역에 따른 파괴적 결과였음을 이야기하고 있고, 월터 로드니(W. Rodney)는 우리가 초점을 맞춰야 할 것은 아프리카의 저발전이 아니라 유럽의 발전을 가져온 아프리카의 공헌이라고 주장하면서 1885년에서 1960년대에 걸쳐 아프리카의 식민지화로 유럽에 축적된 혜택들에 대한 이야기를 들려준다. 마지막으로 수산타 구내티레이크(S. Goonatilake)는 동남아 지역의 과학기술이 서구정책에 의존하는 열등한 상태로 남아 있을 수밖에 없으며, 제3세계 과학자들은 서구의 독자들을 대상으로 연구결과를 작성하는 상황임을 지적한다. 이러한 탈식민 담론들을 통해 하딩은 서구와 제3세계는 서로 역사와 운명을 공유하고 있으며 이들의 과거, 현재, 미래가 분리될 수 없을 정도로 연결돼 있음을 드러내려고 했다. 하딩에 따르면, 아프리카에서 서구의 특징으로 간주되는 것들이 서구에서는 남성성의 특징으로 간주되고 있고 여성성과 아프리카성 간에 유사성이 존재하는 이유는 서구백인남성들이 만들어낸 타자에 대한 성적, 인종적 고정관념 때문이다.[29] 이러한 상황에서 제3세계의 타자들에 대한 이야기는 서구의 백인들이 자신들의 정체성을 문제적인 것으로 생각할 수 있는 기회를 제공해준다.

한편 하딩 자신은 "우리 자신을 타자로 재창조"하여 타자의 관점에서 우리의 삶과 세계를 재조명하는 것이 가져올 새로운 공간 구축의 예로 레즈비언들의 삶에서 생각을 시작하는 것을 예로 들고 있다.[30] 이성애 여성들이 레즈비언들의 일상의 삶의 관점을 통해 자기 자신을 사랑하는 법을 배우게 되면 이성애 여성들은 자신의 신념에 들어와 있는 여성 혐오적 태도를 스스로 재평가할 수 있게 된다. 또한 페미니스트들은 레즈비언들의 삶의 관점을 통해 여성을 다른 여성들과 관련시켜 볼 수 있게 된다. 즉 레즈비언들의 삶은 여성들 간의 유대(female bonding)와 그동안 역사 속에 가려졌던 독신여성들의 존재를 뚜렷하게 부각시킨다. 레즈비언들의 삶의 관점은 남성을 필요로 하지 않는 여성 공동체를 상상할 수 있게 하며, 이성애 사회에서 여성에게-헌신하는-여성(woman-identified-woman)의 에너지는 분산되고 평가절하 된다는 것을 깨닫게 하며, 이성애 여성의 삶의 관점에서는 보이지 않는 여성 독립의 가능성을 볼 수 있게 한다. 또한 보부아르가 말했던 바, 이성애 여성은 만들어지는 것이지 태어나는 것이 아니라는 사실을 깨닫게 하고 비로소 여성 자신을 위한 여성 섹슈얼리티를 상상할 수 있게 한다. 나아가 능동적인 여성 섹슈얼리티는 침실에만 국한되지 않으며 여성의 성적 에너지는 여성의 일, 공적인 삶, 지역사회 관계에 주입된다는 것을 깨닫게 한다. 다른 한편 레즈비언들의 삶의 관점은 여성에 대한 박해와 동성애자에 대한 박해 사이에 연결고리가 있으며 사회적 낙인찍기와 국가적 규제가 동일선상에 있다는 것을 알 수 있게 한다. 나아가 여성 혐오적 태도가 인종주의를 부추긴다는 것을 깨닫게 하고 여성 혐오증으로 인해 백인여성들은 제3세계여성들의 관심사와 일체감을 느끼기 어렵게 되고 흑인여성청소부의 관심사보다 플라톤과 아리스토텔레스 같은 남성들의 관심사에 더 쉽게 일체감을 느끼게 된다는 것도 깨닫게 된다.[31]

하딩은 이렇게 레즈비언들의 삶의 관점을 택하는 것을 예로 들어 자신을 타자로 재창조했을 때 이성애 여성들이 더 넓은 정황이나 관점을 창조할 수 있게 된다는 것을 보여주려고 했다. 이러한 사례를 통해 하딩이 페미니즘에 대해 주장하고자 한 것은 페미니스트들이 이성애 여성만을 위한 페미니즘, 백인여성만을 위한 페미니즘, 중산층 여성만을 위한 페미니즘, 나아가 "여성만을 위한" 페미니즘 등 "인류"가 아닌 자기 집단의 해방만을 신경 쓰는 정체성의 정치를 추구한다면, 그러한 페미니스트 정체성의 정치는 이기적 개인주의의 발현에 불과한 것이 될 것이라는 경고였다. 하딩은 페미니즘의 목표는 여성만이 아니라 세상을 바꾸려는 것이 아니었던가 하고 반문한다.[32]

그렇다면 문제는 자신이 속한 집단이 아닌 타 집단의 삶의 관점을 택하는 것이 실제로 어떻게 가능한가 하는 것이다. 이것은 타 집단의 경험을 자신의 지식추구에 어떻게 사용할 것인가의 문제로 구체화된다. 하딩은 이 문제를 다루는 데 있어 두 가지 서로 대립적인 관점을 피하려 했다. 하나는 무관점의 관점에서 사고를 시작하려는 전통적인 서구과학의 접근방식이고, 다른 하나는 여성경험의 즉흥적이고 자연발생적인 의식을 더 타당한 신념이라고 주장하는 접근방식이다. 하딩은 먼저 정체성과 관련하여 정체성은 사회적 위치에 근거해 구성되는 것이지만 동시에 정체성은 그 사회적 위치를 정당화하기 위해 선택될 수도 있다는 데서 논의를 시작한다. 예컨대 페미니스트 입장론의 대표적인 인식주체는 여성 지식인들, 여성 연구원들, 여성 임금노동자들, 또는 다른 방식으로 공적 세계에서 활동하는 여성들인데, 이들은 자신의 삶을 남성들이 정해놓은 기준에 맞춰야 하는 모순된 조건에 자신들이 놓여 있음을 깨닫고 자신의 삶에 대한 새로운 의미를 찾아 나서게 된다. 즉 남성들에 의해 주어진 사회적 정체성을 거부하고 자신들이 놓여 있는 '내부에 있는 외부인'이라는 사회적 위치를 정당화할 수 있는 새로운 정체성을 선택하는 것이다. 하딩은 이것을 페미니즘적 깨달음이라고 불렀다. 즉 페미니스트 입장론의 '입장'(standpoint)은 자연발생적인 것이 아니며 입장은 사회적으로 매개된 것이고 과학과 정치를 통해 쟁취하는 것이다.[33]

하딩은 이러한 페미니즘적 통찰이 다른 인식주체들에게도 적용될 수 있다고 보았다. 즉 "반역적" 정체성들은 페미니스트 입장론적 인식주체들뿐 아니라 남성들도, 그리고 백인들도, 획득할 수 있다고 본 것이다. 이성애 여성이 레즈비언의 삶의 관점을 택한다고 하여 "레즈비언"으로 사고하지 않는 것처럼, 마찬가지로 백인도 백인로봇이 아닌 능동적인 백인의 입장에서 백인세계에 대한 비판적 고찰, 즉 반역적 읽기를 통해 반인종주의자로 발언할 수 있으며, 남성도 페미니즘적 통찰을 통해 명확히 남성의 입장에서 자신의 몸과 삶, 그리고 텍스트와 정치에 대해 발언할 수 있다. 결론적으로 하딩은 여성뿐 아니라 남성도, 유색인뿐 아니라 백인도, 게이와 레즈비언뿐 아니라 이성애자도, 노동계급과 빈곤층뿐 아니라 경제적 기득권층도, 역사적 이해의 능동적 행위자가 될 수 있는 전략을 개발하려고 했다.[34]

2 | 포스트모던 입장론의 변화와 한계

이상과 같이 샌드라 하딩의 포스트모던 입장론을 과학, 인식론, 타자들 이상 세 가지 핵심 테제들을 중심으로 살펴보았다. 하딩은 1980년대 중반까지 남성과 여성 집단의 차이를 강조하는 젠더관계에 주목했지만 1990년대에 들어서 과학학(social studies of science), 포스트모더니즘, 탈식민주의라는 새로운 지적 조류들을 선택적으로 수용하면서 입장론을 '포스트모던 입장론'으로 전환시켰다. 포스트모던 입장론의 주요 특징을 테제별로 요약하면 다음과 같다.

첫째, 과학에 대해서는 과학학의 입장을 수용하여 과학은 정치라는 점을 받아들였다. 과학자, 과학제도, 연구대상으로서의-자연이 모두 동일한 사회적 조건의 인과율에 근거하고 있기에 객관적 지식을 얻기 위해서는 연구과정에서 이들 모두의 사회적 조건이 조사될 수 있어야 한다고 보았다. 그러나 다른 한편으로 과학은 정치이기만 한 것은 아니며 유용한 정보를 제공할 수 있다고 보았다. 포스트모던 입장론은 지식을 판별할 수 있는 탈역사적인 절대적 기준이 있다는 근대과학의 계몽주의적 신념은 거부했지만 지식의 객관성에 대한 믿음은 유지했다. 다만 그 객관성은 가능한 한 많은 타자들의 관점을 반영하여 편견을 제거하는 방식으로 이루어진다고 보았다.

둘째, 인식론에 대해서는 포스트모더니즘을 수용하여 "여성경험"이라는 본질론을 버리고 사회적 조건에 따라 달라지는 여성들 간의 차이를 부각시켰다. 여성들 간의 차이를 부각시킴으로써 입장론이 상대주의에 빠질 수 있는 가능성에 대해서는, 입장론이 개별 여성들에 초점을 맞추는 것이 아니고 그 개별 여성이 속한 집단 내 여성과 남성의 관계에 초점을 맞추는 것이며, '여성'은 계급, 인종, 성적 지향성, 문화 등과 같은 수많은 사회적 조건들에 근거해 최종적으로 형성된 정체성이라는 점에서 그 개별 여성과 남성의 관계는 젠더관계를 대변하는 관계가 된다고 보았다. 또한 강한 객관성 개념을 도입하여 사람들의 신념은 각기 다르지만 그러한 신념이 근거하고 있는 사회적 조건들에 대한 조사를 통해 상대적으로 더 나은 신념을 판별할 수 있기에, 각각의 신념의 정당성을 판단하지 않는 인식론적 상대주의와는 다르다는 점을 강조했다.

셋째, 타자들에 대해서는 탈식민 담론을 수용하여 페미니즘이 '여성'의 조건을 개선하는 데만 관심을 보이는 여성 정체성의 정치에서 벗어나야 하며 각각의 사회집단들은 그 집단의 사회적 조건을 객관적으로 성찰하여 더 객관적인 신념을 가질 수 있는 '반역의 정체성의 정치'를 모색해야 한다고 주장했다. 이것은 각 사회집단에 속한 구성원들이 다른 사회집단에 속한 타자들의 삶의 관점을 수용하여 자신의 삶과 사회적 조건을 비판적으로 성찰함으로써 관점을 확대하여 객관성을 증대시키는 전략이다. 하딩은 '내부에 있는 외부인'의 위치에 있는 페미니스트 인식주체들의 통찰력이 이러한 전략의 모태가 된다고 보았다. 또한 하딩은 이것이 각기 다른 사회집단들 간에 토론과 논쟁이 지속될 수 있는 구체적인 전략이 된다고 보았다.

포스트모던 입장론을 통해 객관주의와 상대주의를 벗어나려는 하딩의 이러한 시도는 포스트모던 페미니즘을 대표하는 것으로 알려진 해러웨이(D. Haraway)의 논의와 조우한다. 해러웨이 역시 서로 다른 사회집단들이 생산한 지식들을 부분적으로 번역하여 연결할 수 있는 능력을 통해 객관주의와 상대주의를 극복할 것을 제안하고 있기 때문이다. 해러웨이는 상황적 지식들의 부분성을 인정하면서 동시에 그 상황적 지식들의 연결을 통해 인식론적 소통을 가능하게 하는 연결망을 형성함으로써 상대주의를 극복하자고 제안했다.[35] 해러웨이가 제시하는 페미니스트 객관성은 하딩이 우리 자신을 타자로 재창조하자는 강한 객관성의 적용과 수렴한다.

그러나 하딩의 포스트모던 입장론이 해러웨이의 포스트모던 페미니즘과 수렴할 수 없는 부분은, 하딩은 그것이 '반역적 정체성'이라 하더라도 여전히 '정체성'을 분석의 최소단위로 전제하고 있다는 것이다. 하딩에게서 지식의 배경을 이루는 사회적 조건은 인종, 계급, 성적 정체성, 문화와 같은 집단 정체성이며 개인은 이러한 집단 정체성을 통해 사회적으로 존재한다. 그러므로 하딩에게서 덜 왜곡된 신념을 판별하는 토대론적 기준은 없지만 그러한 신념을 낳게 하는 특권적인 사회적 위치가 있다는 전제는 포기되지 않는다. 즉 하딩은 '탈식민' 담론을 통해 '여성'을 계급/인종/섹슈얼리티/탈식민으로 열어놓았지만 여전히 집단적 범주를 전제함으로써 '여성' 범주의 임의성/행위성을 다루지 못하고 있다.

필자는 다른 글에서 페미니스트 입장론, 페미니스트 경험론, 페미니스트 포스트모더니즘으로 알려진 페미니스트 인식론들이 지난

30년간 실천적 전환으로 상호 수렴해왔으며 실천적 전환으로 새롭게 해석된 페미니스트 인식론은 정체성의 정치에서 아고니즘 정치로의 전환을 요구하는 것이라고 주장했다.[36] 또한 이러한 페미니스트 인식론의 실천적 전환과 그 정치적 함의로서의 아고니즘 정치는 후기근대적 성격이 짙게 드리운 현재 한국 여성들의 삶을 구성하는 다양한 실천들을 이해하는 데 새로운 설명력을 준다는 점을 주장했다. 하딩의 포스트모던 입장론은 하딩 자신은 동의하지 않을지 모르지만 실천적 전환으로 향하는 페미니스트 인식론의 과도기적 단계를 반영하고 있는 것으로 보는 것이 옳을 것이다.

IV

CAROL GILLIGAN

4 캐롤 길리건

정의 윤리를 넘어 돌봄 윤리로

김은희

캐롤 길리건(Carol Gilligan, 1936~)은 여성주의적인 도덕심리 이론과 도덕관을 주창한 미국의 도덕심리학자이다. 홀로코스트의 시대에 미국의 유대인 가정에서 태어났다. 변호사인 아버지와 교사인 어머니 슬하의 외동딸로 다양한 인문예술 교육을 받으며 유복하게 자라났다. 학부는 스와스모어 대학에서 문학 전공으로 최우등 졸업을 하였고, 석사는 래드클리프 대학에서 임상심리를 전공하였으며, 최종적으로 1964년에 하버드 대학에서 사회심리학으로 박사학위를 받았다.

박사학위를 마친 후 1967년부터 하버드 대학에서 강의를 시작하는데, 그 이듬해 당대의 교육심리학 분야에서 가장 영향력 있는 로렌스 콜버그(Lawrence Kolberg) 교수의 연구진에 소개를 받아 들어간다. 이것이 바로 그녀의 인생에서 빼놓을 수 없는 사건이라 할 수 있다. 그녀는 콜버그 연구진의 연구원으로서 콜버그의 도덕발달 이론에 입각하여 학생들을 가르치고 그 학생들을 대상으로 심층 면접을 시행하였는데, 이 과정에서 그의 이론에 문제의식을 느껴 독자적인 연구 노선을 걷기 시작하였다.

자신이 꾸린 다른 공동연구의 산물들을 만들어내면서 이를 모으고 종합하여 1982년에 장차 여성주의 문헌의 고전이 될 『다른 목소리로: 심리 이론과 여성의 발달』을 출간하게 된다.[1] 이 책은 기존의 심리 이론들이 인간의 도덕발달에 관하여 남성 중심적인 단일한 관점을 취한다는 점을 비판하며, 여성의 도덕발달은 그와 다른 형성과정을 드러낸다는 점을 밝힌다. 애초에 길리건이 여성주의의 여러 사상과 주장들을 잘 알거나 그 입장들에 몰입해 있지는 않았으나, 여성 심리학자로서 가졌던 문제의식이 담긴 이 책은 여성성에 관한 여성주의 내외의 담론에 큰 반향을 일으켰다. 그 이후 여성주의에 입문을 하는 사람들에게 이 책은 필독서이자 고전이 되었다.

1988년, 그녀는 하버드 교육대학원의 종신 교수가 되었고, 그녀의 연구 취지에 동감한 공동연구자들과의 산물로서 『도덕적 영역의 지도 그리기』[2] 『교차로에서의 만남: 여성의 심리와 소녀의 발달』[3] 등의 여러 단행본, 논문들을 출간하였다. 이로써 기존 심리연구 대상에서 별다른 문제의식 없이 누락되어왔던 청소년기 소녀와 성인 여성의 심리가 학문적으로 세상에 알려지고 해석된 것이다. 여성의 심리를 표현하는 목소리를 세상에 내보이려는 그녀의 노력을 더욱 지원하기 위해 하버드 대학에서 최초로 젠더연구소(Gender Studies)가 설립되고 길리건은 이 연구소의 초대 소장이 된다. 그녀는 가부장적 질서가 어떤 방식으로 우리의 삶의 약동하는 힘과 기쁨을 앗아가며 슬픔을 낳게 되었는지를 여러 문학 작품과 자신의 심리상담 경험들에 대한 해석을 오가며 기술한 『기쁨의 탄생』을 출간한다.[4] 이 책은 학술서라기보다 그녀 자신의 연구에서 얻은 생각들을 자유롭게 기술한 에세이이다.

그녀는 2002년에 하버드 대학을 떠나 뉴욕 대학에 안착하여 현재까지 몸담고 있으며, 케임브리지 대학에 방문교수로 오가며 정치학자들과의 공동 세미나에 참여하기도 하였다. 민주주의와 가부장주의, 정치적 저항과 순응의 심리의 관계를 살피면서 그녀는 2011년에 『저항에 합류하기』를 발간한다.[5] 이 저술은 『다른 목소리로: 심리 이론과 여성의 발달』에는 담겨 있지 않거나 묻혀 있었던 여성 목소리들의 정치적 의미를 드러내고 있다.

그녀의 교육, 연구, 저술의 궤적들을 보면 다양한 좋은 교육의 수혜를 충분히 받아온 다재다능한 한 여성이 기존 학문세계가 남성 편향적으로 구성되어 있음을 발견하고 자신이 교육받고 접해왔던 문학, 예술, 심리학들의 함축을 재해석하면서 새로운 비전을 제시하며 여성주의적 이론가, 정치적 발언자로 변모하는 과정이 그려진다. 그녀의 대표작 『다른 목소리로』는 여성주의 진영 내외에 큰 영향을 주게 되었고 어떤 하나의 조류를 만들어내는 산파 역할을 하였지만, 사실 그 이후 그녀 역시 당대의 여성주의 담론과 통찰들을 하나하나 배워나가고 그것에 영향을 받아가면서 여성주의자로서 성장해나간 것으로 보인다.

그녀의 저술 속에 표현된 그녀의 활동을 보면 그녀는 흔히 "학문적인" 활동으로 일컬어지는 것 외에도 현대무용, 극작, 연극배우, 연극의 공동감독 활동을 하며, 슬하의 세 아들 중 한 아들과 함께 소설 『스칼렛의 편지』를 희곡으로 각색해서 발표하기도 하였다. 문학, 공연예술의 분야를 넘나드는 그녀의 다채로운 활동은 그녀의 학문적 개성 안에 자연스럽게 통합되어 있고, 그녀가 통렬히 비판했던 콜버그의 연구 및 저술 방식과 방법론적으로도 뚜렷한 대조를 이룬다. 콜버그가 체계적이고 엄밀한 연구 방식을 추구하는 전형적인 학자였다면, 길리건은 틀에 얽매이지 않고 자유롭게 분야를 넘나들며, 연구 대상들에 대한 중립적 관찰보다는 연구 대상들과 상호 영향을 주고받는 해석적 방식을 취하는 문학가적 학자였다. 그녀의 책 『기쁨의 탄생』의 제목이 주는 이미지처럼, 그녀의 연구와 삶은 여성의 에너지를 풀죽이려는 질서 체제에 맞서 자기 내부에 있는 생기발랄함을 유지하는 한 여성의 인생의 모습을 드러내었다.

이 글은 길리건이 비판했던 기존의 담론이 무엇이며 그런 담론의 한계를 넘어서기 위해 새로이 제안하게 되는 비전이 무엇인지, 그 비전은 우리에게 어떤 의미의 대안이 될 수 있는지를 다룬다. 이 글은 다음과 같이 진행될 것이다. 첫째, 기존의 남성 중심적 심리 이론들의 내용과 이에 대한 길리건의 비판이 제시되며, 둘째, 그녀가 새로이 발견하게 된 여성의 도덕발달 단계들의 내용과 "돌봄 윤리"(ethic of care)가 제시된다. 셋째, 새로운 도덕적 성숙의 비전 아래에서 정의(justice) 윤리와 돌봄 윤리의 관계를 정립하려는 길리건의 고민이 다뤄지고, 넷째, 여성의 심리에 관한 자신의 연구가 정치적 저항의 함축을 가진다는 점을 역설하는 그녀의 후기 저작들의 통찰이 논의된다. 마지막으로 나는 그녀의 사상이 가지는 여성주의적 함축들에 대해 논하고, 마지막으로 그녀의 사상이 어떤 성격의 대안으로 자리 잡을 수 있는지를 고민해볼 것이다.

1 | 남성 중심적 심리 이론에 대한 의문: 콜버그의 이론에서 벗어나기

길리건의 독자적인 이론은 로렌스 콜버그(Lawrence Kohlberg, 1927~1987)의 연구에 대한 의문에서부터 시작되었기 때문에 길리건에 대한 이해에 앞서 콜버그에 대한 이해가 반드시 필요하다. 콜버그는 프랑스 심리학자 장 피아제(Jean Piaget, 1896~1980)의 아동심리발달 이론에 영향을 받아 아동심리에 국한되어 있던 연구 범위를 성인기까지 확장한 연구를 한 인지발달 심리학자다. 피아제는 권위적 도덕에서 벗어나 자율적 도덕 판단으로 나아가는 아동의 변화를 발달적 변화로 보았다. 즉, 아동은 점차 추상적, 독립적, 자율적 사고를 하기 시작하는데 이는 도덕 판단 능력이 추상능력의 증가가 드러내는 인지발달의 과정과 맞물려 간다는 것을 의미한다.[6] 콜버그는 피아제의 이러한 인지발달의 관점을 수용하는 한편, 피아제의 도덕 발달의 3단계 이론을 3수준 6단계로 세분화하고 각 단계에 관한 이론을 정교화한다. 이러한 인지발달의 과정을 아동기뿐 아니라 성인기에까지 확장하여 적용하고자 하였기 때문이다. 따라서 콜버그가

1단계	도덕 이전	규칙을 이해하지 못함.
2단계	타율적 도덕	규칙에 대한 일방적 존중. 규칙을 절대적, 고정적인 것으로 봄. 권위자에게 복종.
3단계	자율적 도덕발달	규칙을 상호협의에 의해 변경가능한 것으로 봄. 평등한 협력 중심.

〈피아제의 3단계 발달단계론〉[8]

관습 이전 수준	1단계	처벌과 복종의 오리엔테이션
	2단계	도구적 상대주의의 오리엔테이션
관습 수준	3단계	사람들 상호 간의 동조 혹은 "착한 아이" 오리엔테이션
	4단계	사회유지의 오리엔테이션
관습 이후 수준	5단계	사회계약의 오리엔테이션
	6단계	보편윤리적 원리의 오리엔테이션

〈콜버그의 6단계 발달단계론〉[9]

정립한 6단계 단계론에서는 아동기적인 단계를 넘어서 도덕 판단의 더 발전된 양상이 제시된다.[7] 피아제가 제시하는 도덕발달 단계와 콜버그가 제시하는 것을 표로 대조하여 정리하면 위와 같다.

콜버그의 발달단계론에서 1단계가 의미하는 바는 피아제의 2단계와 같다. 콜버그의 2단계는 자신의 이익계산에 근거한 조건부적 규칙 준수의 태도로서 타인의 인격이 지닌 가치는 내가 지닌 물질적 재산의 가치와 차별화되지 않는다. 관습 수준에 이르러, 한 사람은 자신의 이익 추구의 관점을 벗어나 타인과의 관계 자체가 중요함을 알게 되는데, 이 수준 중에 3단계에서 그는 자신을 둘러싼 사적 관계들에서 나오는 가치를 기준으로 도덕적 판단을 한다. 서로의 마음을 상하지 않게 하고 사랑을 주고받기 위해 필요한 것을 판단 기준으로 둔다는 것이다. 이러한 사적 관계 중심적인 사고는 좀 더 확장하게 되어 4단계에 이르면, 그는 사회적 규범인 관습, 법질서 유지를 기준으로 판단하게 된다. 사적 관계에 구애되지 않고 현행 사회의 규칙을 철저히 지키려는 태도가 이에 속한다고 할 수 있다. 하지만 이 단계는 여전히 현행 사회 질서가 기준이기 때문에 그것이 올바른가 여부를 물을 수 없는 수준이다.

5단계에 이르러 한 사람은 관습 자체를 비판적으로 바라보고 평가하는 도덕발달 단계에 진입하게 된다. 즉, 법질서 유지의 관점에서 보기보다 그 질서 자체를 반성적으로 바라보고 법질서 재정의 관점에 들어간다. 여기서 그 사람은 현행법의 구체적인 내용을 그대로 받아들이기보다 법을 산출하는 민주적 절차로서의 법을 받아들인다. 그리고 협약 당사자들 간의 상호성과 평등의 가치를 중시한다. 하지만 이 단계에서 그는 법적 영역에 속하지 않는 개인행동에 대한 도덕 판단의 문제에 대해 강한 의무감을 느끼지 않는다. 마지막으로 6단계에 이르게 되면 그는 법적 차원을 뛰어넘는 보편윤리의 명령을 강하게 느끼고 법적 조망을 초월한 개인행동에 대한 결단을 내린다.[10]

6단계가 제시하는 보편윤리적 원리는 정의(justice)의 원리를 가리키는데 이는 인권의 상호성과 평등성, 그리고 개개인의 인간 존엄성의 원리를 의미한다. 그는 이러한 정의 원리의 가장 큰 특징을 "가역성"(reversibility)으로 본다.[11] "가역성"이란 내가 다른 모든 이들의 입장 각각에 다 놓고 사고해보았을 때 도달하게 되는 평형의 상태를 의미하는데, 그는 이러한 사고를 가장 잘 나타낸 정의론자로 존 롤즈(John Rawls)를 들고 있다.[12] 왜냐하면 그가 보기에 롤즈가 주장하는, 무지의 베일에서 의사결정을 하는 사고과정이 바로 자신이 말한 "가역성으로서의 정의"를 말해주기 때문이다. 그는 이런 6단계의 사고는 법이 포괄하는 범위 자체에 대한 판단이 모호한 특정 시기에 기준을 제시할 보편윤리를 산출할 수 있기에, 법 밖의 판단에 기반해 발생하는 시민 불복종 행위에 근거를 제시해줄 수 있다고 본다.

콜버그는 세계 곳곳의 사회들을 표집으로 한 조사에서 위의 표와 같은 단계가 보편적인 현상으로 나타나고 있다는 연구결과를 제시한다.[13] 비록 도시소년들과 시골소년들 간의 차이가 발생하기는 하여도 그의 주장에 따르면 이 발달단계들은 어느 사회의 개인에 대한 종단 연구에 있어서도 어떤 단계를 생략하면서 비약하거나 계열이 순차적이지 않은 적이 없다는 의미에서 보편적인 단계성을 보인다. 또 중요한 것은 이 단계들이 "발달"의 성격을 가진다는 점이다. 즉, 콜버그는 자신이 제시한 단계들이 높은 단계로 갈수록 도덕적으로 "발달"한 상태라는 점을 공들여 논증한다. 그는 그 근거로, 어떤 사람도 자신의 단계보다 위 단계의 정향을 알려주면 모두 그 위 단계를 선호한다는 경험적 입증과 더불어, 위 단계가 인지적 가치, 도덕 가치의 측면에서 더 우월하다는 규범적 입증을 제시한다. 이때 그는 발달단계 이론이라면 반드시 "발달"에 대한 이런 규범적 정당화가 뒷받침되어야 한다는 점을 세밀하게 논증한다.[14] 규범적 입증을 하지 않은 발달 이론은 자연주의적 오류에 빠지기 때문이다. 이렇게 볼 때, 콜버그는 과학자라기보다 철학자에 가깝고, 보편적 원리에 대한 그의 신념은 철학적으로 무장되어 있다.

길리건은 절대적인 악이 존재했던 홀로코스트의 시대에서 태어나 자란 유대인으로서, 그리고 미국의 민권운동의 시대에 청장년기를 보낸 지식인으로서, 콜버그의 이러한 보편윤리적 지향이 당시 사회들의 도덕적 발전을 위한 열정에서 나온 것임을 충분히 인정한다. 하지만 그녀는 콜버그의 연구진에 속해서 강의와 심층면접을 하던 시절, 콜버그의 이론체계가 여아들의 도덕발달에 부합하지 않는다는 점을 깨닫게 되었다. 길리건이 직관적으로 보기에 인지적으로도 도덕적으로도 충분한 숙고 능력을 발휘하는 여아가 콜버그 식의 척도에 따르면 3단계를 벗어나지 못하는 것으로 판단되기 때문이었다.[15] 반면 길리건이 관찰한 남아는 콜버그 식의 척도에 따르면 6단계로까지 판단될 수 있었다. 정말로 여자아이들은 남자아이들에 비해 대체로 도덕발달 단계에 있어 낮은 단계에 머물러 있는 것일까?

길리건은 지금까지 정립되어 있는 지배적인 심리 이론들이 지닌 남성편향성에 의문을 가진다. 정신분석학자 프로이트에게 있어 여자는 유아기 때 남자와는 다른 신체적 차이로 인해 남아가 겪는 오이디푸스 콤플렉스의 억압 과정을 동일하게 겪지 못하기 때문에 문명사회에서 필요한 도덕감, 정의감 등을 발휘할 능력을 얻지 못하는 존재이다.[16] 길리건은 지배적인 영향력을 끼친 대표적인 심리학자들 대부분이 남성이었고, 그들은 인간의 보편적 심리를 연구하기 위한 대상을 주로 남자에 국한하였다는 점에 문제의식을 느끼게 되었다. 그 연구들에 따르면, 여자의 심리는 남자들의 심리를 통해 나온 결과물의 변칙 사례 혹은 미숙한 발달단계의 사례로 정리되었던 것이다.

물론 콜버그의 이론은 프로이트의 입장과는 달리 남녀의 성차를 주장하지는 않는다. 즉, 콜버그는 남자가 여자보다 더 도덕적으로 발달해 있으며, 그 메커니즘이 이러저러하다고 주장하지 않는다. 하지만 길리건은 콜버그의 이론을 적용해서 여아를 관찰해보면 여아의 도덕적 판단이 미숙한 단계에 머무는 결과가 통상적으로 보인다는 점을 이상히 여기게 된다. 그녀는 여성의 발달이 심리 이론에 부합하지 않음을 여성의 발달에 문제가 있다는 탓으로 돌리던 기존 이론들의 입장과 달리 그 이론 자체에 문제가 있다고 보았다. 이러한 혐의의 단서는 첫째, 콜버그의 발달단계 이론의 가설은 처음에 그가 관찰한 84명의 남자아이들만을 연구 대상으로 하여 얻어진 산물이었다는 점에 있었다.[17] 그리고 둘째, 콜버그의 이론이 인지적으로도 발달해 있고 도덕적으로도 발달하고 있음을 스스로 느끼는 여아들의 심리를 설명해내지 못한다는 점에 있었다. 이에 길리건은 기존의 이론이 잘못되었든가, 자신이 발달해가고 있다고 느끼는 여아들의 심리가 잘못되었든가 둘 중 하나라고 보았다.

2 | 여성의 도덕발달 단계: 돌봄의 윤리

길리건은 콜버그의 연구에 입각하여 13살 남아 제이크와 13살 여아 에이미에게 실시한 면접에서 이 같은 문제의식을 강하게 느끼게 되었다. 콜버그의 도덕발달 척도는 "하인즈 딜레마"라는 상황에 대해 아이들이 어떤 도덕적 판단을 내리는지에 따라 판정된다.[18] 제이크와 에이미는 모두 인지발달의 측면에서 우수하고 자의식도 발달해 있는 똑똑한 어린이들이었다. 제시된 딜레마 상황에서 제이크의 판단은 남편은 약사에게서 약을 훔쳐야 한다는 것이었고, 그 이유는 재산권과 생명권 중에 생명권이 더욱 중요하다는 원리에 입각한 것이었다. 제이크는 도덕적 딜레마를 추상적인 수학 원리처럼 인식하여 풀었고 콜버그의 척도에 따르면 5단계 내지 6단계에 해당되었다. 반면 에이미는 쉽사리 결정을 내리지 못하였는데, 약을 훔칠 경우 남편이 처벌을 받아 아내를 더 이상 돌볼 수 없게 될 수도 있기에 약사와의 관계를 해치지 말고 다시 한 번 대화를 해서 설득을 하는 것이 더 낫다고 보았기 때문이다. 이는 콜버그의 척도에 따르면 3단계에 해당되는 사고였다.

하지만 길리건이 보기에 에이미는 돌봄(care) 중심의 도덕관을 가지고 있는 것으로 해석된다. 절도라는 폭력적인 방법을 불사했던 제이크와 달리 에이미는 사람들 간의 연결과 관계를 끊지 않고서 해결할 수 있는 방법을 최대한 모색한다는 것이다. "하인즈 딜레마" 관련 질문 외에 책임에 관한 질문에 대답할 때 제이크는 책임 개념에 있어 타인에 대한 피해의 최소화를 생각하는 반면, 에이미는 남들의 필요에 응답하는 것을 생각한다는 차이를 보인다. 또한 길리건은 에이미가 관계성을 기본으로 놓고 독립성에 대한 고민을 하는 반면, 제이크는 독립성을 기본으로 놓고 관계성에 대한 고민을 한다고 해석한다.[19]

이 밖에도 길리건은 "하인즈 딜레마" 면접을 보았던 여대생 클레어의 경우를 제시하면서 콜버그 방식이 아닌 다른 방향의 발달이 있을 수 있음을 감지한다. 클레어의 경우 첫 면접에서 콜버그 척도에 따르면 4단계에 머무는 것으로 파악되었다. 몇 년 후 다시 면접을 보았을 때 그녀는 타인과의 관계와 그에 입각한 책임을 중시하였다. 즉 클레어는 약을 훔쳐서 아내를 살려야 하는 이유로 생명의 가치가 재산의 가치보다 우월하다는 근거가 아닌, 그 아내는 도움을 필요로 하는 사람이라는 근거를 제시한다. 이는 그 아내가 아닌 도움을 필요로 하는 모든 존재로까지 확장된다. 길리건에 따르면 이는 콜버그 척도상 퇴보를 의미하는 것이지만, 클레어는 법에 대한 이해와 고려를 모두 할 수 있는 상태였고, "책임의 윤리를 사회적 연결의 이상으로 확대시킨다"는 점에서 3단계로의 퇴보가 아닌 진보라고 할 수 있다고 보았다.[20] 그 외에도 클레어는 임신중절의 권리에 관한 문제, 친구를 위한 추천서를 써주는 문제, 이성과 사귀는 문제 등에 있어 관계 중심적으로 사고하면서 고민하는 표본을 길리건에게 보여준다. 이를 통해, 길리건은 여성들의 관계 중심적 자아관, 도덕관, 책임관 등은 돌봄의 윤리를 지지하고 남성들의 독립성과 평등 중심의 자아관은 정의의 윤리를 지지한다는 귀결을 이끌어내며 이러한 두 요소는 인간의 경험에 있어 모두 경험되어야 한다고 제시한다.[21]

길리건은 아동에게 실시된, 추상적으로 구성된 딜레마 상황에 관한 면접조사 외에 청년기 여성이 실제 자신의 인생에서 겪는 실제적 딜레마 상황에서의 도덕적 판단을 알아보기 위한 면접조사와 연구를 실시하였다. 교육적 수혜를 잘 받은 여대생들을 대상으로 하기도 하고, 미국의 임신중절 허용 결정 이후 자신의 임신중절의 선택의 기로에서 고민하는 여성들을 대상으로 하기도 하였다. 이때 여성들은 도덕적 판단에 있어 남성들과 다른 특성을 보이며, 이는 "돌봄", "관계", "책임" 중심적이라는 것이 길리건이 해석해낸 사실이었다. 하지만, 이러한 "돌봄", "관계", "책임" 중심의 행동과 판단은 그동안 가부장주의적 사회에서 여성들의 희생을 당연시하기 위한 명분이 되었던 덕목이 아닐까? 여성은 본래 그런 성격을 지녔다기보다 그 방향으로 가도록 격려를 받아 남성지배적 체제에 일정한 종속적 역할을 하기에 알맞도록 길들여진 것은 아닐까? 그래서 이러한 가치들은 여성의 본성으로 인정받아야 한다기보다 어서 탈피해야 할 거짓된 가치들이 아닐까? 길리건은 이 점을 매우 깊이 고민한다. 만약 그러하다면, 여성들에게서 보이는 돌봄의 특성들은 가능한 한 부정되어야 하고 콜버그 식의 정의, 원칙, 이성 중심적 도덕발달이 더욱더 교육되어야 할 터이다.

하지만 길리건은 여성들에게서 특징적으로 나타나는 돌봄 윤리가 그 안에 여성 자신의 일방적 희생과 착취로 귀결되지 않는 발달 경로를 드러낸다는 점을 깨닫는다. 그녀는 임신중절 여부를 고민하는 여성들을 대상으로 한 연구를 통해 여성들에게서 보이는 도덕발달의 세 단계와 두 개의 과도기를 정리하게 되는데, 그 내용은 다음과 같다.[22]

첫째 단계는 생존을 위한 이기심 추구의 단계이다. 이때 여성은 궁지에 몰린 자신의 생존만을 생각하게 되고 이기적인 선택을 한다. 임신중절의 경우, 한 여성이 자신만을 생각하면서 임신중절을 감행하는 경우이다. 오로지 혼자가 되었다는 마음, 모든 인간적 연결이 끊어졌다고 느끼는 절망적 상태에서는 관계의 도덕이 자리잡을 수 없을 것이다. 하지만 그 여성들은 곧 자신의 결정에 대해 비판적인 마음이 드는 과도기에 들어서게 된다. 이 첫째 과도기 단계에서 여성은 자아와 타자의 연결을 인식하게 된다. 그렇게 해서 그들은 둘째 단계에 들어서게 된다.

둘째 단계는 자신보다 열등한 존재에 대한 돌봄이 발휘되는 자기희생의 단계이다. 이는 모성애와 연결되는 단계이다. 하지만 돌봄의 대상에서 나 자신이 제외되어 있기 때문에 이 단계는 나 자신에 대한 돌봄의 필요와 타인에 대한 돌봄의 필요가 충돌할 때 혼란을 겪게 되는데, 이것이 바로 둘째 과도기이다. 하지만 바로 이 과도기 때 임신 여성은 태아를 위해서라도 자기 자신이 건전하게 있어야 한다는 점을 깨닫게 된다. 타인에 대한 배려와 책임 때문에 나 자신을 희생하고 유기했다는 것은, 그 타인과 건강한 관계의 한 축을 형성할 수 없다는 점을 알게 된 것이다. 그리고 그런 희생적 행동들이 외견상 타인에게 책임을 다하는 것처럼 보이겠지만 사실 나 자신에 대한 책임을 타인의 결정에 미루는, 나 자신에 대한 유기(abandonment)라는 점을 깨닫는다. 즉, 여성들은 타인과의 관계를 유지하기 위해 타인에게 휘둘렸던 자신은 결국 타자와의 관계에서 실패하게 된다는 점을 깨닫는다. 둘째 단계는 자기를 부정하는 방식으로 타자와의 관계를 유지하기 때문에 그 관계를 이어간다기보다 한쪽이 파괴되어 결국 무도덕적 상황, 즉 생존을 위한 이기적 추구라는 첫째 단계로 퇴행할 수도 있다. 이러한 둘째 과도기에서 퇴행을 겪지 않고 깨달음을 얻게 되면 여성들은 자신 역시 돌봄의 대상에 포함되어야 한다는 의식을 가진 셋째 단계에 들어간다.

셋째 단계에서 여성들은 인간관계란 상호적이라는 것과, 자아와 타자는 연결되어 있기에 어떤 하나만을 돌보는 것은 다른 하나를 파괴하는 결과를 가져올 것이라는 점을 알게 된다. 이러한 셋째 단계에서 여성들은 자신의 목소리를 침묵시키고 외부세계에서 제시한 선함의 기준에 따라야 했던 이전 단계와 달리, "진실"의 가치를 추구하게 된다.[23] 길리건은 "진실"(honesty)의 가치를 "자기 성실성"(personal integrity)이라는 개념으로 풀어나간다.[24] 그것은 나 자신이 생각하는 것, 느끼는 것을 그대로 타인과 나 자신에게 말하는 것이다. 타인과의 관계를 위해 나 자신을 부정하다가 결국 그 관계를 그르치는 역설에 빠지지 않으려면 우리는 이러한 "자기 성실성"을 되찾거나 유지해야 한다는 것이다. 이렇게 볼 때, 길리건이 관찰하고 해석해낸 "돌봄 윤리"의 경로는 여성의 자기희생의 윤리가 아니다. 관계 안에 놓인 모든 존재가 모두 돌봐져야 한다는 윤리이다. 왜냐하면 그 존재들은 모두 관계 안에 연결되어 있기 때문이라는 것이다.

이러한 내용적 측면 외에도 길리건이 제시하는 돌봄 윤리의 도덕발달 이론에는 콜버그의 이론과 대조되는 방법론적 특징이 있다. 그녀는 현실에 대한 해석적 접근을 사용한다. 기존의 심리 연구의 관행처럼 동료 연구자들과 함께 통계적 수치를 연구 산물로 만들어내기도 하지만, 그녀는 인터뷰 대상들과의 만남에서 일방적이고 중립적인 관찰자로 만나기보다 상호 영향을 주고받는 관계를 가지며 그들의 체험들을 해석해낸다. 인터뷰 대상이 되는 이들의 표정, 목소리, 분위기 등을 모두 종합적으로 묘사하기도 한다. 그녀는 한 개인의 인생의 여러 시점들에 걸친 종단 연구를 통해 그들이 겪은 체험들에 대한 그들 나름의 표현에서 새로운 발달 경로를 관찰하고 해석해내고 때로는 그들의 의식 속으로 침투해 들어가는 적극적 질문도 시도한다.

그녀가 자신의 연구에서 역사적인 순간으로 기억하는 대화의 장면은 이러하다. 자신을 위하는 것은 모두 이기적이라고 생각하며 타인에 대한 돌봄을 떠맡는 일은 자기희생을 필요로 한다고 생각하다가 모든 관계에 대한 회의를 느끼는 단계, 즉 길리건의 발달단계 중 제2과도기를 겪는 여성에게 길리건이 물었다. "만약 사람들에게 감정이입을 하고 그들의 필요에 감응적인 것이 좋은 일이라면 당신 자신에게 감응하는 것은 왜 이기적인 것인가요?" 길리건의 질문에 여성들은 모두 "좋은 질문이네요."라고 대답하였다.[25] 이 대답을 통해 여성들은 새로운 단계를 탐색하고 나아갈 수 있게 되었다. 그녀의 질문이 인터뷰 대상 여성들의 삶과 사고에 어떤 영향을 끼치기도 한 것이다.

길리건은 10대 소녀들에 대한 연구에 있어서도 "개입(intervention)으로서의 연구 효과"에 대해 제시하는데, 그들이 실제로 겪는 도덕적 딜레마 상황에서의 고민과 갈등에 대해 성인인 면접자와 대화를 나누는 것이 "임상적 함축"과 "교육적 함축"을 모두 지닌다는 것이다.[26] 길리건은 연구자와 연구대상자와의 관계 역시, 두 분리된 존재가 단지 연구자와 연구대상으로 만나는 것이 아니라 양자가 관계 속에 놓인 존재 사이에 형성된 연결을 통해 만나는 것으로 파악했던 것이다.

3 | 새로운 도덕적 성숙의 비전: 돌봄 윤리와 정의 윤리의 관계

길리건은 기존의 심리학이 독립과 애착이라는 대립 개념 중에 독립을 성숙의 기준으로 바라봐 왔다고 제시한다. 그리스 고전 작품들에 등장하는 오디세우스나 아이네아스와 같이 늘 목표를 향해 가는 자신에게 장애가 되는 친밀한 인간관계들은 제거해야 한다고 결심하는 인물들이 독립적인 인간상을 대표하며, 이들의 이러한 결단은 그의 성숙함을 표현하는 것으로 알려진다.[27] 이런 관점은 업적 성취가 이뤄지면 그 이후의 인간관계 형성은 잘 이뤄질 수 있다는 입장에 의해 지지된다. 하지만 길리건은 에릭슨의 연구를 빌려 루터 목사와 간디는 사회 속의 어려움들을 해결하고 공공 생활에서의 올바른 관계를 설정하는 과업에 예민하였지만, 개인적인 친밀관계와 자아와의 관계에는 그렇지 못했음을 지적한다.[28] 이런 남성적 성취 앞에서 관계의 분리를 느끼고 상심하는 여성과 가족은 독립성이 부족한 존재로 그려지지만, 길리건에 따르면 이런 관점은 여성이 "상호의존적인 성숙(a maturity of interdependence)을 향해 나가는 인간관계의 발달"을 할 수 없는 존재라고 보는 편협한 판단이다.[29] 길리건은 여성들에게서 독립과 애착은 융합되어 있다고 파악한다.

하지만 한쪽만 가치를 두는 사회 안에서 여성들은 어찌할 바를 모르게 된다.

애착의 경로는 여성만이 가는 길일까? 길리건에 따르면 그렇지 않다. 남성 역시 종국에는 독립과 애착을 모두 가지게 된다. 여기서 길리건은 남성과 여성이 각기 다른 경로로 양쪽의 요소를 모두 경험하게 됨을 보게 된다. 남성은 독립적 생활에서 시작하여 애착의 생활로 돌아오게 되며 여성은 애착의 생활로부터 자기 성실성을 깨닫는 국면에까지 이르게 된다. 길리건에 따르면, "유일한 차이는 그들이 처음에 알았던 것과 경험을 통해서 깨닫는 것이 서로 다르다는 것뿐이며, 그들의 도달점은 같다."[30]

또한 길리건은 여성들의 도덕관이 여성들을 삶의 과정에서 상처받기 쉬운 상태에 놓이게 한다는 주장들을 거론하며 그 생각은 잘못이라고 지적한다. 여성들의 도덕발달에 문제가 있는 것이 아니다. 길리건에 따르면, 그 문제는 그들을 상처받기 쉽게 만드는 사회에 있다. 우리는 여성들이 우유부단하여 지나치게 예민하게 갈등한다고만 볼 수 없다. 현실에는 분명히 도저히 택할 수 없는 갈등이 있기 때문이다. 길리건에 따르면, 선택을 꺼리는 것이 아니라 선택의 여지가 없는 현실도 있다는 점을 우리는 인정해야 한다.[31] 임신중절의 선택의 기로에 있는 여성들의 고민을 생각해보자. 길리건이 콜버그 연구의 취지로 진행되는 도덕 강의 수강 대학생들에게 임신중절 이슈를 던졌을 때 남학생들은 아주 쉽게 판단하였다. 개인은 당연히 자신의 몸에서 일어난 일을 결정할 권리를 가지고 있으며, 따라서 국가는 이 권리를 인정해주어야 하기에 그 이슈는 도덕적 갈등거리가 아니라는 것이다. 길리건은 묻는다. 그렇다면 여성들은 아무것도 아닌 이런 뻔한 문제를 가지고 심각하게 고민하고 어쩔 줄 몰라 했단 말인가? 실제 임신중절의 선택 상황에 놓인 여성들에게 이 문제는 그리 간단하지 않았다. 태아와 나 자신이 연결되어 있다는 느낌으로 인해 이 상황은 여성들에게 쉽게 무시될 수 없는 중대한 도덕적 딜레마 상황으로 다가왔기 때문이다.

양쪽의 가치가 팽팽하게 맞서는 도덕적 딜레마 상황에서 하나의 보편적이고 추상적인 원리를 가지고 한쪽의 가치를 선택하는 판단이 우월한 단계라고 보는 이론은 우리에게 한 가지 가치와 발달 경로만을 제시하는 편협함을 지닐 수 있다. 길리건은 우리가 한 가지 해석만을 가지고 도덕적 삶을 바라보는 것보다 두 가지 해석을 받아들여 바라보게 되면 인간의 경험과 삶에 대한 좀 더 풍부하고 진실에 가까운 이해를 하게 될 것이라고 제안한다.

하지만 길리건이 제안한 대로 정의 윤리의 경로와 돌봄 윤리의 경로는 함께 갈 수 있는 것일까? 과연 길리건은 이 둘의 관계를 어떻게 파악하고 있을까?

몇 가지 핵심 질문에 대한 길리건의 대답을 재구성함으로써 이러한 두 윤리의 성격과 관계를 살펴보겠다.

첫째, 정의 윤리는 남자의 윤리이고 돌봄 윤리는 여자의 윤리인가? 이 부분에서 길리건은 자신의 돌봄 윤리의 이슈가 남자와 여자의 차이성 이슈로 비화되는 현상을 경계한다. 그녀는 "기존의 이론과 대조적인 우리의 입장이 여성의 관점과 관련되었다는 것은 경험적이고 우연적인 사실에 지나지 않는다"고 말한다.[32] 그녀는 기존

연구들에서 누락되어 왔던 성별인 여성들에게서 "다른 목소리"를 발견했기에 그것을 알리고자 한 것이지, 여성이 반드시 그 "다른 목소리"를 가졌음에 틀림없다는 점을 밝히려는 것은 아니었던 것이다. 그녀는 남성들이 지배적으로 제시해왔던 하나의 관점 외에 다른 관점이 존재한다는 점, 그리고 그 관점은 경험적으로 여성에게서 많이 관찰된다는 것을 알리려는 것이다. 그래서 그녀의 주저의 제목도 "여성의 목소리로"가 아닌 『다른 목소리로』였던 것이다. 그녀가 관찰한 것은 여성의 성격과 돌봄의 심리의 경험적 연결이지, 본질적 연결이 아니었다. 남성들보다 여성들에게서 이 특징이 높은 비율로 보인다고 해서 그것이 여성의 본성이라는 단정을 하는 것은 아니며, 그리고 남성들은 돌봄이라는 성격을 갖지 않는다는 것도 아니다. 길리건이 강조하고 싶었던 것은 기존의 도덕발달 이론들은 다른 많은 부류의 사람들(여성들)에게서 의미 있게 포착되는 도덕발달을 충분히 설명하지 못하는, 즉 불충분한 이론이라는 점이다. 이런 불충분한 이론으로 인해 낮게 랭크된 집단에는 여성뿐 아니라 덜 도시화된 지역의 남녀들, 아시아권 남녀들이 포함될 수도 있다.

하지만 길리건이 돌봄 윤리와 여성과의 관계를 단지 우연적으로 보기보다 좀 더 긴밀하게 설정하는 논점이 있기는 하다. 그녀는 여아들이 남아들의 심리발달 경로와는 다른 경로를 겪게 되는 메커니즘에 관해서 프로이트적인 해석을 전복하는 초도로우의 논의를 언급한다. 초도로우는 남아의 경우 유아기 때 자신을 양육하는 어머니와 다른 성별이라는 점에서 자아와 타자의 분화에 일찍 직면하게 되고, 여아의 경우 어머니와 같은 성별이라는 점에서 분화보다는 연결을 오래 유지한다는 점을 근거로 남녀 심리 차이의 근원을 설명한다. 초도로우는 남아와 여아의 발달이 다른 노선을 겪는다는 것을 주장하는 면에서 프로이트와 유사하지만, 아버지의 권력이 상징하는 문명의 도덕을 받아들이는 기제가 발달하는지 여부를 갖고 남녀의 차이를 구분하기보다는 분화를 겪는지, 연결을 유지하는지 여부를 갖고 남녀의 차이를 구분한다는 점에서 프로이트의 노선을 떠난다. 남녀 차이에 대한 프로이트의 해석과는 반대로 초도로우는 여아들이 어머니와의 연결이 유지된 시간을 오래 보낸다는 것은 여아들의 자아가 약함을 의미한다기보다 "감정이입"(empathy)에 능함을 의미한다고 해석한다.[33]

이 논의를 의식하면서 길리건은 남아들과 여아들을 관찰하면서 그들이 자신의 진솔함을 잃고 외부 세계로부터 분리 압박을 받는 시기가 남녀에 있어 다름을 지적한다. 길리건에 따르면 남아의 경우 초기 아동기에 분리 압박에 직면하는데 이때 남아는 그다지 반성적 의식을 잘 할 수 없는 상태에서 그 스트레스를 겪는다. 반면 여아의 경우 자신의 진정한 모습과 자신이 소중히 여기는 관계 맺음을 버리고 외부 세계가 기대하는 모습과 관계 맺음을 받아들여야 할 압박을 청소년기에 겪는다. 초기 아동기 남아들과 달리 청소년기 여아들은 반성적 사고를 어느 정도 할 줄 아는 시기에 이런 스트레스를 겪게 되며 이로 인해 그녀들은 자신이 잃어가고 있는 것이 무엇인지 의식할 줄 알고, 의식적인 저항을 할 능력을 가진다. 이런 식으로 길리건은 남아보다는 여아들이 인간 본성을 억누르는 편협한 도덕발달 노선에서 벗어나 자신의 본성을 유지하며 발달할 가능성을 더 크게 생각하는 것으로 보인다.[34]

요컨대, 길리건은 정의 윤리와 돌봄 윤리를 각각 남자의 윤리, 여자의 윤리로 못 박아 두는 이분법적 주장을 한 것이 아니다. 그녀는 다만 주로 기존 심리 이론 안에서 남자들이 추구해야 할 도덕발달로 규정된 노선만이 존재하는 것이 아니며, 다른 노선도 관찰된다는 것을 피력한 것이다. 길리건에게는 그 다른 노선이 경험적으로 여성들에게 많이 관찰되었고, 그동안 저평가되었던 여성의 발달에는 사실 의미심장한 새로운 발달 경로가 엿보이며 남아들이 습득하기 어려운 능력마저도 관찰되었다고 볼 수 있다.

둘째 질문으로 넘어가겠다. 정의 윤리와 돌봄 윤리는 어떤 의미에서 상호보완적인가? 둘은 독자적인 경로를 나타내는가, 둘 중 하나로 포함되어 서열화를 이룰 수 있는가? 콜버그 연구에 대한 길리건의 비판에 직면하여 콜버그 학파가 대응한 방식은 일단 돌봄 윤리의 핵심 가치, 개념들을 표현한 언어가 자신들의 이론 안에 적절히 드러나지 못했음에 대한 인정이었고, 그 다음은, 그럼에도 불구하고 돌봄 윤리의 가치, 개념들이 콜버그 이론 안에서 충분히 설명될 수 있다는 대응이었다. 콜버그 학파의 이러한 대응 전략에 대해 길리건은 돌봄 윤리는 정의 윤리의 부족분을 채워주는 역할을 통해 정의 윤리에 포함되는 보완적 윤리가 아니라 독자적인 윤리라는 점을 밝힌다. 우리들 각각은 자신의 인생 중에 정의 윤리를 따르는 발달 경로를 겪을 수도 있고, 돌봄 윤리를 따르는 발달 경로를 겪을 수도 있으며, 이 둘을 적절히 조화시킨 발달 경로를 겪을 수도 있다. 하지만 어떤 하나의 경로가 다른 하나의 경로 안에 보조적인 역할로 포함되는 것은 아니라는 것이 길리건의 입장이다.[35]

그녀는 양자의 관계를 이중적 해석이 가능한 그림(형태)에 비유한다.[36] 어떻게 보면 마주보는 두 사람의 옆얼굴로 보이고 또 달리 보면 꽃병으로도 보이는 그림 말이다. 똑같은 그림을 보고도 두 가지 해석이 있을 수 있는데, 하나의 해석에 입각해서 보면 다른 해석의 형태가 눈에 들어오지 않는다. 하지만 우리는 두 해석을 동시에 포함하는 해석대로 그림을 보지 못해도, 번갈아 가면서 이 해석, 저 해석을 채택해서 어떤 현상을 다양한 방식으로 바라볼 수 있다. 이렇게 번갈아 가면서 바라본 두 모습 중 어느 하나가 주요한 것이고 다른 하나는 부차적인 것이라고 할 수 없다. 둘 다 모두 완결된, 독자적인 모양으로 보인다.[37] 하지만 이 두 개의 독자적인 해석을 모두 알아채고 활용할 줄 안다면 우리는 세상을 더 풍부하게 볼 수 있을 것이라는 것이 길리건의 제안이다.

4 | 저항의 가능성

길리건의 대표작인 『다른 목소리로』(1982, 1판)에서는 가부장주의적 체제에 관한 직접적 언급이 분명히 드러나지 않는다. 하지만 그 이후 그녀는 청소년기의 여아들과 청년기 여성들에 대한 연구를 수행하면서 그들의 목소리에서 어떤 "단절"(dissociation)과 "분리"(disconnection)를 감지하고 가부장주의 체제라는 맥락 안에서 자신의 연구가 가지는 의미를 탐색하게 된다. “단절”과 “분리”는 1993년 『다른 목소리로』의 2판 서문(“독자들에게 보내는 편지”)에서 언급된다.[38] 그녀의 저작 안에서 “단절”은 자신의 목소리를 자신의 진정한 생각과 연결하지 못하는 것을 의미하며 “분리”는 남성들의 세계로부터 차단당한 상태를 의미한다.

길리건은 “목소리” 자체가 갖는 의미를 극 활동에서 얻은 교훈을 바탕으로 제시한다.[39] 그녀가 보기에 목소리는 반향되거나 공명되어야 한다. 그렇지 못할 경우 그 목소리를 낸 이는 점차 목소리를 내지 않고 침묵하게 된다. 그녀는 목소리를 내지 않은 사람은 인격으로 존재하지 않는다고 본다. 우리의 목소리가 공명되지 않으면 우리는 목소리를 잃게 되며, 그리고 존재하지 않게 된다는 것이다. 인격으로서 존재한다는 것은 공명이라는 관계성에 들어가야 가능한 것이라는 의미이다. 하지만 가부장주의적 사회에서 여성의 목소리는 공명되지 않는다. 길리건에 따르면 여성은 어떻게 해서든 사회적 관계 안에 존재하기 위해 가부장주의적 사회가 용인한 관계에 편입해 들어가려 하는데 여기서 치러지는 대가가 바로 자신의 진정한 모습과의 “단절”이다. 이러한 대가를 통해 기존의 세계와의 연결에 성공하였느냐 하면 그런 것도 아니다. 여성은 결국 남성 중심적 사회의 중심에 들어가지 못하고 그 목소리를 전하지 못하는데 이러한 상태가 바로 “분리”인 것이다.

길리건이 보기에 이러한 과정은 여아, 여성만 겪는 것이 아니다. 남아의 경우 아동기의 이른 시기에 이 상태를 겪는다. 가부장주의 체제란, 한 집안의 수장이 되는 한 남자가 권력을 행사하는 체제이기에 여성과 어린 남아들은 모두 그 통치의 대상이 되는 존재들이라 할 수 있다. 남자라 할지라도 그들 모두가 다 가부장의 권력을 가지는 것은 아니다. 따라서 가부장주의 체제는 사실상 일부 특권적 남성의 체제일 뿐이다. 이에 길리건은 자신의 기획이 단지 여성들만을 위한 것이 아닌 보편적인 인간성 전체의 회복을 위한 것임을 알린다. 길리건에 따르면, 모든 남녀 존재들은 본래 타자와의 연결이 자연스러운 존재였다. 하지만 가부장주의 체제는 타자와의 연결에서 자신을 분리해야 가부장적 지위에 오를 수 있다는 성숙의 비전을 남아들에게 강요하고 청소년기 여아들에게는 가부장 체제가 기대하는 식의 관계 맺음을 수행하는 여성적 성숙의 비전을 강요한다. 남아는 자신의 자연적인 관계성을 부정당하고 여아는 자신의 진정한 모습에 대해 말하는 것, 경청되는 것을 거부당한다는 것이다. 이로 인해 가부장주의 체제 하에서 인간은 본래 자신의 자연적 본성에서 나오는 생동감을 잃고 권위에 쉽사리 복종하는 내면을 지니게 된다는 것이 길리건의 진단이다.

정치과학자들과의 공동 세미나를 통해 길리건은 오늘날 많은 국가에서 민주주의 체제가 제도적으로 자리 잡게 되었음에도 불구하고 왜 여전히 그 국가들 안에서도 불평등과 전횡적 권력이 난무하며 사람들은 이에 저항하지 않는지를 연구하면서 가부장주의 체제와 민주주의 체제의 상극성을 느끼게 된다. 가부장적 지위에 오를 수 있는 이들을 제외한 나머지 존재들의 목소리를 부정하는 체제에서 우리는 우리 자신의 본 모습대로 생각하고 말할 수 없으며, 관계 중심적이고 타자에 대한 감응성을 가졌던 우리의 본래 모습을 말할 때 경청될 수 없다. 즉 제도적으로 민주주의를 성취하고 지향해도, 우리의 생활과 의식 깊숙이 가부장주의 질서가 사라지지 않는다면 진정한 민주주의는 성취될 수 없다는 것이다. 길리건은 남성의 표가 아닌 여성의 표로 당선된 오바마 대통령의 등장을 기쁘게 회상하다가, 그 이후 월가와 대외 방위에 관련된 정책보다 돌봄 정책에 신경 쓰는 오바마의 남성성을 의심하며 조롱하는 좌우파 양측의 논평에 개탄하게 된다.[40] 또 그녀는 힐러리의 등장에 "나도 모르게 다리를 꼬며 앉았다"며 성차별적 조롱을 버젓이 내놓는 저널리즘을 언급하며, 민주주의적 가치와 제도를 지향하는 사회에서조차 가부장주의적 의식이 사라지지 않았음을 본다.[41] 이런 의식이 아직 우리를 방해하는 한에서 사회가 아무리 민주주의 제도를 지향해도 진정한 다양한 목소리들이 존중받는 민주주의를 성취하기 힘들 것이라는 것이 길리건의 진단이다.

하지만 그녀는 비관하지 않는다. 그녀에게 있어 우리가 되찾아야 할 가치 있는 모습은 바로 우리 안에 있기 때문이다.[42] 그녀에 따르면, 우리의 본성은 즐거움과 기쁨을 누리는 것에 있다. 후기 저서 『기쁨의 탄생』에서 그녀는 그리스 신화와 여러 문학 작품들 속에 드러난 비극과 슬픔들의 원천을 파헤치고, 그녀가 면접한 여러 학부형 아버지들의 슬픔의 원천을 그것에 연결하면서 그 원천은 결국 가부장주의 체제가 부여해온 질서들에 있었다는 점을 제시한다.

그녀는 우리가 우리를 둘러싼 관계와 연결을 부정하는 과정은 성숙이 아니라 상실의 과정이라고 본다. 그런데 이것은 여전히 많은 사람들 안에 완전히 상실되지 않은 채 살아남아 있다. 그녀가 보기에 이는 특히 여아와 여성들에게 남아 있다. 앞서 논의했듯이 길리건은 남아와 달리 여아는 가부장주의 체제로 인한 분리와 단절의 압박을 청소년기에 겪기 때문에 자의식과 반성적 의식이 있는 상태에서 이 시기를 맞이할 수 있으며, 따라서 이에 저항할 정신적 능력을 갖출 수 있다. 물론 방황과 위기를 겪겠지만, 이를 잘 이겨낸 성인 여성이 그들에게 좋은 안내자 역할을 한다면 청소년기 소녀들은 훨씬 더 수월하게 가부장주의적 체제에 물들지 않은 채 사회를 바라볼 수 있을 것이라고 길리건은 제시한다.

그리고 남아에게도 이런 자연적 본성이 상실되지 않고 남아 있을 수 있기 때문에 남아를 포함한 모든 어린이들에게 가부장주의적 질서 대신 관계와 연결, 돌봄을 발달하게 해줄 어머니, 여성 교육자의 역할이 중요함 또한 그녀는 제시한다.[43] 어찌 생각해보면, 길리건이 여성에게 이러한 교육자 역할을 강조하는 것이 여성의 고정된 성역할을 지지하는 것처럼 보일지도 모르겠다. 하지만 실제로 여성들이 주로 어린이들에 대한 돌봄 역할을 맡아왔으면서도 정작 교육의 핵심 내용들의 공급자 역할은 가부장이 해왔다는 점을 생각해본다면, 관계, 연결, 돌봄의 가치를 교육의 핵심 가치들로 제공하기 위해서 여성이 교육 활동에 중심이 되어야 한다는 길리건의 제안은 설득력을 얻을 수 있다.

가부장주의 체제는 이러한 가치들을 나약함으로 표상되는 여성성이라고 보며 교육적 핵심 가치에서 배제하거나 부차적 지위에 놓고자 하겠지만, 길리건은 이런 가치들은 보편적 인간성을 실현하는 가치임을 주장한다. 그녀는 나치의 통치 시절, 유대인을 색출하는 나치 경찰들의 눈을 피해 유대인을 동물원에 숨겨 주었던 한 동물원 지기의 아내의 예를 든다. 그 시기가 지난 이후 나중에, 그 여인은 어떻게 그런 일을 할 수 있었냐는 질문을 받았을 때 단지 인간으로서 한 일이라고 대답한다.[44] 여성으로서 돌보았다는 것이 아니었다. 길리건에 보기에 그러한 돌봄은 남녀 모두의 본성 안에 깃들어 있는 보편적 인간성이기 때문에 우리가 할 일은 그것을 상실하지 않고 회복하는 일이다.

5 | 길리건과 여성주의

길리건에 대한 소개에서도 밝혔듯이 그녀는 처음부터 여성주의자로서의 자의식을 갖고 있는 학자는 아니었다. 그녀는 예전에 『주홍글씨』를 접했을 때 그 안에 담긴 가부장주의에 관한 표현들을 읽어내지 못했다고 고백한다.[45] 그녀에게 여성주의적 자각을 일깨워준 것은 바로 콜버그 연구진 안에서 만난 여아, 혹은 여성 면접 대상자와의 대화인 것으로 보인다. 즉, 그 대화를 통해 연구 대상자인 여아, 여성들의 있는 그대로의 목소리를 담아낼 관점이 기존 심리 이론에는 없으며 이를 담아낼 관점을 모색해야겠다는 자각이 그녀에게 생겼으며 이런 자각이 자연스럽게 여성주의적인 문제의식으로 발전할 수 있었던 것으로 보인다.

하지만 여성이 돌봄, 관계, 연결 중심의 도덕발달을 겪는다는 그녀의 관찰은 여성주의 진영 내부에서도 논란을 불러일으킬 만한 것이었다. 가부장주의 체제 하에서 여성은 늘 그러한 성역할을 부여받아왔고, 이는 남성들이 독립적 인격을 지닌 데 반해 여전히 의존적인 인격을 지녔기에 주도적인 역할을 할 수 없다는 성차별적 편견에 심리학적 근거를 대준 셈으로 비칠 수도 있기 때문이었다. 여성에게 부여된 자기희생이라는 덕목은 여성의 독자적 지위와 권리의 쟁취를 방해하는 굴레 역할을 해온 것은 사실이다. 길리건은 이 점을 진지하게 고민한 것으로 보인다.

성평등을 지향하는 여성주의자라면, 돌봄, 관계, 연결 중심적 사고는 가부장주의적 체제에서 종속적 존재들에게 부여된 특징이기에 그 특징과 여성성을 연결 짓는 생각에서 벗어나야 한다고 주장하든지, 아니면 그러한 사고를 가치절하하지 말고 오히려 그 고유의 가치를 인정해야 진정한 성평등을 이룰 수 있다고 주장하든지 할 것이다. 전자의 주장을 받아들인다면, 우리는 여성에게 돌봄, 관계, 연결 중심적 사고를 강조하는 교육을 멀리하고 정의, 원리적 사고, 독립적 자아를 강조하는 교육을 여성에게 더 제공할 필요가 있을 것이다. 그런 방향의 교육을 받으면 여자들은 남자들과 다를 바 없이 충분히 그렇게 성장할 수도 있을 것이다.

하지만 이 지점에서 길리건은 기존의 정의, 원리적, 추상적 사고, 독립적 자아를 강조하는 교육관, 성장관이 우리 인간 본성에 그다지 잘 들어맞는 바람직한 가치가 아니라는 입장을 보인다. 다시 말해, 그녀는 추상적이고 독립적인 자아관을 가진 칸트적인 도덕관, 근대성의 정신들을 비판하는 여타의 근대성 비판 이론가들과 비슷한 논조를 보인다. 굳이 정의 윤리와 돌봄 윤리 중 우리에게 더욱

권장될 만한 대안을 찾자면 그녀는 그것은 돌봄, 관계, 연결 중심의 도덕일 것이라고 주장할 것이다. 왜냐하면 그녀에 따르면 돌봄 윤리는 우리가 모두 취약한 존재임을 깨닫게 될 때 가장 간절히 요청되는 도덕인데, 우리 모두를 취약한 존재로 만드는 환경 문제 등의 전 지구적 이슈가 발생하는 상황을 고려해보면 우리는 돌봄 윤리에 좀 더 많은 가치를 두는 것이 바람직할 것이기 때문이다.

그동안 약자에게만 부여되는 덕목으로서 악용되어 왔지만, 그리고 왜곡된 상태로 어떤 단계에만 정체해 있었지만 돌봄, 관계, 연결 중심의 사고 자체는 소중한 대안적 사고로 재정립될 수 있으며 그렇게 되어야 한다는 것이 길리건의 입장으로 보인다. 이런 작업의 일환으로 그녀는 "여성적 윤리"(feminine ethic)로서의 돌봄 윤리와 "여성주의적 윤리"(feminist ethic)로서의 돌봄 윤리를 구분한다.[46] 그녀에 따르면 "여성적 윤리"로서의 돌봄 윤리는 가부장주의 사회에서 여성에게만 강조되었던 윤리이다. 돌봄을 여성의 본성과 연결시켜서 그것을 여성만의 업무로 만들어버린다. 여성은 돌봄 윤리의 명분 하에 자기희생을 격려받는다. 하지만 그녀에 따르면 "여성주의적 윤리"로서의 돌봄 윤리는 여성에게만 돌봄 역할을 한정하는 가부장주의 질서에 반대하며, 돌봄을 모든 인간의 보편적 윤리의 지위로 놓는다.

돌봄 윤리를 "여성적 윤리"에서 "여성주의적 윤리"로 변모시키기 위해서 길리건은 돌봄 중심의 도덕발달이 자기희생의 단계에서 그치지 않을 수 있다는 점을 우리에게 보여주어야 했다. 다행히 길리건은 자신의 연구에서 돌봄 중심의 도덕발달이 나 자신을 포함한 돌봄의 단계를 최종적으로 포함한다는 점을 보여주었다. 이로 인해 그녀는 자신의 돌봄 윤리에 대해 비판적 입장을 지닌 또 다른 여성주의적 진영에 대해 어느 정도 대답을 제시한 셈이다. 돌봄은 나 자신을 그 대상으로 포함한다.

6 | 돌봄 윤리는 정의 윤리와 함께 가는 대안인가, 그것을 대체하는 대안인가?

길리건은 추상적이고 초연한 독립적 자아, 원리적 사고를 중심으로 한 정의 윤리가 모든 인간에게 유일한 성숙의 비전으로 제시되어 왔던 것에 맞서, 돌봄, 관계 속의 연결된 자아, 맥락적이고 구체적인 사고를 중심으로 한 돌봄 윤리를 또 다른 성숙의 비전으로 제시하였다. 그런데 이때, 돌봄 윤리는 정의 윤리와 동등한 가치를 갖고 그것과 공존하는 대안이 되기를 겨냥하는 것일까, 아니면 정의 윤리를 대체할 대안이 되기를 겨냥하는 것일까?

길리건은 전자를 주장하는 것으로 보인다. 그녀가 하고자 했던 일은, 정의 윤리 중심적인 기존의 이론이 모든 사람들의 도덕발달을 포괄해내기에 충분치 않다는 점을 밝히고, 다른 노선도 똑같이 의미 있게 존재한다는 것을 드러내는 것이었다. 그래서 정의 윤리와 돌봄 윤리 간의 관계를 상보적으로 동등하게 공존하는 관계로 제시하였던 것이다. 하지만 어떤 다른 부분을 보면 길리건은 근대성에 대한 비판론자들의 논조와 매우 유사한 모습을 드러낸다. 즉,

그들이 그랬듯이 추상적이고 초연한 자아관, 원리적 사고를 중시하는 근대적 사고 자체를 비판한다. 이렇게 보면, 그녀의 돌봄 윤리는 정의 윤리를 대체할 수 있고, 대체해야 할 새로운 도덕 패러다임으로서 제시된 것처럼 보인다.

길리건은 양쪽의 도덕발달 노선과 비전이 상보적인 동등한 공존 관계에 있다는 것을 더 의식적으로 자주 피력한 것으로 보이지만 양자가 이론적으로 어떻게 그런 관계에 있을 수 있는지를 독자들에게 분명하게 이해시키지 못한 것으로 보인다. 그녀는 다만, 두 노선이 양쪽 성에게서 다소간의 정도차를 드러내며 공존하는 방식으로 관찰되고 해석된다는 점을 제시하는 방식을 통해, 현실에서 우리에게 단 하나의 노선만 존재하는 것이 아니라는 주장을 입증했을 뿐이다.

이에 필자는 길리건의 돌봄 윤리가 정의 윤리와의 관계에 있어 어떤 위상을 가지는지에 대한 두 해석이 혼란을 보이는 양상은 길리건의 자연주의적인 작업 성격에서 비롯한 것일 수 있다고 제안해보겠다. 여기서 '자연주의적'이라 함은 도덕 이론에 있어 사실적 측면과 당위적 측면을 날카롭게 구분하지 않는 성격을 지칭한다. 그녀의 이론은 콜버그의 이론과 달리 사실적 측면과 당위적 측면을 뚜렷이 구분하지 않으며, 더 나아가 그럴 필요성을 느끼지 않는 것으로 보인다.

길리건은 단일한 도덕발달 노선만을 제시하는 콜버그 이론에 비판을 가했다. 그녀에게 있어 현실에서 관찰되는 모습들은 어떤 이론에 의해 추상되어야 할 요소들이 아니라 그것 자체로 진지하게 받아들여야 할 가치 있는 요소들이다. 현실에서 양쪽 노선 모두 양쪽 성에 일정 비율로 관찰되었기에 길리건은 그것들이 동등한 위상을 가지며 공존한다고 여길 수밖에 없었을 것이다. 하지만 그녀는 여타의 심리 이론을 다루는 것이 아닌 "도덕" 심리를 논하고 게다가 도덕의 "발달"을 논하고 있다. 따라서 그녀는 사실적 차원 외에 "어떤 것이 도덕적인 노선인가", "어느 특정한 단계 이동을 단순한 '변화'라 하지 않고 '발달'이라고 부르는 근거는 무엇인가"를 따지는 규범적 차원을 논하지 않을 수 없다.

이러한 규범적 차원에서 보았을 때, 그녀는 돌봄 윤리가 어떻게 정의 윤리와 동등하게 공존할 수 있는지에 대해 설득력 있는 규범적 입증을 하지 않았으며, 또한 결국 입증하기 어려울 것으로 보인다. 규범적 차원에서, 두 가치체계가 공존하려면 어떤 한 가치체계를 상위적 위상에 두고 다른 가치체계를 종속적으로 서열화하는 방식을 택할 수밖에 없을 것이기 때문이다.[47] 서열화하지 않으면 여러 도덕 가치체계들이 이론적으로 동시에 공존하는 것인데 이는 상대주의의 문제를 야기하게 되어 철학적 입증을 통해 진지하게 채택되기 어렵다.

이렇듯, 때로 길리건이 단순히 정의 윤리의 상보적 패러다임으로서가 아니라 근대성의 산물인 정의 윤리를 대체할 새로운 패러다임으로서 돌봄 윤리를 제시하는 모습을 언뜻 언뜻 보이는 것은 자신도 의식하지 못한 채 이런 규범적 측면에서 두 노선에 대한 자신의 입장을 정리해야 하는 이론적 압력을 받았기 때문일 수 있다. 요컨대, 자연주의자로서 길리건은 관찰로 얻은 경험적 주장을 규범적 주장과 구분하지 않고 작업했으며, 그로 인해 두 가치체계의 위상에 대해 뚜렷한 정리를 제시하지 못한 것으로 보인다.

하지만 그녀는 후기 저술에서 돌봄 윤리가 보편적인 인간성에 뿌리를 둔 보편적 윤리로서의 위상을 가진다는 점을 명백히 밝히고 있으며, 이 점은 돌봄 윤리가 단순히 정의 윤리와 공존하는 것으로 관찰되는 또 다른 윤리에 그친다기보다 규범적 차원에서 볼 때 정의 윤리를 대체할 새로운 패러다임으로서의 모양을 갖추고 제시되어도 괜찮을 것이라는 암시를 준다. 물론 그렇게 되기 위해서는 돌봄 윤리는 정의 윤리가 설명, 혹은 해결해내는 많은 것들을 모두 다 설명, 해결해내면서도 더 나아가 정의 윤리가 도저히 설명, 해결해내지 못한 부분까지도 모두 설명, 해결해낸다는 것을 입증해야 할 과제를 안고 있다.

V

Hélène Cixous

5 엘렌 식수

여성적 글쓰기[1]

이봉지

엘렌 식수(Hélène Cixous, 1937~)는 '여성적 글쓰기'(écriture féminine)의 대표적 이론가로서 뤼스 이리가레, 쥘리아 크리스테바와 함께 프랑스 탈구조주의 페미니즘의 대표적 이론가로 간주된다. 이들은 여성성과 여성의 글쓰기라는 문제를 정신분석학적 관점에서 접근하였으며 또한 그들의 주요 저작들을 1970년대부터 내놓기 시작하였다는 공통점을 가지고 있다. 이 때문에 토릴 모이는 이 세 사람을 "프랑스 페미니즘 이론의 새로운 삼위일체"[2]라고 불렀다. 엘렌 식수와 이 두 이론가들의 가장 큰 차이는 그녀가 이론가인 동시에 소설가이자, 시인이자, 극작가라는 점이다. 그녀는 자신의 가장 중요한 이론인 '여성적 글쓰기'를 스스로의 창작 활동을 통해 실천하려 하였다. 실제로 그녀는 23권의 시집과 40권 이상의 픽션과 16편의 희곡과 14권의 비평, 혹은 이론서와 (이 둘의 경계는 분명하지 않다) 수많은 논문을 집필하였다.

그녀의 작품 활동은 크게 보아 네 개의 단계로 나눌 수 있는데 그 첫 번째는 정신분석적 독서를 통한 개인적 해방의 단계로 그녀의 초기 픽션과 이론서들이 여기에 속한다. 다음 단계로는 여성 해방을 위한 집단적 투쟁의 단계로 여성성과 여성적 글쓰기에 관한 그녀의 이론적인 글쓰기는 주로 이 시기에 발표되었다. 세 번째 단계는 1980년대 중반 이후의 약 15년간으로, 제3세계 및 여타 소외된 계층에 대한 관심이 드러나는 그녀의 희곡 작품들이다. 마지막으로 네 번째 단계는 1990년대 말 이후의 자전적 단계로 그녀는 다시 한 번 알제리에서의 자신의 어린 시절 및 부모와 친척들의 이야기로 돌아간다. 이 네 단계는 모든 질곡으로부터의 인간 해방을 꿈꾸는 식수의 지적 여정의 과정을 보여주며 서로 밀접하게 연관되어 있다. 그녀의 글쓰기에는 개인적 차원과 도덕적, 정치적 차원이 융합되어 있기 때문이다. 우리는 이 단계들을 그녀의 생애와의 관련 하에서 간단하게 살펴볼 것이다. 그런 다음, 페미니즘의 관점에서 가장 의미 있는 단계인 두 번째 단계의 저작들, 특히 「메두사의 웃음」과 『새로운 여성의 탄생』을 중심으로 여성성과 여성적 글쓰기에 대한 그녀의 이론을 살펴볼 것이다.

1 | 엘렌 식수의 생애

엘렌 식수는 1937년 6월 5일 알제리의 오랑에서 태어났다. 그녀의 어머니 에브 클라인은 독일의 오스나브뤼크(Osnabrück) 출신으로 나치스의 박해를 피해 알제리로 피난을 왔다. 아버지 조르주 식수는 스페인과 모로코를 거쳐 알제리에 정착한 유대인 의사였는데 엘렌 식수가 11살 때인 1948년에 폐결핵으로 사망한다. 남편 사후 엘렌의 어머니 에브는 산파 일을 하였으며 1971년 알제리 당국에 의해 추방당할 때까지 알제리에서 살았다.

프랑스 식민지인 알제리에 사는 유대인이라는 엘렌 식수의 신분은 그녀의 정체성 형성에 큰 영향을 미쳤다. 그녀의 고향인 알제리는 소수의 프랑스인이 다수의 아랍인을 통치하는 사회였다. 그녀는 물론 피식민지인인 아랍인이 아니었다. 그러나 그녀가 처음으로 배운 언어는 프랑스어가 아니라 독일어였다. 또한 그녀의 가족은 백인들 사이에서 차별받는 유대인이었다. 이러한 상황 때문에 그녀는 어릴 때부터 억압과 차이와 차별에 대한 첨예한 인식을 가지고 있었다. 그녀의 학창생활 동안 이 인식은 더욱 커졌다. 중등학교 때 식수는 자기 반에서 유일한 유대인이었다. 알제리의 학교에는 유대인 쿼터가 있었기 때문이었다. 뿐만 아니라 그녀가 다니는 학교에는 대부분이 남학생이고, 여학생은 극소수였다. 이처럼 그녀는 이중적으로 마이너리티였다.

이러한 상황은 프랑스에 온 이후에도 크게 달라지지 않았다. 그녀는 1955년 기 베르제와 결혼하여 파리로 가서 라카날 고등학교의 고등사범학교 준비반(우리나라의 대학 교양과정에 해당)에 들어가는데 여기서도 그녀는 유일한 북아프리카 출신 학생이었다. 1956년, 그녀의 남편 기 베르제는 중학교 철학교사 자격시험에 합격하여 보르도에 발령을 받는다. 식수는 그와 함께 보르도로 가서 고등학교 영어교사 자격시험을 준비한다. 1958년, 그들의 첫 딸인 안 에마뉘엘 베르제가 태어난다. 같은 해, 식수는 중학교와 고등학교 영어교사 자격시험에 연달아 합격한다. 1959년 식수는 보르도 근처의 아르카숑 고등학교 영어교사로 부임하고 이어 1960년부터 제임스 조이스에 관한 박사학위 논문을 준비한다. 그해 태어난 그녀의 첫째 아들 스테판은 일 년 후 사망하고, 같은 해 둘째 아들 피에르 프랑수아 베르제가 태어난다.

1962년, 식수는 보르도 대학의 조교가 된다. 같은 해, 그녀는 같은 알제리 출신의 철학자 자크 데리다를 만나며 그들의 우정은 2004년 데리다가 죽을 때까지 평생 지속된다. 데리다의 텍스트 분석 전략인 '해체주의' 및 서양 철학을 지배한 '말중심주의'와 이항대립에 관한 그의 비판은 식수의 사상 체계에 큰 영향을 미쳤다. 또한 1963년, 식수는 그녀의 사상에 큰 영향을 미친 또 하나의 인물인 자크 라캉을 만난다. 남근을 하나의 상징으로 해석하는 라캉의 입장을 비판하는 과정에서 식수는 뤼스 이리가레와 함께 '남근중심주의'라는 개념을 만들어낸다. 1964년 식수는 기 베르제와 이혼하는 한편, 파리 소르본 대학의 전임강사로 임용되어 파리로 이사한다. 1967년에는 처녀작인 소설 『신의 이름』을 발표한다.

1968년, 기성 사회에 대한 프랑스 대학생들의 항거인 5월 혁명의 결과로 실험적 대학인 파리 8대학이 설립되는데 식수는 이 설립 과정에 중요한 역할을 한다. 그녀는 또한 이 대학의 교수인 제라르 쥬네트, 츠베탕 토도로프와 함께 문학잡지인 『시학』(*Poétique*)을 창간하며, 같은 해에 제임스 조이스에 관한 연구로 박사학위를 받는다. 1969년, 식수는 파리 8대학 영문과 교수로 임용된다. 또한 같은 해에 발표된 그녀의 소설 『내부』(*Dedans*)로 권위 있는 문학상인 메디시스 상을 받는다. 1974년, 식수는 파리 8대학 내에 여성학센터를 창설하여 유럽 최초로 여성학 박사과정을 개설한다.

1975년은 식수에게 있어 매우 중요한 해다. 그녀는 어쩌면 그녀의 가장 중요한 저작일지도 모를 「메두사의 웃음」(Le Rire de la Méduse)을 『라르크』지에 게재한다. 같은 해, 그녀는 이 논문을 확장시킨 저작인 『새로운 여성의 탄생』(*La jeune née*)을 카트린 클레망과 공동 집필하였고, 이후 10여 년간 페미니즘 주제에 관한 여러 저작을 발표한다.

1980년대 들어 식수의 글쓰기는 장르와 주제에 있어 커다란 전환을 이룬다. 80년대 후반에 쓰인 그녀의 논문 「무의식의 무대에서 역사의 무대로」라는 논문[3] 제목이 시사하듯 이전의 작품들이 의식에 의해 억압된 무의식, 그 중에서도 특히 여성의 무의식 문제를 다룬다면 80년대 이후에 쓰인 그녀의 희곡 작품들은 역사에서 억압된 자들인 제3세계 사람들의 문제를 다룬다. 그러므로 소설에서 희곡으로의 장르 전환은 주제의 전환을 동반한다. 이러한 계기가 된 것은 1982년 '태양 극단'의 단장인 아리안 므누슈킨과의 만남이다. 므누슈킨은 일본의 인형극인 분라쿠를 비롯한 동양의 연극 기법을 도입하였고, 식수는 이러한 실험적 연극 무대에 역사의 타자인 제3세계 사람들을 등장시켜 그들의 문제를 새로운 시각으로 제시하려 노력하였다.

1990년대 후반에 이르러 식수는 다시 자전적 글쓰기로 돌아간다. 1997년에 발표된『오르, 내 아버지의 편지』에서 아버지의 이야기를 쓴 것을 시작으로 그녀는 어머니, 친척 등 그녀의 어린 시절과 관련된 이야기를 픽션의 형식으로 쓴다. 그러나 여기서 그녀의 자전적 이야기는 개인적 차원을 넘어 유대인 및 북아프리카라는 보다 넓은 영역으로 연장된다. 그리고 이를 통해 그녀의 개인사는 그녀가 세 번째 단계, 즉 80년대 이후 집필한 여러 희곡에서 다루었던 역사적 타자와 합일된다.

2 | 여성성과 여성적 글쓰기

우리는 앞에서 식수의 여러 저작들 중, 현대 페미니즘의 주요 이슈를 검토하는 우리의 목적에 가장 부합하는 저작들이 70년대 중반 이후 약 10년간에 걸쳐 주로 집필된 여성적 글쓰기와 여성성에 관한 그녀의 저작들임을 밝혔다. 그 중에서도 특히 여성적 글쓰기의 개념의 제창은 페미니즘 이론에 있어 엘렌 식수의 가장 중요한 공헌이라고 볼 수 있다. 물론 여성적 글쓰기는 식수뿐 아니라, 뤼스 이리가레, 모니크 위티그 등이 공통으로 주창한 개념이다. 그러나 식수는 이의 선언문 격인 「메두사의 웃음」을 통해 이 개념을 널리 확산시켰고, 또한 자신의 글쓰기를 통해 이러한 글쓰기의 가능성을 모색한 까닭에 여성적 글쓰기는 그녀의 이름과 거의 등치된다. 따라서 우리는 식수의 저작들을 중심으로 여성적 글쓰기의 본질에 대해 살펴보고자 한다.

남근중심주의와 여성성의 억압

여성적 글쓰기의 논의에 있어 제일 먼저 지적해야 할 것은 이 글쓰기는 그 자체가 목적이 아니라는 점이다. 그것은 일차적으로 여성해방, 그 중에서도 특히 여성의 몸과 여성성의 해방을 위한 도구이다. 다른 여러 페미니스트와 마찬가지로 여성 문제에 관한 식수의 기본적 입장 역시 여성이 이 사회에서 억압당하고 있다는 것이다. 식수는 사회가 부과하는 여성에 대한 여러 억압 중 가장 잔혹하고 근본적인 것이 여성의 몸, 특히 여성의 성에 대한 억압이라고 본다.

여성적 글쓰기의 선언문인 「메두사의 웃음」은 다른 한편으로 여성 육체의 해방 선언이라고도 할 수 있다. 이 텍스트는 직접적으로는 프로이트의 논문 「메두사의 머리」를 겨냥하고, 간접적으로는 여성성을 메두사와 같은 괴물로 규정지어온 남성적 전통에 대항한다. 그리스 신화에 의하면 메두사는 고르곤, 즉 바다에 사는 추악한 세 괴물들(모두 암컷) 중의 하나이다. 특히 메두사의 눈은 그것을 본 사람들을 모두 돌로 변하게 하는 무서운 힘을 가지고 있었다. 프로이트는 이 신화를 성적으로 해석한다. 그에 의하면 메두사의 머리는 여성 성기의 상징이며 눈이 머는 현상은 거세 공포의 상징이다. 오이디푸스 콤플렉스에 대한 프로이트의 설명에 의하면 어린 남자아이는 페니스가 없는 여자의 성기를 보고 그것이 잘렸다고 생각한다. 그리고 이를 통해 거세 공포를 키운다.

메두사의 신화 또한 같은 맥락에서 해석될 수 있다. 즉 그것은 여성의 성에 대한 남성의 공포를 상징한다. 그러나 메두사의 신화는 프로이트의 남자아이의 경우와는 달리 주객을 전도시킨다. 남자아이가 여성의 성기를 보고 두려움을 느끼는 것은 실제 여자의 성기가 본질적으로 무서운 자질을 가지고 있기 때문이 아니라 순전히 관찰자 자신의 심리적 상황 때문이다. 이에 반해 메두사의 신화는 이러한 두려움을 여성 성기 자체의 본성에 기인하는 것으로 탈바꿈시킨다. 즉 그것은 흉측한 괴물이기 때문에, 그리고 실명시키는 끔찍한 능력을 가지고 있기 때문에 당연히 두려움을 줄 수밖에 없는 것으로 규정되는 것이다.

식수에 의하면 메두사의 신화는 남성적 상징체계에 의한 여성성의 억압을 보여주는 탁월한 사례이다. 이것은 여성성에 메두사라는 괴물의 이미지를 덧씌움으로써 여성성을 비정상인 것으로 규정한다. 또한 이를 통해 자신이 느끼는 두려움의 책임을 그 대상인 여성에게 전가하고자 하는 남성의 유아적인 욕망은 상징의 차원에 진입한다. 이러한 상징의 힘 덕택에 남성뿐 아니라 여성 스스로도 자신의 성을 두려워하게 된다. 따라서 이것은 여성으로 하여금 자신의 성을 탐색하거나 추구하지 못하게 금지하는 가장 효과적인 방법이다.

남성이 주도하는 상징체계는 여성의 고유한 성적 특질을 철저히 차단하고 반대로 남성의 입장에서 해석된 여성성의 이미지를 강요한다. 식수에 의하면 이러한 기제는 너무도 다양하다. 예를 들어 유명한 동화 『잠자는 숲 속의 공주』는 메두사와 정반대의 이미지를 제시한다. 즉 메두사가 무한한 성욕을 가진 괴물과도 같은 존재로서의 여성성을 상징한다면 『잠자는 숲 속의 공주』에 나오는 공주는 성욕이 없는 존재, 즉 거세된 존재로서의 여성을 상징한다. 그러나 이 두 개의 대조적인 이미지는 여성성의 억압이라는 측면에서는 동일한 기능을 수행한다. 식수는 「메두사의 웃음」과 같은 해에 출판된 『새로운 여성의 탄생』[4]을 비롯한 여러 텍스트에서 이 상징에 대해 공격한다. 이 동화에서 공주는 왕자의 입맞춤을 받을 때까지, 즉 남성의 욕망에 접할 때까지 욕망이 전혀 없는 상태인 잠자는 상태로 그려져 있다. 식수에 의하면 이 동화는 여성을 거세된 남성으로 간주하여 여성에게 고유한 성적 욕망을 인정하지 않는 남성들의 태도를 단적으로 드러낸다. 그들은 남근을 중심으로 생성되는 남성적 욕망의 특질을 여성에게 투영시키는 것이다. 이 경우, 여성은 남근이 없기 때문에 욕망이 없다. 따라서 여성의 욕망이란 결국 욕망이 없는 상태, 즉 욕망의 결핍을 의미한다.

그러나 남성들 역시 이것이 사실이 아님을 알고 있다. 때문에 그들은 자신들이 알 수 없는 여성의 욕망, 즉 여성성의 발현을 두려워하며 여성성을 억압하기 위하여 여러 가지 상징적, 사회적 권력을 행사했다. 따라서 여성들은 남성들이 정의한 여성성, 즉 욕망의 부재를 내면화하거나 아니면 엄청난 사회적 폭력에 직면해야 했다. 식수는 이러한 내면화를 '거세', 그리고 사회적 폭력을 '참수'라고

표현했다.[5]

여성을 만족할 줄 모르는 무한한 성욕을 가진 괴물로 묘사하는 담론과 마찬가지로, 여성을 고유한 성욕이 없는 존재로 묘사하는 담론 또한 무수히 많다. 『백설공주』도 그 한 예이다. 이 동화에서도 공주는 왕자가 나타났을 때 가사 상태에 있다. 그녀 역시 왕자에 의해 깨어나며 그때부터 사랑, 즉 성의 세계로 들어간다. 식수가 자신의 소설 『라』와 이론서 『글쓰기에 도달하기』에 동시에 인용한 키에르케고르의 다음과 같은 텍스트 또한 같은 내용을 반복한다.

> 그녀는 사랑의 접촉에 의해서야 비로소 깨어난다. 그 이전의 그녀는 단지 꿈일 뿐이다. 그러나 이 꿈속의 존재에도 두 가지 단계가 있다. 첫 단계는 사랑이 그녀의 꿈을 꾸는 단계이며 다음은 그녀가 사랑의 꿈을 꾸는 단계이다.[6]

이러한 담론들은 여성에게 성욕을 인정하지 않음으로써 여성을 거세시킨다. '정상적'인 여성이란 성욕이 없는 여성이라고 설파함으로써 여성의 성욕을 죄악시하고 따라서 여성의 자발적 거세를 종용한다. 식수에 의하면 여성의 거세 또한 여성성에 대한 남성의 두려움의 발로이다. 남성은 메두사에 대한 두려움 때문에 여성을 잠든 상태로 유지하려 한다. 그리고 오로지 남성에 의해, 그리고 남성의 통제 하에서만 깨어나게 한다. 잠자는 여인에게는 고유의 성욕이 없다. 또한 깨어난다 하더라도 그저 남성의 성욕을 충실히 반영할 뿐이다. 이 여성에게는 남성이 알 수 없는 성욕이란 존재하지 않으며 따라서 그녀는 아무런 두려움도 불러일으키지 않는다.

「메두사의 웃음」에서 식수는 여성들이 자신의 육체로부터 소외되어 있는 상태를 지적하고, 이러한 상징적 거세에서 탈피하기를 요구한다. 그녀는 여성의 몸이 아프리카와 마찬가지로 무서운 "검은 대륙"이 아니라고 주장한다. 그곳은 결코 어둡지도 않고 탐험 불가능하지도 않다. 그것은 단지 외부인의 눈에만 그러할 뿐이다. 물론 「메두사의 웃음」이 쓰여진 1975년만 하더라도 그 탐험의 역사는 아직 제대로 시작되지 않았다. 그러나 식수는 감히 예언한다. "메두사를 제대로 보려면 정면으로 쳐다보기만 하면 된다. 그녀는 죽음을 주지 않는다. 그녀는 아름답고, 그리고 웃고 있다"라고.

문제는 이러한 여성의 성적 경험을 어떻게 제대로 쓰느냐는 것이다. 식수에 의하면 기존의 언어는 이를 표현하는 데 알맞지 않다. 왜냐하면 그것은 이미 남성중심주의에 오염되어 있기 때문이다. 식수는 여기서 말중심주의에 대한 데리다의 비판을 차용한다. 데리다에 의하면 서구 철학은 이항대립에 기반한 말중심주의(logocentrisme)로 특징 지워진다. 이 전통에 의하면 능동성/수동성, 해/달, 문화/자연, 낮/밤처럼 모든 사물, 모든 개념은 두 개씩 짝 지워진다. 이 중에서 '제 일차적' 항은 '현존'하기 때문에 우월한 것으로, 반대로 '제 이차적' 항은 '현존이 없는 것', 즉 결여이기 때문에 열등한 것으로 간주되어왔다. 그러나 데리다는 이러한 계급적 관점이 잘못된 것이라고 본다. 왜냐하면 이들 두 항은 상호의존적이기 때문이다. 예를 들어 이러한 계급적 질서의 기준이 되는 '현존'이란 개념을 살펴보자. 이 개념이 성립하기 위해서는 먼저 '결여'라는 개념이 존재하여야만 한다. 그리고 이것은 '결여'의 경우에도 마찬가지이다. 그러므로 우리는 결코 이들 두 항 중 어느 한쪽을 '일차적'이라거나 '이차적'이라고 할 수 없다. 그럼에도 불구하고 서양 철학은 '현존' 및 '현존성'을 가지고 있다고 여겨지는 항들을 '일차적'으로 간주해 왔다.

식수는 이러한 이항대립의 근저에는 보다 근원적인 대립, 즉 남성/여성의 대립이 있다고 본다. 식수에 의하면 말중심주의의 이항대립은 대부분 여성/남성의 항으로 환원될 수 있다. 즉 앞에서 인용한 "능동/수동, 해/달, 문화/자연, 낮/밤" 등의 경우에서 보듯이 이항대립의 짝은 남성과 여성에 대한 은유의 구실을 할 수 있다. 그리고 이러한 은유에서 여성을 은유하는 항들은 항상 남성을 은유하는 항들에 비해 열등한 것으로 간주된다. 식수는 남녀의 짝으로 환원된 말중심주의를 남근중심주의(phallocentrisme)라고 명명하였다. 라캉의 팔루스 개념과 데리다의 말중심주의 개념을 조합한 이 용어는 남근을 최고의 상징으로 보는 반면, 여성과 그 특질을 부차적이고 이차적인 것으로 간주하는 남성우월적 상징체계를 말한다. 우리는 앞에서 이미 이항대립적 위계의 허구성을 지적하였다. 이항대립의 짝들은 상호의존적인 까닭에 결코 어느 한 항이 다른 항보다 선행하거나 우월할 수 없다. 이것은 남/녀 짝의 경우에도 마찬가지이다. 그러나 실제는 어떠한가? 이항대립 자체는 이미 남근중심주의적 가치체계를 전제하고 있으며 따라서 이항대립에 기반한 상징체계 속에 있는 한 우리는 남근중심주의에서 빠져나올 수 없다.

인간의 상징체계 중에서 가장 대표적인 것이 바로 언어이고 보면 우리의 언어는 결국 남근중심주의의 대표적 상징체계인 셈이다. 따라서 여성의 성적 경험은 결코 기존의 언어로는 표현될 수 없다. 그럼에도 불구하고 의사소통에는 기존의 언어체계가 필수불가결하다. 여성의 딜레마는 남근중심주의에 오염된 언어를 사용하면서도 그 이데올로기적 지배력을 떨쳐야 한다는 데 있다. 여성적 글쓰기는 이러한 문제를 해결하는 한 방편으로 제시된 것이다.

여성적 글쓰기란 무엇인가?

식수는 「극단적 충실성」이란 논문에서 "우리에게 여성적 글쓰기가 무엇인가"를 설명하라는 요구 때문에 자신이 얼마나 시달려 왔나를 밝히면서 그것이 무엇인지를 이미 느끼고 있지 않은 사람에게 그것을 설명하는 것은 불가능하다고 말한다.[7] 이것은 어찌 보면 당연하다. 왜냐하면 이 개념은 실재하는 여성의 글쓰기에 기초하여 귀납적으로 도출된 개념이 아니기 때문이다. 여성적 글쓰기는 남성이 부과한 여성의 거짓된 이미지에서 탈피하여 스스로를 알기 위하여, 또한 진정한 자신의 모습을 표현하기 위하여 요청된 개념이다. 즉 아직 실체가 분명하지는 않으나 그럼에도 불구하고 여성의 자기 탐색 및 표현이라는 목표를 이루기 위해 꼭 필요한 도구로 상정된 것, 즉 일종의 절대온도와 유사한 개념인 것이다.

그러나 이 말은 결코 여성적 글쓰기가 실체가 없는 허구라는 것을 의미하지는 않는다. 물론 그것은 선례가 없는 작업이다. 지금까지의 글쓰기의 역사는 남성에 의한 남성적 글쓰기의 역사였기 때문이다. 그러나 그것은 남성중심주의의 상징체계에서 벗어나고자 하는 긍정적이고 적극적인 전략이다. 그러므로 식수는 여성적 글쓰기를 모색해 나가는 과정을 "예상할 수 없는 것을 예상하고, 계획하는" 작업이라고 말한다. 다음에서 우리는 이러한 식수의 작업을 추적해보겠다.

1) 왜 글쓰기인가?

식수에게 있어 글쓰기에 대한 관심은 여성에 대한 관심에 선행한다. 식수와 글쓰기와의 관계는 특히 1977년에 발표된 「글쓰기에 도달하기」에 자세히 드러나 있다. 아버지의 죽음이라는 충격적인 사건에 직면한 식수에게 있어 글쓰기는 죽음과 망각을 극복할 수 있는 방법으로 여겨진다. 그리하여 그녀는 서양의 고전 등과 같은 전통적인 권위를 가진 여러 텍스트들을 섭렵한다. 그러나 이러한 책 읽기를 통하여 그녀는 자신이 글쓰기로부터 배제되어 있다는 사실을 깨닫는다.

> 글을 쓸 권리가 나에게 없다고 여겨지게 하는 모든 이유들, 타당한 이유와 별로 타당하지 않은 이유들, 그리고 완전히 틀린 여러 이유들 때문에 나에게는 글쓰기가 금지되어 있다. 나는 어떤 정당성도 가지고 있지 않다. 내게는 땅도, 조국도, 역사도 없다.[8]

이것은 상당 부분 식수가 유대인 아버지와 독일계의 어머니 사이에서 태어나 프랑스의 식민지인 알제리에서 살았다는 개인적 이유에 기인한다. 실제로 식수에게 있어 자전적인 경험은 그녀의 이론을 이해하는 데 매우 중요한 역할을 한다. 그러나 이것은 다른 이론가들의 경우에도 마찬가지이다. 작가들의 경우, 자전적 요소가 작품에 끼치는 영향에 대해서는 이론의 여지가 없다. 마찬가지로 이론가들의 이론 또한 상당 부분 개인적 경험에 의해 영향을 받는다. 그러나 대부분의 이론가들은 이러한 개인적 경험에 대해 말하지 않는다. 그러나 식수는 자신의 이론이 어떠한 개인적 경험을 통해 형성되었는지를 거듭 설명하였고 이런 점에서 그녀는 다른 이론가들과 구별된다. 식수에 있어 개인적 경험은 보다 일반적인 문제들에 눈을 뜨는 촉매가 된다. 실제로 글쓰기에서의 개인적 배제의 경험은 그녀가 글쓰기에 내재하는 근본적 정치성을 인식하는 데 중요한 역할을 한다. 그리하여 그녀는 "글쓰기는 선택된 사람들만의 것이다. 그것은 작고 하찮은 사람들과 여자들이 접근할 수 없는 공간에서 이루어진다"[9]라고 결론짓는다. 그녀가 구원의 빛으로 여겼던 글쓰기는 결국 선택된 일부 계급만을 위한 제도적 장치에 불과했던 것이다.

식수는 이러한 선택된 집단에 속하지 않는다. 그것은 대부분의 여성들의 운명이기도 하다. 그렇다면 무엇이 여성들로 하여금 침묵하게 하고 그들의 목소리를 내지 못하게 하는 것일까? 그 첫째 이유는 물론 제도적인 것이다. 식수는 「글쓰기에 도달하기」의 중반부에서 작가로서 겪는 출판의 어려움에 대해 암시하고 있다. 그러나 제도보다 더욱 근본적인 것은 전통적인 글쓰기가 남근중심주의와 밀접한 연관을 맺고 있다는 것이다. 식수에 의하면 지금까지의 글쓰기의 역사는 바로 남근중심주의의 역사다.

> [글쓰기는] 이성의 역사와 혼동된다. 즉 글쓰기는 이성의 결과이자 그것을 떠받치는 기둥이며 또한 그것의 특권적인 알리바이이다. 그것은 남근중심주의의 전통과 일치한다. 그것은 남근중심주의가 스스로를 응시하고, 향유하며, 또한 자축하는 장소이다.[10]

그렇다면 글쓰기의 길은 여성에게 완전히 막혀 있는 것일까? 이에 대한 식수의 대답은 '아니다'이다. 그녀는 「메두사의 웃음」 『새로운 여성의 탄생』 「글쓰기에 도달하기」 등에서 반복하여 이러한 상황을 돌파할 것을 촉구한다. 상징체계를 변화시키기 위해서는 이 체계의 핵심이 되는 언어의 공간에 참여하는 것이 필수적이기 때문이다.

게다가 글쓰기는 역설적으로 남근중심주의에 틈을 만들 수 있는 "변화의 가능성 그 자체이고 전복적인 사상의 디딤돌 역할을 할 수 있는 공간이며 또한 사회적, 문화적 구조의 변모를 가져오는 선구적 힘이기도 하다."[11] 여기서 식수는 자크 데리다의 이론을 차용한다. 데리다에게 있어 글쓰기는 차연과 치환의 현장이다. 즉 말하기가 발화하는 사람의 의도와 투명한 전달, 즉 단일한 의미 산출을 이상으로 삼는 데 반하여, 글쓰기의 경우, 발화와 이해 사이에는 시간적인 간극에 의해 의미 생성이 지연되며 또한 기표의 연쇄 작용에 의해 원래 의도하지 않았던 개념과 의미가 산출된다. 식수는 이와 같은 글쓰기의 개방적 특성을 극단적으로 천착하여 이항대립의 완결성을 해체하려 한다. 그녀에 의하면 이러한 개방성에 의해 글쓰기는 타자의 존재를 용납할 수 있다. 즉 글쓰기는 "내 안에 있는 타자의 통로이며 입구이자 출구이고 또한 타자의 거주지"[12]이며 글쓰기가 갖는 변모의 힘은 바로 여기서 나온다.

그러므로 식수는 여성들에게 글쓰기에 적극적으로 참여할 것을 촉구한다. 그러나 그것은 결코 전통적인 글쓰기, 즉 남근중심주의적인 글쓰기를 통한 방식이어서는 안 된다. 왜냐하면 진정한 여성의 목소리는 '여성적' 자질에 기반한 글쓰기에 의해서만 표출될 수 있기 때문이다.

2) 여성적이란 무엇인가?

"무엇이 여성적인가?"라는 물음에 대한 식수의 대답은 시기에 따라 약간의 차이를 보인다. 초기 저작인 『새로운 여성의 탄생』의 경우, 그녀는 남성적/여성적의 구분을 섹스, 즉 남녀의 성적 특질과 젠더, 즉 남녀의 삶의 방식에 다 같이 연관시킨다. 먼저 성적 특질의 경우, 우리가 앞에서 살펴본 바와 같이 식수는 여성 억압의 근저에 여성성의 억압이 있다고 보아 여성성의 회복을 주장한다. 물론 그녀는 결코 여성적이라는 것이 생물학적인 성과 일치한다고는 말하지 않는다. 그러나 여성의 몸과 육체를 중시하는 그녀의 태도는 이러한 해석을 낳을 수 있는 여지를 제공하였다. 실제로 그녀는 여성성을 억압하고 그것을 정당화하는 담론들을 비판하는 한편, 다른 한편으로는 과격한 어조로 여성들에게 자신의 성을 탐색하고 그것을 표현할 것을 촉구하였다. 특히 「메두사의 웃음」에 나오는 "사제들이여 두려워 떨지어다. 우리는 우리의 성기를 내보일 테니까"와 같은 구절은 여성성의 해방을 알리는 일종의 도전장과도 같이 받아들여졌다. 이 때문에 식수가 말하는 '여성적'은 '여성성'과 일치하는 것으로 간주되기도 하였다.

인간의 성이 결코 생물학적 조건에만 좌우되는 것이 아니라는 사실은 프로이트 이래 정설로 굳어져 왔다. 그러므로 여성의 정체성을 생물학에 연결시키는 듯한 식수의 태도는 여러 페미니스트들로부터 비판을 받았다.[13] 그녀의 이러한 태도는 『새로운 여성의 탄생』이 출판되던 당시의 사회 분위기와 연관이 있다. 당시는 여성해방 운동과 낙태합법화 운동의 절정기였기 때문에 식수의 저작 또한 육체와 성에 관한 당시의 고조된 분위기를 반영하고 있었던 것이다.

80년대에 들어 식수는 여성적인 것을 정의하는 데 있어 여성성보다는 사회적 성, 즉 젠더에 더욱 의존하게 된다. 이와 함께 '여성적'이라는 용어와 여성과의 관계도 달라졌다. 그것은 더 이상 여성의 본질을 반영한다고 여겨지지 않는다. 그리하여 식수는 1984년에 발표한 한 논문에서 여성적/남성적이란 용어가 하나의 임의적 표지에 불과하다고 주장하기에 이른다.

> 내가 '여성적', 그리고 '남성적'이라고 부르는 것은 쾌락과의 관계, 지출과의 관계이다. 우리는 언어 속으로 태어나며 또한 항상 말과 대면하지 않을 수 없다. 따라서 우리는 무엇이라고 하던 간에 이름을 지어야 한다. 우리는 말을 없앨 수 없다. 그것들은 이미 거기에 있으므로. 물론 우리는 말을 고칠 수 있다. 그것을 어떤 다른 기호로 대치함으로써 말이다. 그러나 그렇게 하더라도 그것들

은 곧 '남성적', '여성적'이라는 말과 마찬가지로 폐쇄적이고 고정되며 또한 화석화되어 버린다. 그렇게 되면 그것들은 또다시 우리를 강제하기 시작한다. 그러므로 어쩔 도리가 없다. 계속적으로 뒤흔드는 수밖에는.[14]

그러므로 식수는 새로운 기호를 도입하기보다는 이미 존재하는 말들을 채택하여 그 의미를 전복시키는 편을 택한다. 그러나 이처럼 '여성적'이라는 말의 정의를 사회적 성, 즉 젠더에서 찾는 것은 결코 뒤늦게 시작된 것은 아니다. 그것은 이미 『새로운 여성의 탄생』에도 나타나 있다. 다만 이 초기의 저작에서는 그것이 섹스의 문제와 명확하게 분리되지 않은 채, 서로 뒤섞여 있었던 것뿐이다. 실제로 『새로운 여성의 탄생』에서 식수가 사용하는 전략은 「극단적 충실성」에서 그녀가 설명한 전략과 동일하다. 그것은 여성에 대한 전통적인 정의를 받아들여 그 의미를 전복시키는 것이다. 먼저 식수에 의해 대표적인 여성적 자질로 간주된 자질, 즉 타자에 대한 수용성의 경우를 예로 들어 보자. 여기서 식수의 해체 작업은 여성은 무엇인가에 씌이기(possédé) 쉽고 따라서 수동적이라는 기존 관념의 수용으로부터 시작한다. 물론 여성의 수동성이란 남근중심주의가 여성에게 부과한 자질 중의 하나이다. 또한 그것은 능동성을 우월시하는 남성적 관점에서 볼 때 결코 긍정적인 자질이 되지 못한다. 그러나 식수는 이러한 부정적인 용어의 의미를 천착하여 그것을 "타자에 대한 관용"이라는 긍정적인 의미로 전환시켰다. 그녀에 의하면 '무엇인가에 씌인다'는 것은 곧 자신 속에 타자를 용납한다는 것을 의미한다. 그러므로 그것은 배타적인 '남성적' 태도에 비해 우월한 것이다.

이처럼 식수는 여성에 대해 부정적인 남근중심주의의 언어 및 상징체계 속에서 작업하면서 자크 데리다 식의 해체를 통해 그 의미를 전복시킨다. 그리고 이를 통하여 '여성적'인 것의 의미를 긍정적인 것으로 바꾸어 나간다. 식수에 의해 부정적인 것이 긍정적인 것으로 바뀐 또 하나의 대표적 사례는 법에 관한 여성의 태도이다. 식수는 여성이 법을 잘 지키지 않는다는 점을 타자에 대한 관용적 태도와 함께 가장 대표적인 여성적 특질로 꼽았다. 그렇다면 법을 지키지 않는 태도는 어째서 여성적이며, 또한 어째서 긍정적인 자질이 될 수 있는 것일까?

여기서 우리는 식수에게 있어 '여성적'이라는 용어는 실제적인 자질이라기보다는 단순히 전통적인 지칭 방식의 차용에 불과하다는 점을 다시 한 번 상기해야 하겠다. 즉 그것은 특정한 어떤 태도에 대해 예로부터 '여성적'이라는 용어가 사용되어 왔다는 것을 의미할 뿐이다. 실제로 법과 여성 간의 관계의 경우, 식수가 이것을 '여성적' 자질의 대표적 요소 중의 하나로 든 것은 단순히 예로부터 여성은 법을 준수하지 않는다는 비난을 받았다는 이유 때문이다. 아마도 성서의 이브는 이러한 여성적 태도의 대표적인 예일 것이다. 또한 프로이트는 여성에게는 오이디푸스 단계가 결여되거나 약화되어 있다는 점, 즉 초자아의 미발달을 들어 법을 잘 지키지 않는 여성의 태도를 설명함으로써 전통적인 믿음에 '과학적'인 해석을 제공하기도 하였다.

식수는 「극단적 충실성」에서 이러한 선입견에 대한 해체 작업을 시행한다. 그녀는 먼저 이브에게 내려진 하느님의 법이 불합리하다는 점을 지적한다. 식수에 의하면 "만일 사과를 먹으면 죽으리라"는 말은 이브에게 아무런 의미가 없다. 왜냐하면 이브는 죽음이 존재하지 않는 낙원에 살고 있었으므로 죽는다는 것이 무엇인지를 몰랐기 때문이다. 그러므로 이브의 선택은 한편으로는 즉각적으로 감지될 수 있는 쾌락, 그리고 다른 한편으로는 검증할 수 없고 그 의미가 모호한 법률, 이 양자 사이의 선택이다. 여기서 이브는 쾌락을 선택한다. 식수에 의하면 이것은 매우 긍정적인 선택이다. 왜냐하면 그녀는 맹목적인 금지를 두려워하지 않고 자신의 욕망에 충실했기 때문이다. 이것은 또한 사회를 위해서도 긍정적인 선택이었다. 이것은 법에 대하여 그녀와 정반대되는 태도를 보여주는 또 다른 성서의 인물 아브라함과 비교하면 분명해진다. 하느님의 명령에 맹목적으로 복종하여 자신의 아들 이삭을 죽이는 아브라함으로 가득 찬 사회는 과연 어떤 사회일까? 실제에 있어 인간 사회의 발전을 가져온 것은 바로 자신의 거부에 의하여 혁신의 길을 열어 놓은 이브가 아닐까?

이상에서 살펴본 바와 같이 식수에 있어서 '여성적' 자질 중 가장 중요한 것들은 첫째, 여성의 신체적 자질, 그 중에서도 특히 성적 특질이며 둘째, '타자에 대한 수용성', 그리고 셋째, '법에 대한 거부' 등이다. 이러한 자질들이 진정 여성적인 것인지, 또한 그것들이 진정으로 긍정적인 자질인지의 문제는 페미니스트들 사이에서 계속해서 논란이 되어 왔다. 그러나 우리에게 있어 보다 중요한 것은 이러한 가치 판단이 아니라 식수가 이러한 자질들을 중요하게 생각하였다는 사실 그 자체에 있다. 왜냐하면 식수의 '여성적 글쓰기'를 이해하는 데 있어서는 무엇보다도 먼저 그녀의 논리를 그대로 따라가 보아야 하기 때문이다.

3) 여성적 글쓰기란 무엇인가?

'여성적 글쓰기'란 위에서 살펴본 '글쓰기'와 '여성적'을 연결시키는 작업이다. 이것은 다시 말하면 여성적, 혹은 전통적으로 여성의 자질이라고 간주되어 오던 자질들을 글쓰기 속에 도입하는 과정이기도 하다. 그리고 이것의 목적은 글쓰기의 정치성, 즉 기존의 글쓰기 속에 내재한 말중심주의와 남근중심주의를 타파하는 데 있다. 우리는 앞에서 세 가지의 대표적인 여성적 특질을 살펴보았다. 그러면 이들 자질들은 각각 글쓰기와 어떻게 관련되는가? 그리고 이러한 자질을 도입한 글쓰기란 과연 어떤 것인가?

여성적 글쓰기의 구체적인 형태를 살펴보기 전에 제일 먼저 지적해야 할 것은 그것의 정의 불가능성이다. 식수는 여성적 글쓰기는 원래적으로 정의될 수 없는 성질의 것이라고 주장한다. 왜냐하면 정의란 곧 이론화를 의미하고 이론화란 결국 여성적 글쓰기를 남근중심주의적 언어로 화석화시키는 것이기 때문이다.

> 현재로서는 여성적 글쓰기를 정의하는 것은 불가능하며 그것은 앞으로도 계속 그러할 것이다. 왜냐하면 이 행위는 결코 이론화되거나, 어떠한 틀에 갇히거나, 약호화될 수 없기 때문이다. 그러

나 그렇다고 해서 그것이 존재하지 않는 것은 결코 아니다. 그것은 언제나 남근중심주의적 체계를 지배하는 담론의 틀을 벗어나며 철학적, 이론적 체계의 지배를 받는 영역 이외의 곳에서만 나타나고 또한 나타날 수 있을 것이다.[15]

요컨대 여성적 글쓰기는 체계화를 거부하는 글쓰기이다. 따라서 그것에 대한 설명 또한 명확하거나 체계적일 수 없다. 그렇게 하는 것은 여성적 글쓰기의 정신을 배반하는 것이기 때문이다. 따라서 여성적 글쓰기에 대한 식수의 설명 또한 전면적인 조망이 아니라 부분적이고 중첩적인 묘사들로 이루어져 있다. 그럼에도 불구하고 우리는 이러한 묘사에서 몇 가지의 특징을 지적할 수 있는데 그 중에서 무엇보다도 눈에 띄는 요소는 앞에서 살펴본 여성적 특질의 첫째 요소, 즉 여성의 성적 특질이다. 식수에 의하면 이항대립적 글쓰기는 남성의 성적 특질을 닮아 있다. 앞에서 살펴본 것처럼 모든 짝을 우등/열등으로 가치 매김하는 이항대립적 태도는 우등한 것을 위해 열등한 것을 희생시킨다. 글쓰기에서 이것은 모든 것을 끊임없이 하나의 의미로 환원시키려는 태도로 나타나는데 이것은 남근에 집중되며, 따라서 부분이 전체를 다스리는 독재인 남성의 성욕과 유사하다. 그러므로 식수는 여성의 성적 특질을 바탕으로 한 글쓰기가 필요하다고 보았다. 즉 "여성은 여성을 써야 하고 남성은 남성을 써야 하는"[16] 것이다.

그렇다면 여성의 성적 특질은 어떤 것이며, 그것은 글쓰기에 어떻게 나타날 수 있을까? 식수에 의하면 여성성의 제 일차적 특징은

산포이다. 즉 여성의 성감대는 남성과는 달리 온몸에 골고루 퍼져 있기 때문에 중심과 주변이 따로 없다.

> 남성의 성욕이야 남근 주위로 몰리게 놔두자. 그리하여 (정치해부학적으로 말하자면) 부분이 전체를 독재로 다스리는 중앙집권적인 육체가 되도록 놔두자. 그러나 여성은 이러한 지방화, 즉 머리/생식기의 한 쌍에 봉사하며 어떤 경계선 안에서만 이루어지는 지방화를 하지 않는다.[17]

식수에 의하면 이러한 여성의 성적 특질에 충실한 글쓰기는 또한 타자를 수용하는 글쓰기이기도 하다. 왜냐하면 자아에 있어서 가장 직접적인 타자는 자기 자신의 무의식이기 때문이다. 그러므로 여성적 글쓰기란 무엇보다도 먼저 여성의 무의식을 닮은 글쓰기이며 또한 이 무의식은 여성의 리비도를 반영한다. 따라서 여성적 글쓰기란 결국 여성의 리비도를 닮은 글쓰기이다. 물론 식수에 있어 타자란 자기 자신의 무의식만을 의미하는 것은 아니다. 그러나 자기 밖에 있는 타자, 즉 '너'로 나아가기 위해서는 자기 속에 있는 타자인 무의식의 심층에까지 도달하는 것이 필수적이다.

그렇다면 이러한 타자, 즉 무의식은 어떤 방식으로 글쓰기에 나타날 수 있을까? 이 물음에 대해서 식수는 자세한 설명을 하지 않는다. 다만 무의식은 육체와 밀접한 관련을 맺고 있다는 전제 아래, 육체와 보다 직접적인 관련을 맺는 표현 방식, 즉 목소리, 노래 등이 여성적 글쓰기의 한 가지 가능성을 제공해줄 것이라고 시사할 뿐이다.

이 점에 있어서는 '여성적' 자질의 세 번째 특징인 법에 대한 거부의 경우도 마찬가지이다. 식수는 『새로운 여성의 탄생』에서 전통적 규범을 위반하는 여성의 자질은 전복적인 텍스트를 낳을 수 있을 것으로 본다. 그러나 이러한 전복의 방법으로는 훔치고 날려 보내는 것(불어의 동사 'voler'는 이 두 가지를 한꺼번에 의미한다) 이외의 것은 제시하지 않고 있다. 그녀에 의하면 여성은 항상 남성적 질서로부터 무엇인가를 훔쳐서 사용해왔다. 그러나 단순히 훔치는 데 그치지 않고 그 훔친 것을 사용하여 기존 질서에 구멍을 내고 그것을 전복시켜왔다. 우리는 이러한 전복의 예를 '여성적'이라는 용어에서, 그리고 대표적인 여성의 자질들인 여성의 수동성 및 법을 거부하는 여성의 태도를 통해 살펴보았다. 여기서 식수는 기존의 개념들을 '훔쳐온' 다음, 그것들을 전혀 다른 방식으로 사용함으로써 '날려 보내는' 여성적 글쓰기의 정신을 실제적으로 구현하고 있다. 그러나 식수는 그것이 이러한 용어적 차원을 넘어서는 차원, 즉 문학 장르와 문학 관습과 같은 상위적 글쓰기 차원에서 어떻게 나타날 수 있는지의 문제에 대해서는 명시적으로 밝히고 있지 않다.

그러므로 여성적 글쓰기의 구체적 형태를 살펴보기 위해서는 식수의 실제 창작 작품들로 눈을 돌려야 한다. 그러나 여기서도 여성적 글쓰기의 실체는 여전히 모호한 채로 남아 있다. 물론 식수의 초기 소설들에는 구어의 리듬을 닮은 글쓰기가 자주 도입되고 있으며 초현실주의자들의 자동기술법과도 유사한 비직선적이고 산포적인 문장 형태들이 특징적으로 나타난다. 또한 '법의 거부'의 측면에서는 언어유희 등을 통한 전통적인 의미체계와 문법의 파괴, 그리고 기존의 서사 구조의 파괴가 일어나기도 한다.[18] 그러나 이러한 전통적 문학 관습의 파괴는 독자들의 책읽기를 방해했다. 이 때문에 그녀의 픽션 작품에는 '난해'라는 딱지가 붙었다.

물론 우리는 이러한 대중성의 결여만으로 여성적 글쓰기의 장래를 속단할 수는 없다. 그러나 적어도 현 단계에서 여성적 글쓰기란 현상적으로 존재하는 것이라기보다는 하나의 가능성에 불과한 것은 분명한 사실이다. 즉 그것은 아직까지 그 잠재력이 현실화하지 않은 하나의 이론이며 '남성적' 글쓰기를 대체하기보다는 그것에 의문을 제기하는 대안적인 글쓰기이다. 그럼에도 불구하고 여성적 글쓰기의 이론적 중요성은 줄어들지 않는다. 그것은 글쓰기의 가치중립성에 의문을 제기하고 그 정치성에 대한 주의를 환기시켰다. 또한 글쓰기를 성차의 문제와 연결시킴으로써 여성들로 하여금 자신들의 특유성에 대해 생각할 수 있는 계기를 마련하였다. 21세기에 들어 사람들은 더 이상 여성적 글쓰기를 구체적인 글쓰기 실천으로 간주하지 않는다. 그러나 누가 알랴? 어느 날 그것은 어떤 천재에 의해 혁명적인 글쓰기가 되어 다시 태어날지도 모른다. 그러므로 중요한 것은 이러한 대안적인 글쓰기의 가능성에 대해 계속해서 고찰하고 그 방법을 모색해보는 것이다.

엘렌 식수에 대해 매우 호의적인 입장을 보이는 베레나 앤더맷 콘리는 1991년, 『엘렌 식수: 여성 글쓰기』의 서문에서 "식수는 아직도 역사를 만들고 있는가, 아니면 이제 단순히 하나의 역사 속의 인물이 되고 만 것일까?"라는 질문을 던진다.[19] 그로부터 26년이 지난 2016년, 식수는 더 이상 아방가르드적 인물이 아니며, 여성적 글쓰기 또한 더 이상 페미니즘의 첨단 이론이 아니다.

그러나 여성적 글쓰기의 개념은 언어 및 글쓰기의 성적 특성에 대해 주의를 환기시킴으로써 여성의 글쓰기에 대한 새로운 관점을 도입하였으며 여성 주체성에 대한 논의에도 큰 영향을 미쳤다. 실제로 80년대 후반 이후 대두한 페미니즘 문학의 한 경향인 '성차의 글쓰기'는 바로 이러한 여성적 글쓰기의 가능성을 수용한 것이다. 이처럼 식수가 주창한 여성적 글쓰기는 한때의 유행으로 끝나지 않고 글쓰기에 지속적인 영향을 미치는 개념으로 살아 있다. 그리고 페미니즘 비평에 있어 식수의 이름이 계속 거론되는 것 또한 이 개념의 생명력에 기인한다.

VI

IRIS MARION YOUNG

6 아이리스 매리언 영

차이의 정치[1]

김원식

2006년 57세의 나이로 1년 반의 투병 생활 끝에 암으로 사망한 아이리스 매리언 영(Iris Marion Young, 1949~2006)은 시카고 대학 정치학과 교수이자 미국의 대표적인 여성주의 철학자였다. 그녀 스스로 밝히고 있는 바와 같이 그녀의 정치적 열정은 여성주의 운동으로부터 비롯된 것이었다. 그녀는 미국 내의 여성운동에 참여하고 동시대 여성주의 논쟁에 적극적으로 개입하면서 자신의 학문적 작업을 진행해왔다.

물론 그렇다고 해서 그녀의 학문적, 실천적 관심이 단지 여성주의 내부의 문제들에만 국한된 것은 결코 아니었다. 그녀는 미국의 해외 군사개입에 맞서는 반전운동에 지속적으로 동참하였고, 사회 전반의 정의 실현과 관련된 문제로 자신의 사유의 폭을 끊임없이 넓혀 나갔다. 그녀가 다루었던 중심적인 학문적 주제 영역들로는 정의론, 민주주의론, 여성주의 이론 등을 꼽을 수 있을 것이다. 이러한 폭넓은 관심 속에서 그녀는 지구적 정의, 민주주의와 차이, 정치이론, 윤리학과 국제관계 등 광범위한 주제에 대한 강의와 저술 작업에 매진해왔다.

그녀를 국제적인 학자의 반열에 오르게 해준 것은 1990년에 발간된 그녀의 저작, 『정의와 차이의 정치』(*Justice and the Politics of Difference*)라고 할 수 있다.[2] 여기서 그녀는 기존 정의론들이 가지고 있는 한계를 논파하면서 진정한 사회정의를 실현하기 위해서는 사회적 집단의 차이를 억압하지 말고 오히려 그 차이를 긍정해야만 한다고 역설하였다. 이를 계기로 그녀는 여성주의에 입각한 차이의 정치의 대변자로 널리 알려지게 된다.

이후에도 그녀는 여성주의 및 민주주의와 관련된 다양한 저술들을 지속적으로 발표하였으며, 사회정의에 대한 그녀의 지속적인 관심은 마침내 그녀의 사망 이후 발간된 『정치적 책임에 관하여』(*Responsibility of Justice*)로까지 이어졌다.[3] 이 저작에서 그녀는 정의의 내용이 무엇인가 하는 문제 영역을 넘어서 이제 사회의 구조적인 부정의에 대한 책임의 문제를 다루게 된다. 일상적 담론과 학문적 담론 모두에서 빈곤을 개인의 책임으로 돌리고 그에 대한 사회적 책임을 회피하려는 태도와 이데올로기들을 일목요연하게 비판하면서, 그녀는 국민국가 내부는 물론 지구적 차원의 불평등에 대한 사회적 책임 의식이 오늘날 무엇보다 중요하다는 점을 설득력 있게 논증하였다. 그간 그녀의 저서들은 20여 개 언어로 번역 출간되었으며, 이를 통해 그녀의 사유는 매우 폭넓은 지적 영향력을 행사하고 있다.

아래에서는 먼저 그녀가 여성주의에 입각하여 기존의 정의론에 대해서 제기하고 있는 핵심적인 비판과 새로운 대안이 무엇인지를 살펴본 후, 마지막으로 그녀의 작업에 대한 간략한 비판적 성찰과 평가를 시도해보고자 한다.

1 | 분배 패러다임 비판

정의는 과거와 마찬가지로 오늘날에도 여전히 사회적 저항과 비판을 위한 핵심 어휘로 기능하고 있다. 오늘날에도 여전히 다양한 사회 부정의를 해소하는 것이야말로 사회 구성원들의 행복한 삶을 실현하기 위한 가장 시급한 과제이기 때문이다. 물론 그렇다고 해서 정의가 곧 행복한 삶, 좋은 삶 자체를 의미하지는 않는다. 정의는 특정한 개인이나 집단의 선호(preference)나 삶의 방식에 대해서는 중립적이며, 단지 한 사회가 이러한 선호나 삶의 방식을 추구하기 위해서 필요한 제도적 조건들을 얼마나 구비하고 있는가와 관련될 뿐이기 때문이다. 다시 말해 사회정의란 그 구성원들이 행복한 삶을 살아가기 위해 필수적으로 요구되는 제도적 조건들과 관련될 뿐이다. 영은 현대적 조건 속에서 나타나는 삶의 방식과 문화의 불가피한 다원성 그리고 인간 본성이나 삶의 방식에 대한 특정한 규정이 동반할 수밖에 없는 배제 효과 등을 고려할 때, 선에 대한 정의 개념의 우선성이라는 원칙은 여전히 고수되어야만 한다고 말한

다.[4]

때문에 문제의 핵심은 정의 개념 그 자체가 아니라 기존의 정의 담론들이 특정한 패러다임, 구체적으로 지목하자면 '분배 패러다임'(the distributive paradigm)에 구속되고 지배되면서 다양한 사회적 부정의들을 축소 혹은 간과하며 그 결과 실천적인 사회적 저항들과 무관한 담론으로 치부되어버리고 있다는 데 있다. 정의를 물질적 재화의 공정한 분배의 문제로 환원하는 것은 다양한 사회적 부정의들을 축소하고 은폐하게 되며, 이로 인해 물질적 재화의 정의로운 분배를 넘어서는 다양한 정치적 요구들을 제기하는 사회운동들과의 실천적 연관성을 상실하게 된다는 것이다.

물론 이러한 영의 진단 혹은 평가가 오늘날 분배 불평등 문제가 가지는 사회적 심각성을 부정하거나 분배 문제가 사회정의를 실현하는 데서 중요한 의미를 갖지 않는다는 점을 함축하는 것은 전혀 아니다. 영은 분배 문제가 사회정의를 실현하는 데서 결정적인 의미를 가지고 있다는 사실을 명확히 인식하고 있을 뿐 아니라 분배 불평등 문제의 사회적 심각성이야말로 분배 패러다임이 등장하고 부상하게 되는 핵심적 배경이 되었다는 점 역시 지적하고 있다.[5] 그간 분배 패러다임이 지배권을 가지게 된 이유는 한 사회 내부는 물론 지구적 차원에서도 빈부 격차와 빈곤 문제가 매우 심각했기 때문이라는 것이다. 그러나 문제는 불평등 분배를 극복하는 것이 사회정의 실현에서 여전히 결정적인 중요성을 가지고 있음에도 불구하고 결코 사회정의 문제 전반을 분배 문제로 축소 혹은 환원시킬 수는 없다는 사실이다.

분배 패러다임이란 정의를 물질적 재화나 수입 혹은 지위 등을 공정하게 분배하는 문제로 이해하는 하나의 틀을 의미한다. 이러한 틀 속에서 사회정의는 공정한 분배와 정확히 동일한 것으로 간주된다. 이와 같이 사회정의를 공정한 분배의 문제로 보는 견해는 마르크스는 물론 롤즈, 드워킨 등 오늘날의 대표적인 정의론자들에게도 공통적으로 발견될 수 있다.[6] 물론 이들은 공정한 분배의 대상이 과연 무엇인가 하는 문제와 관련해서는 매우 상이한 견해들을 제시하고 있다. 롤즈가 자유, 권리, 수입이나 부 혹은 자존감과 같이 합리적인 모든 행위자들이 요구하는 기본 재화(primary goods)의 공정한 분배를 요구하고, 드워킨이 재산과 같은 자원의 공정한 분배를 주로 강조하는 반면에 마르크스는 기존 사회 체제 내에서 이루어지는 소득과 부의 분배를 넘어 생산수단 자체를 집단적으로 공유하는 것을 목표로 삼았다.[7]

분배 패러다임에서 정의로운 분배의 대상은 일차적으로는 물질적인 재화들로 간주되지만 경우에 따라 권리, 기회, 권력 등과 같은 비물질적 재화들 역시 공정한 분배의 대상으로 간주되기도 한다. 영에 따르면, 이와 같은 분배 패러다임이 가지는 결정적인 한계는 개인들 사이의 물질적 자원의 분배 문제에만 주로 집중함으로써 이에 영향을 미치는 사회구조나 제도적 맥락을 무시하고 그에 대해 비판적 평가를 제시하지 못하며, 이로 인해 결국에는 분배 불평등과 구별되는 다양한 형태의 사회 부정의들을 간과하게 된다는 것이다.[8] 때문에 그녀는 분배 대신에 '지배와 억압'이라는 개념을 사회정의에 관한 논의의 출발점으로 삼을 것을 새롭게 제안하게 된다.

분배 패러다임에서 간과되고 있는 사회구조나 제도적 맥락 중에서 영이 특히 주목하고 있는 부분은 '의사결정의 구조와 절차', '노동 분업', '문화'라는 세 가지 범주들이다. 분배 패러다임에서 정의는 주로 주어진 재화를 개인들 사이에 공정하게 분배하는 문제로만 고찰되고 있으며, 이는 이러한 분배의 전제가 되고 있는 구조적이고 제도적인 맥락들을 은폐하게 된다는 것이다. 먼저 의사결정 구조와 절차는 예를 들어 국가의 예산 투입이나 기업의 의사결정에서 볼 수 있는 바와 같이 재화의 분배는 물론 사회 구성원들의 삶 전반에도 커다란 영향을 미치고 있다. 그러나 이러한 결정의 주체나 절차와 관련된 문제는 물질적 자원의 결과적 분배에만 집중하는 분배 패러다임을 통해서는 접근하기 어렵다. 때문에 영은 민주적 의사결정 구조와 절차를 정의의 중요한 요소이자 조건으로 보아야 한다고 주장한다.

다음으로 특정한 형태의 노동 분업 역시 불평등한 분배에 큰 영향을 미치고 있다. 노동 분업의 문제가 단지 주어진 직종이나 직업들 사이의 공정한 할당의 문제로 간주된다면, 이 역시 일종의 분배정의 문제로 간주될 수도 있을 것이다. 그러나 특정한 노동에 대한 가치 평가나 해석의 차원의 경우는 단순한 분배가 아니라 사회적 인정과 관련된 문제가 중심이 된다고 할 수 있다. 예를 들어 가사 노동이나 돌봄 노동을 여성적인 것으로 해석하고 평가하는 경우가 그 전형적인 사례가 될 수 있을 것이다. 가사 노동은 그것이 사회적 재생산을 위해 필수적으로 요구되는 활동임에도 불구하고 사회적

대가가 지불될 필요가 없는 사적인 활동으로 해석되고 평가되며, 돌봄 노동이 주로 여성적인 것으로 해석되면서 해당 직종에는 여성이 주로 배치될 뿐 아니라 그 노동에 대한 사회적 평가와 대우도 매우 열악한 상황이다. 이와 같이 특정한 노동에 대한 사회적 해석과 평가 방식이 불평등 분배에 큰 영향을 미치고 있음에도 불구하고 분배 패러다임은 이를 제대로 포착하지 못하고 있다.

마지막으로 문화의 경우는 상징, 의미, 습관 등과 관련된 매우 폭넓고 일반적인 영역을 지시하고 있다. 특정한 집단에게 부과되는 상징적 의미는 예를 들어 동성애자들에 대한 사회적 편견에서 볼 수 있는 바와 같이 그들의 사회적 지위에 커다란 영향을 미치게 되며, 이는 물질적 재화의 분배에도 직접적인 영향을 미친다. 뿐만 아니라 인종, 성, 취향 등에 대한 지배적 해석 틀은 표준적인 틀에서 벗어난 사람들을 열등하거나 비정상적인 존재로 규정하는 일종의 문화적 제국주의 상황을 야기하기도 한다. 그럼에도 불구하고 단지 재화의 분배에만 집중함으로써 분배 패러다임은 이러한 문화적 차원의 고유한 의미와 기능을 해명하지 못한다.

이와 같이 다양한 제도적 맥락들이 물질적 재화의 분배에 직접적으로 큰 영향을 미치고 있음에도 불구하고 분배 패러다임은 이러한 제도적 맥락을 간과하거나 은폐한다는 데 그 근본적 제한성이 있다고 할 수 있다. 다양한 제도적 차원에서 존재하는 부정의의 문제, 즉 지배와 억압의 문제를 간과하게 된다는 것이 분배 패러다임에 대한 영의 비판의 핵심이라고 할 수 있다.

여기서 우리가 추가적으로 주목해야 할 한 가지 사실은 이러한 제도적 부정의들이 주로 '집단의 차이'와 관련되어 있다는 사실이다. 의사결정 절차, 노동 분업, 문화의 문제에서 발생하는 다양한 지배와 억압은 일반적으로 개인적 삶의 차원이 아니라 개인이 속해 있는 집단의 차원과 주로 관련된다. 그렇기 때문에 영은 주로 개인들 사이의 정의로운 분배만을 문제 삼는 분배 패러다임이 지배와 억압이라는 개념 틀에서는 집단의 차이가 존재한다는 사실을 인정하고 그에 주목할 필요가 있다고 반복해서 강조하고 있다. 명백한 집단의 차이, 차별이 존재하는 현실 속에서 그것을 간과하거나 무시하는 것은 결국 현실적 지배와 억압을 은폐하는 것에 다름 아니기 때문이다.

물론 분배 패러다임에 대한 이러한 비판에 대해서 예를 들어 권리, 기회, 권력 등과 같은 비물질적 재화 일반을 공정한 분배 대상의 목록에 포함시킴으로써 그 틀을 옹호할 수도 있을 것이다. 그러나 영이 보기에 이러한 대응은 분배 패러다임이 가지는 한계를 더욱 명확하게 드러낼 뿐이다. 왜냐하면 권리, 기회, 권력 등은 분배의 대상이 될 수 있는 사물들이 아님에도 불구하고 분배 패러다임은 이들을 물화(物化)함으로써 사태의 본질을 호도하고 있기 때문이다. 권리, 기회, 권력 등은 분배의 대상이 되는 사물이 아니라 일종의 사회적 관계나 규칙이다. 그러나 분배 패러다임은 모든 것을 개인의 소유의 대상으로 보는 경향으로 인해 구체적인 사회적 행위의 맥락을 간과하고 그것들을 일종의 소유 대상으로 환원하게 된다.

예를 들어 권리나 기회의 경우는 그것을 공정하게 분배하기 위해서 직접적인 물질적 재화의 재분배를 필요로 하지 않는다. 공정한 권리와 기회의 부여는 누군가의 재화를 다른 사람에게 이전할 필요 없이 단지 그들에게 동등한 자격을 부여하는 것으로 충분하기 때문이다. 권리는 사물이 아니라 사람들 사이의 관계를 규정해주는 제도적 규칙일 뿐이며, 기회 역시 일종의 사회적인 자격 부여일 뿐이다. 권력의 경우도 상황은 마찬가지다. 권력 역시 개인의 소유물 혹은 사물이 아니라 일종의 사회적 관계이기 때문이다. 물론 권력을 실질적으로 행사하기 위해서 물질적 자원이 필요한 경우가 있기도 하지만 권력은 그러한 자원과는 구별되는 사회적 관계로 보아야 한다. 권력은 역동적으로 변화하는 지배-피지배 관계 속에 존재하며 이러한 지배-피지배 관계는 사회 전반에 폭넓게 구조화되어 있다. 정당성을 상실한 권력은 더 이상 실질적인 권력이 될 수 없는 데서 볼 수 있는 것처럼 권력은 특정한 개인이나 집단이 소유하는 사물이 아니라 사회적인 지배-복종 관계의 산물일 뿐이다.

결국 현재 정의 담론을 지배하고 있는 분배 패러다임의 한계는 정의를 개인들 사이의 물질적 자원의 공정한 분배로만 규정함으로써 실질적인 사회 부정의를 야기하는 다양한 사회적이고 제도적인 맥락들을 인식하고 평가하는 데서 실패한다는 데 있다고 할 수 있다. 분배 패러다임은 정의를 개인들 사이의 공정한 분배의 문제로 국한함으로써 현실적으로 존재하는 집단의 차이와 차별을 은폐하며, 물화될 수 없는 사회적 관계들을 소유 대상으로 물화하고, 분배의 사회적 과정은 무시한 채 단지 그 결과에만 주목하는 오류를 범하고 있다. 먼저 개인들 사이의 공정한 분배에만 주목하는 것은 여성이나 소수자의 경우처럼 집단의 차원에서 존재하는 지배나 억압의 문제를 은폐하게 된다. 그리고 사회적 관계들을 소유와 분배의 대상으로 물화하는 것은 그것들이 가지고 있는 고유한 사회적 관계의 차원을 왜곡한다. 마지막으로 분배 패러다임은 단지 분배의 결과에만 주목함으로써 그러한 분배 결과를 야기하게 된 사회적 제도적 맥락들을 간과하게 된다.

분배 패러다임이 가지는 이러한 제한성을 넘어 다차원적이고 포괄적인 사회 부정의들을 종합적으로 해명하기 위해서 영은 지배와 억압의 범주를 자신의 정의론의 출발점으로 삼고자 한다. 지배와 억압의 다양한 차원들에 주목할 때, 우리는 현실의 포괄적 부정의 구조를 파악하고 나아가서는 이에 대한 대안을 모색할 수 있다는 것이다.

예를 들어 여성 문제의 경우에서도 분배 패러다임이 가지는 이와 같은 제한성은 명확하게 지적될 수 있을 것이다. 분배 패러다임은 정의의 문제를 개인들 사이의 분배 불평등이라는 문제로 국한시킴으로써 여성이라는 집단이 겪고 있는 명백한 사회적 부정의들을 은폐하기 때문이다. 여성들은 그들이 여성이라는 집단에 속한다는 이유로, 여성적 정체성을 갖는다는 이유만으로 분배 부정의는 물론 그것으로 환원될 수 없는 다양한 사회적 부정의들에 직면할 수밖에 없다. 그럼에도 불구하고 정의의 문제를 단지 개인들 사이의 물질적 재화의 분배로만 이해하는 분배 패러다임은 여성에게 고유한 다양한 형태의 지배와 억압을 올바로 포착하지 못한다.

2 | 지배와 억압

앞서 지적한 바와 같이 사회정의는 모두가 동등하게 좋은 삶을 살아가기 위한 필수적인 조건이다. 그리고 일반적으로 좋은 삶을 살아가기 위해서는 첫째, 각자가 자신의 능력을 개발하고 행사하고 자신의 경험을 표현할 수 있어야 하며, 둘째, 자신의 행동과 행동의 조건을 결정하는 과정에 동등한 자격으로 참여할 수 있어야만 한다. 영에 따르면, 자기 개발이라는 첫 번째 조건을 제약하는 것이 바로 억압(oppression)이며, 자기 결정이라는 두 번째 조건을 제약하는 것이 바로 지배(domination)다. 따라서 사회적 부정의를 해명한다는 것은 누군가의 자기 개발과 자기 결정을 제약하는 사회적이고 제도적인 요인들을 밝히는 것, 즉 억압과 지배의 요인들을 밝히는 것에 다름 아니다.

앞서 살펴본 바와 같이 기존의 분배 패러다임에 대한 비판에서 영은 특히 세 범주들, 즉 의사소통 구조와 절차, 노동 분업, 문화를 강조하고 있다. 기존의 분배 패러다임이 분배에 큰 영향을 미치는 이 세 측면들을 올바로 분석하지 못하거나 간과해왔다는 것이다. 영이 제시하는 지배와 억압의 범주 역시 이 세 범주들과 밀접하게 연관되어 있다.

먼저 의사결정 구조 및 절차의 측면과 관련하여 영이 지적하고 있는 것이 바로 사회적 지배의 문제다. 영은 의사결정 절차에서 특정 집단이 배제되는 것이 분배 불평등은 물론 그 집단의 삶 전반에 직접적인 영향을 미친다고 지적하였다. 이와 같이 자신의 삶에 커다란 영향을 미치는 의사결정 절차에서 배제되는 것이 바로 사회적 지배이며, 이는 당사자들의 자기 결정 권리를 직접적으로 침해한다.

다음으로 억압은 노동 분업 및 문화의 측면과 관련된다. 특정한 방식의 노동 분업 구조로 인해 특정한 집단이 착취당하고, 주변화되며, 무력화되는 현상이 발생하게 된다. 이는 곧 그 대상 집단이 자기 개발을 도모하는 것을 불가능하게 만드는 것에 다름 아니며 그런 의미에서 바로 사회적 억압이라고 볼 수 있다. 문화의 영역에서도 지배 집단의 문화를 정상적인, 표준적인 것으로 강요하거나 심지어는 특정 집단에 대한 부정적 낙인을 통해 노골적 폭력을 초래하는 결과가 야기되기도 한다. 이 역시 해당 집단의 자기 개발을 불가능하게 한다는 점에서 명백한 사회적 억압의 사례라고 할 수 있다.

여기서 한 가지 지적해 두고자 하는 것은 영이 주목하고 있는 지배와 억압은 주로 집단적 측면과 관련되어 있다는 점이다. 그녀는 사회를 단지 고립된 개인들의 집합체로 보지 않는다. 자아는 사회적 과정들의 산물일 뿐 결코 그 기원이 아니다. 개인은 사회 속에서 태어나며 개인의 정체성도 그가 속한 집단 속에서만 비로소 형성될 수 있다. 또한 사회적 인정은 그의 긍정적 자기실현을 위한 필수적 조건이기도 하다. 때문에 그가 속한 집단이 억압받는 경우 개인 역시 긍정적으로 자기를 실현하기 어렵게 될 수밖에 없다. 이런 상황 속에서 집단의 현실성을 부정하는 것은 어리석은 일이며, 이는 결국 현존하는 지배와 억압을 은폐하는 것에 불과하다.

이러한 인식 하에서 영은 현존하는 집단적 차원의 지배와 억압을 지속적으로 염두에 두면서 사회적 부정의에 대한 분석을 수행하고 있다.

지배

지배란 당사자들에게 커다란 영향을 미치는 의사결정 과정에서 그들을 배제함으로써 자기 결정의 권리를 침해하는 것을 의미한다. 이러한 의미에서의 지배는 정치 영역을 넘어서 경제, 문화 등 사회생활의 전 영역에서 발견될 수 있다. 먼저 정치 영역에서는 특정 집단의 의지가 정치적으로 대표될 수 없고 대표되지 않는 상황을 떠올려 볼 수 있다. 경제 영역에서도 투자 결정이나 기업의 이전 및 폐업 결정과 같이 피고용자들이나 지역 주민들에게 중요한 의미를 가지는 경제적 의사결정이 관련자들의 그 어떤 참여도 없이 이루어지는 경우가 빈번하다. 뿐만 아니라 문화 영역에서도 다양한 소수자 집단은 주류 문화가 설정한 틀 속에서 아무런 발언권도 행사하지 못하고 침묵하는 것이 현실이다. 특히 사회 성원 대다수의 삶에 커다란 영향을 미치는 결정들이 단지 소수의 사람들에 의해 이루어지는 경우 사회적 지배가 야기할 수 있는 문제는 더욱 심각한 지경에 처하게 될 것이다.

이러한 다양한 지배 형태들 중에서도 자본주의 사회에서 가장 전형적인 것은 아마도 경제적 지배라고 할 수 있을 것이다. 투자자나 투자 기관, 기업의 경영자와 같은 소수의 사람들이 투자나 기업 이전 및 폐업과 같이 수많은 사람들에게 직접적인 영향을 미치는 중요한 의사결정의 권리를 철저히 독점하고 있는 것이 현실이기 때문이다.[9] 물론 우리는 문화 영역에서도 이러한 사회적 지배 현상을 손쉽게 발견할 수 있다. 예를 들어 교육 영역에서는 교육 관료나 교육 기관 운영자들이 교육 내용이나 평가 방식과 같이 교사, 학생, 학부모 모두에게 커다란 영향을 미치는 사안들에 대한 결정권을 독점하고 있다.[10]

이러한 사회적 지배 현상과 관련하여 영은 특히 복지국가의 탈정치화 및 강화되는 관료주의적 지배가 가지는 문제점에 주목하고 있다.[11] 복지국가의 등장을 배경으로 하여 시민들은 국가에 대해 마치 시장에서의 소비자와도 같이 물질적 급부만을 요구하게 되며, 이는 결국 정치적 이슈들을 중립적 국가가 주도하는 재분배의 문제로 환원시키게 된다는 것이다. 그리고 이는 결국 국가 행정 관료의 기술적-전문적 권위를 강화시키고 사회적 이슈들의 정치적 성격을 탈색시키게 되며, 그 결과 시민들의 적극적 참여는 더욱 어렵게 된다는 것이다.

한편 이는 우리가 앞서 살펴본 분배 패러다임 부상의 사회적 배경이 되기도 한다. 국가가 중립적 분배의 주체로 간주되며 그것의 의사결정 과정이 탈정치화되고, 분배에 영향을 미치는 다양한 제도적 맥락들이 간과되면서, 이제 사회정의는 동질적인 시민들 사이에서 재화를 공정하게 분배하는 것과 동일한 것으로 간주된다. 물론 앞서 지적한 바와 같이 이는 다양한 사회적 지배와 억압을 은폐하는 것에 다름 아니다. 분배 패러다임은 현존하는 집단의 고유한 차이와 차별을 무시하는 동일성의 정치를 강화함으로써 결국 다양한 소수자 집단의 인정과 참여 요구를 은폐하는 이데올로기로 기능하게 된다.

복지국가 체제는 이미 하버마스가 그의 '생활세계 식민화' 테제를 통해서 잘 지적한 바와 같이 새로운 형태의 지배를 초래하기도 한다.[12] 복지의 확대는 우리의 일상적인 삶에 대한 관료주의적 통제가 보다 확대되는 결과를 초래하며, 이는 전문화되고 관료화된 질서 및 규칙에 의해 우리의 삶이 지배되는 결과를 낳게 된다. 이는 전통적이고 자발적인 삶의 일상적인 영역들이 이제 돈과 권력을 매체로 하는 관료주의적 체계의 명령에 의해 지배되고 있다는 것을 의미한다. 새로운 사회운동들이 제기하는 요구들의 핵심은 바로 이러한 지배를 극복하고 기존의 제도나 관행들에 대한 민주적 통제를 회복하는 데 있다. 오늘날의 새로운 사회운동들은 사회적 삶의 전 영역에서 시민들의 참여를 확대하고 의사소통 구조와 절차를 민주화하여 관료적 지배 상태를 극복하고자 한다.

이상의 논의를 통해서 볼 수 있는 바와 같이 영은 기존의 분배 패러다임이 간과하고 있는 사회적 지배의 문제를 주제화하였으며, 나아가서 지배를 의사결정 구조와 절차에서의 배제로 폭넓게 정의함으로써 정치 영역을 넘어서 다양한 사회 영역들에 존재하는 사회적 지배 현상을 분석할 수 있는 틀을 제공하고 있다. 뿐만 아니라 오늘날 사회적 지배의 강화가 복지국가의 탈정치화 및 동일성 논리의 강화를 그 배경으로 하고 있으며, 이로 인해 현존하는 집단적 배제와 차별이 은폐되고 있다는 사실 역시 잘 보여주고 있다.

억압

지배에 대한 분석에서와 마찬가지로 영은 현재 진행되고 있는 실천적인 사회운동의 요구들이 암묵적으로 담고 있는 주장들을 명료화하고 체계화하는 방식으로 사회적 억압의 양상에 대한 자신의 분석을 제시하고 있다. 영에 따르면, 사회적 억압에 대한 저항이야말로 오늘날 사회운동의 핵심적 요구임에도 불구하고 기존 정의 담론들은 이러한 사회적 억압들에 대체로 주목하지 않았다. 왜냐하면 억압은 주로 자유민주주의의 적들, 즉 공산주의 혹은 권위주의 체제를 지시하는 용어로만 사용되어왔기 때문이다. 그럼에도 불구하고 68혁명 이후 일상적인 규범, 습관, 상징들이 가지는 다양한 억압적 기능들은, 대표적으로는 푸코의 작업에서 볼 수 있는 바와 같이, 오늘날 집중적인 비판적 성찰의 대상이 되고 있다.

영은 현존하는 억압을 다섯 가지 범주를 통해서, 즉 착취, 주변화, 무력화, 문화적 제국주의, 폭력을 통해서 분석하고 있다. 이 중 착취, 주변화, 무력화는 주로 앞서 언급했던 노동 분업과 관련되며 문화적 제국주의와 폭력은 앞서 언급한 문화의 측면과 밀접하게 관련되어 있다. 이들 각각은 모두가 분배 부정의를 수반하거나 야기하지만, 동시에 이들 모두는 단순한 분배 부정의로 환원될 수 없는 고유성을 갖는다.

여기서 논의되는 사회적 억압들은 개인적이거나 집단적인 억압의 주체가 의도적으로 행사하는 것이라기보다는 구조적 현상을 의미한다. 이는 사회적 억압이 주로 무의식적인 일상생활을 통해 발생하며 때문에 특정한 개인이나 집단을 억압의 주체로 지목하기

어렵다는 것을 말한다.[13]

노동 분업과 관련된 착취, 주변화, 무력화 중 착취(exploitation)는 한 사회 집단의 노동의 결과물을 지속적으로 다른 집단이 차지하는 상황을 의미한다. 이러한 착취는 자본가와 노동자 사이의 관계에서 전형적으로 나타나지만 남성과 여성 사이의 관계에서도 그와는 구별되는 형태의 착취 관계가 존재한다. 일반적으로 가정 내에서 여성의 가사 노동과 성적 노동의 산물들을 남성들이 지속적으로 차지하고 있기 때문이다. 때문에 자본주의 사회에서 여성 노동자는 자본에 의한 일반적 착취와 더불어 여성이라는 집단에 고유한 착취를 동시에 경험하게 된다. 이러한 착취 관계는 구조적 성격을 가지고 있으며, 따라서 그러한 관계를 극복하기 위해서는 단순한 재분배를 넘어서는 포괄적인 사회 변화가 요구된다.

다음으로는 실질적으로 당사자들 자신에게 가장 큰 위협이 될 수 있는 주변화(marginalization)가 존재한다. 주변화의 대상은 주로 인종적인 집단들이며 그들은 노동 시장 자체에서 배제되는 경향이 있다. 나아가서 이들은 사회적 삶 전반에 대한 참여에서도 철저히 배제되며 그로 인해 결국에는 심각한 물질적 결핍 상태에 처하게 된다. 복지국가를 통해 이렇게 주변화된 집단들의 경제생활이 일부 개선될 수는 있겠지만, 그 경우에도 이들은 여전히 중요한 영역들에서는 참여에서 배제되고, 스스로의 요구를 주체적으로 제기할 권리도 박탈당한 상태에 처하게 된다.

무력화(powerlessness)는 위계적 노동 분업 구조 하에서 하위직, 단순직들이 겪게 되는 자율성 및 창조성의 상실과 관련된다. 위계적 노동 분업 구조 속에서 하위직, 단순직의 경우는 노동 방식을 스스로 결정하지 못할 뿐 아니라 관련된 중요한 결정 과정에도 참여하지 못한다. 이들은 노동 과정에서 창의성을 발휘하거나 자율적인 판단을 내리지도 못하고 기술적 전문성을 개발하지도 못하게 된다. 이 역시 특정한 방식의 노동 분업 구조로 인해 야기되는 자기 개발의 장애물이라는 의미에서 중요한 억압 현상이라고 할 수 있다.

다음으로 주로 문화적 측면과 관련되는 억압 중 문화적 제국주의(cultural imperialism)는 지배 집단의 문화와 규범만을 보편적인 것으로, 정상적인 것으로 강요하는 현상을 가리킨다. 대부분의 지배 집단이 무반성적으로 자신들의 문화를 정상적인 것으로 받아들인다는 점에서 이러한 문화적 제국주의 역시 의도적인 것이라기보다는 무의식적인 것에 가깝다. 이러한 상황 속에서 소수자들은 항상 지배적인 문화를 통해 스스로를 바라볼 수밖에 없게 된다.

마지막으로 영은 폭력(violence) 역시 그것이 사회 구조적인 성격을 가지는 한에서 단순한 개인적 일탈이나 범죄가 아니라 일종의 사회적 억압으로 간주되어야만 한다고 강조하고 있다. 여성, 외국인 노동자 등 특정 집단이 빈번하게 폭력의 대상이 된다는 사실은 그것이 단순히 개인적인 도덕적 잘못이 아니라 사회적이고 체계적인 성격을 가지는 사회적 부정의의 문제와 직접적으로 관련되어 있다는 것을 보여준다는 것이다.

사회적 지배와 억압은 일반적으로 중첩되며, 통상 억압은 지배를 포함하거나 수반한다. 일반적으로 억압받는 사람들은 스스로 동의한 적도 없는 타인들이 설정한 규칙에 따를 수밖에 없는 법이다. 그러나 그렇다고 해서 지배와 억압을 직접적으로 동일시할 수는 없다. 경우에 따라서는 위계적 지배 구조 속에서도 억압 없이 자신의 능력을 개발하는 것이 얼마든지 가능할 수도 있기 때문이다. 예를 들어 복지 자본주의 사회에서 의사결정 절차에 대한 참여는 축소되고 지배 권력은 소수의 기술 관료들에 의해 독점되지만 그렇다고 해서 그 사회의 모든 사람들이 억압의 대상이 되는 것은 아니다. 위에서 언급한 어떤 형태의 사회적 억압도 경험하지 않는 다수의 사람들 역시 기술 관료주의가 팽배한 오늘날의 사회에서는 지배받는 위치에 있을 수밖에 없다.[14]

3 | 차이의 정치와 도시의 삶

이제 현존하는 사회적 부정의, 즉 지배와 억압에 대한 지금까지의 분석에 기초하여 영이 제시하고 있는 대안적 실천의 방향은 무엇인지 살펴보도록 하자. 영에게 정의의 개념은 정치의 개념과 그 범위가 일치한다. 따라서 정치의 과제는 모든 사회적 삶의 영역에 존재하는 사회적 부정의, 즉 지배와 억압을 극복하고 모든 사회 성원들의 자기 개발과 자기 지배를 보장하는 것에 다름 아니다.

현존하는 사회적 지배와 억압을 극복하고자 하는 모든 요구는 언제나 정치적일 수밖에 없다. 정치란 모든 사회적 갈등이 등장하고 해소되는 포괄적 장이며, 그런 한에서 지배와 억압에 대한 모든 저항과 비판은 결국 정치적 요구, 즉 민주화의 요구로 집약될 수밖에 없다.

민주주의는 관련된 모든 공적 논의와 의사결정 과정에 대한 시민들의 참여를 통해 공적인 자기 결정, 자기 지배의 이념을 실현하는 것을 그 목표로 한다. 그리고 여기서 말하는 민주적 참여는 단지 제도 정치에 대한 참여를 넘어서 생산 영역은 물론 사회적 삶의 전 영역에 대한 포괄적 참여를 의미한다. 앞서 살펴보았던 노동 분업 및 문화의 측면과 관련된 사회적 억압들을 해소하는 것 역시 오로지 억압받는 주체들의 적극적인 참여를 통해서만 비로소 가능하다. 이런 점에서 민주주의는 그 자체가 의사결정 과정에 대한 참여라는 의미에서 사회정의의 한 요소일 뿐 아니라 다양한 사회적 지배와 억압을 극복하기 위한 필수적 조건이기도 하다.

'차이의 정치'(Politics of difference)는 이러한 포괄적 의미에서의 참여를 강조하는 민주주의 정치가 오늘날 지향해야 할 방향을 제시하고 있다.[15] 앞서 살펴본 바와 같이 분배 패러다임 나아가서는 그에 기초한 기존의 자유주의적 논의들은 현존하는 집단적 차원의 지배와 억압을 무시하고 은폐하는 경향이 있다. 차이의 정치는 그간 은폐되어온 이러한 집단적 차원의 지배와 억압에 대해서, 현존하는 집단들의 이질성, 다원성, 차이에 대해서 적극적으로 주목할 것을 요구하고 있다.[16] 현존하는 집단들의 이질성과 차이를 무시하고 지배 집단 중심의 보편성과 일반성만을 강조하는 동일성의 정치는 현존하는 사회적 지배와 억압을 강화할 수밖에 없기 때문이다.

영이 제시하는 차이의 정치는 기존 도덕이론이 추구해온 공정성(Impartiality)의 이상이 오히려 현존하는 차이들을 억압한다고 지적하면서, 먼저 '공중'(the public)의 개념을 집단적 차이를 수용할 수 있는 방식으로 변형시킬 것을 요구하고 있다. 다원적인 도덕적 주체들을 하나의 주체로 환원하지 말고 도덕적 주체들의 집단적 이질성과 차이를 수용할 필요가 있다는 것이다. 물론 영이 현존하는 집단들 사이의 차이가 변화 불가능한 실체적인 성격을 갖는다고 보지는 않는다. 집단의 차이는 다른 집단들과의 상호작용 속에서 끊임없이 변화한다. 그럼에도 불구하고 집단들 사이의 차이는 명확히 존재하는 것이 현실이며, 이를 무시하고 간과하는 경우 현실적 지배와 억압이 은폐될 수 있다는 것이다.

시민적 공중의 동질성에 기초한 일반의지의 상정은 신체와 감성을 가진 개인과 집단의 차이를 배제하게 될 수밖에 없다. 동질적 시민의 이념은 일반의지를 공유할 수 없거나 그것의 분열을 초래하는 차이 나는 존재들을 배제할 수밖에 없다.[17] 이러한 배제는 예를 들어 공적인 영역과 사적인 영역 사이의 구별에서도 잘 드러난다. 감성과 여성성이 지배하는 가족의 영역은 그것이 사적인 영역으로 규정되는 경우 국가의 공적인 영역에서 배제될 수밖에 없을 것이다. 그러나 가족이야말로 공적인 삶 나아가서는 사회의 재생산을 위한 필수적 영역이며, 공과 사의 이분법이 사실상 명확하게 규정될 수 없다는 점을 고려할 때, 이는 특정한 삶의 영역을 자의적으로 탈정치화하여 공론의 장에서 배제하는 것에 불과하다.

뿐만 아니라 동질적인 공중에 기초한 공정성의 이상은 국가의 중립성을 전제로 한 분배 패러다임 등장의 배경이 되고, 나아가서는 그러한 국가의 관료적이고 위계적인 의사결정을 정당화하는 이데올로기적 기능까지 수행하게 된다. 이러한 현실을 극복하기 위해서는 차이 나는 존재들의 다양한 목소리가 대표될 수 있는 진정한 참여가 구조적으로 보장되어야만 할 것이다. 그리고 이를 위해서는 무엇보다 먼저 '집단'의 차이를 인정하고 존중하는 이질적 공중의 이념이 촉진될 필요가 있다.

영에 따르면 이질적 공중의 개념은 다음과 같은 두 가지 정치적 원칙을 함축하고 있다. 첫째, 그 누구도, 그 어떤 행위도, 개인적 삶의 그 어떤 측면도 사적인 것으로 강요되어서는 안 된다. 둘째, 그 어떤 사회적 제도나 관행도 공적 토론이나 표현의 대상에서 선험적으로 배제될 수는 없다. 우리가 잘 알고 있는 '사적인 것은 정치적인 것이다'라는 구호 역시 그 어떤 사회적 관습이나 행동들도 공적 토론, 표현, 집단적 선택의 주제에서 벗어날 수 없음을 말해주고 있다. 이와 같이 차이의 정치는 삶의 모든 영역에 존재하는 차이, 그로 인한 지배와 억압의 문제를 주제화함으로써 사회정의의 폭과 범위를 확장시키고자 한다.

이러한 차이의 정치가 지향하는 바를 상징적으로 시사하고 있는 것이 바로 그녀가 제시하는 '도시의 삶'(city life)이라는 개념이다. 이 개념을 통해 그녀는 차이가 공존하는 대안적인 사회관계에 대한 하나의 상을 제시함으로써 사회 변혁에 대한 희망과 상상력을 고무하고자 한다. 물론 여기서 말하는 도시의 삶은 현존하는 부정의한 형태 그대로의 도시적 삶을 지시하는 것이 아니라 우리가 도달해야 할 일종의 규범적 목표와도 같은 것이다.

영이 도시를 강조하는 이유는 먼저 지방 단위의 소규모 공동체 차원의 자결권을 강조하면서 소규모 공동체를 정치적 대안으로 제시하는 입장들에 맞서기 위해서다. 공동체의 이상들은 푸코가 루소주의의 꿈이라고 명명한 바, 즉 조화와 합의에 기초한 투명한 사회에 대한 열망에 그 기초를 두고 있다. 그러나 이러한 공동체의 이념은 그 내적 폐쇄성과 단일성이라는 제한성으로 인해 공동체 내부와 외부의 타자들에 대한 배제를 동시에 수반할 수밖에 없다.[18] 뿐만 아니라 이러한 소규모 공동체들은 그 공동체들을 가로지르는 대규모의 복합적인 사회적 부정의들에 대해서는 대처하기가 어렵다는 근본적 한계를 가지고 있다.

영은 도시의 삶이 적어도 오늘날 선진 산업사회의 경우는 이미 주어져 있는 불가피한 조건으로 수용할 수밖에 없는 것이 현실이라고 말한다. 영은 이러한 현실을 고려하여 도시의 삶을 공동체의 이념 나아가서는 기존의 자유주의적 개인주의까지도 넘어설 수 있는 규범적 이상으로 제시하고 있다. 이러한 이상적인 도시의 삶에서 도시인들은 단지 고립된 개인이 아니라 다양한 자발적 사회관계 속에 참여하는 존재이며 한 도시에 대한 공동의 귀속감 역시 가지고 있지만 그럼에도 불구하고 그들은 결코 서로의 차이를 배제하거나 억압하지 않고 공존한다.

영에 따르면, 도시의 삶이라는 이상이 가지는 매력은 다음과 같다. 첫째, 도시의 삶은 차이를 배제하지 않는 사회적 분화(social differenciation without exclusion)를 가능하게 해준다. 도시의 삶은 그 익명성을 통해서 그 내부의 다양한 차이들을 허용하고 촉진한다. 둘째, 도시의 삶은 우리에게 흥겨움과 흥분을 제고하는 다양성(variety)을 선사한다. 셋째, 도시의 삶은 낯선 타자에 대한 끌림이라는 넓은 의미에서의 에로티시즘(eroticism)을 제공한다. 도시의 삶에는 폐쇄적 공동체에서 찾아볼 수 없는 다양한 타자들의 매력이 충만하다. 넷째, 도시의 삶은 다양한 집단들에 열려 있는 공개성(publicity)을 가능하게 한다. 여기서 공개성은 그 단어의 본래 의미에 충실하게 서로 다른 주체들이 누구나 참여하여 발언하고 서로의 발언을 경청하는 이질적인 동시에 열려 있는 공간을 지시한다. 이러한 도시의 공중이야말로 차이의 정치가 전제하는 이질적이고 다원적인 공중이라고 할 수 있을 것이다.

이와 같이 영이 제시하는 도시의 삶이라는 이상은 현대화된 대도시의 삶이라는 불가피한 조건 속에서 이질적인 타자들 사이의 공존을 지향하고 있다. 영은 이러한 규범적 이상을 통해서 오늘날의 현실을 비판할 수 있는 입각점을 제공하는 동시에 새로운 대안적 사회에 대한 희망과 상상력을 촉진하고자 했다.

4 | 비판적 성찰

이제 여성주의 시각에 입각하여 진행된 기존 정의론에 대한 영의 개입이 기여한 바가 무엇인지에 대해 우선 생각해보고자 한다. 먼저 영의 여성주의적 개입은 정의에 관한 기존의 분배 패러다임이 가지고 있는 근본적 제한성을 잘 보여주었으며, 나아가서는 분배 패러다임이 간과하고 있는 근본적 사회 부정의, 즉 지배와 억압을 분석할 수 있는 새로운 틀을 제공하고 있다. 나아가서 그녀가 제시한 차이의 정치 개념은 현존하는 사회적 지배와 억압을 해소하기 위한 방향성을 제시하였다고 말할 수 있다.

필자가 보기에, 이와 같은 기여를 가능하게 해준 근본 동력은 바로 여성 나아가서는 소수자들이 겪고 있는 현실적 부정의에 대한 실천적 관심에 입각하여, 바로 그로부터 출발하여 사회정의 문제에 접근하려는 영의 태도에 있다고 할 수 있다. 영에게 시급한 문제, 논의의 출발점이 되는 문제는 추상적인 정의의 기준을 설정하는 것이 아니라 여성 나아가서는 소수자 일반이 겪고 있는 부정의를 분석하는 것이었으며, 이를 통해 그녀는 기존의 정의론들이 가지고 있는 한계를 발견할 수 있었던 것으로 보인다.

물론 이러한 그녀의 접근법은 그녀가 충실히 따르고자 하는 비판이론 전통과도 밀접히 연관되어 있다. 그녀는 규범적 반성은 항상 주어진 역사적 현실 속에서 출발할 수밖에 없다는 사실을, 사회이론이 없는 규범적 반성은 추상적이고 공허할 수밖에 없다는 사실을, 즉 비판이론 일반의 근본적 태도를 반복하여 강조하고 있다. 비판이론 전통에 따르면 모든 비판은 추상적 규범이나 원리가 아니라 당사자들 자신의 내재적 요구에 기초하고 있어야만 한다.[19] 영은 이러한 비판이론의 원칙에 입각하여, 여성 및 다양한 소수자 집단이 제기하는 요구들로부터 출발하여 자신의 논의를 전개함으로써 기존의 분배 패러다임이 간과하고 있는 문제들을 효과적으로 해명할 수 있었던 것이다.

이를 통해 그녀는 분배 투쟁 혹은 계급 정치의 차원과는 구별되는 인정 투쟁의 새로운 부상에 주목할 수 있었으며, 나아가서는 지배와 억압의 개념을 통해서 이러한 인정 투쟁들을 야기하는 다양한 사회 부정의들을 분석할 수 있었던 것이다. 영이 제시하고 있는 지배와 억압의 개념은 여성을 비롯하여 다양한 소수자 집단들이 현실적으로 겪고 있는 다양한 사회적 부정의들을 해명하는 데 기여할 수 있다. 기존 정의 담론들은 구체적인 현실적 맥락을 간과한 채 추상적 정의 원칙을 정당화하는 데에만 몰두함으로써, 현실적으로 존재하는 이질적인 집단의 존재 그리고 그들이 겪고 있는 구체적인 사회 부정의들을 간과해왔다. 영은 현실적으로 존재하는 차별받는 집단과 그들이 당면하고 있는 사회 부정의들에 주목함으로써 현존하는 사회 부정의들을 보다 구체적으로 분석하고 해명할 수 있는 틀을 모색할 수 있었던 것이다.

영이 제시하는 지배와 억압의 개념은 의사결정 구조와 절차, 노동 분업, 문화라는 복합적 차원들에 주목함으로써 분배 부정의로 환원될 수 없는 다양한 복합적 사회 부정의의 차원들에 접근할 수 있는 경로를 열어주었다. 뿐만 아니라 이러한 부정의를 극복하기 위해서는 현존하는 집단의 차이를 은폐하지 말고 그 집단적 이질성을 적극적으로 수용하는 '차이의 정치'가 필요하다는 사실도 지적하였다. 차이의 정치는 오늘날 정치의 주체인 공중 내부에 존재하는 이질성에 주목하고, 공과 사의 이분법에 내장되어 있는 남성중심주의적 편견을 비판하면서, 지배받고 억압받는 소수자 집단들의 권리가 보호되고 신장되는 민주주의야말로 오늘날 우리에게 요구되는 진정한 민주주의라는 사실을 일깨워주었다.

이와 같이 여성주의에 입각한 영의 논의는 기존 정의론들이 포착하지 못했던 다양한 사회 부정의들에 새롭게 주목하게 해주고 있으며, 기존 정의론이 가지는 남성중심주의적 한계들 역시 잘 보여주고 있다. 분배 불평등에 대한 저항과 더불어 인정 투쟁을 아우르는 포괄적이고 다차원적인 정의론을 제시하는 것이 오늘날 정의론과 관련된 중요한 과제라고 볼 때, 영의 논의는 분배 정의로 환원되지 않는 인정 투쟁의 다양한 측면들을 분석할 수 있는 길을 제시함으로써 기존 정의론을 보완할 수 있는 방향을 적확하게 제시하고 있다고 볼 수 있을 것이다.[20] 만일 우리가 영의 작업에 대한 이와 같은 평가를 좀 더 일반화할 수 있다면, 정의론에 대한 여성주의의 기여는 여성이라는 집단이 겪고 있는 고유한 사회 부정의의 차원을 해명함으로써 남성중심적으로 진행되고 있는 기존 정의론의 논의 폭을 넓히는 데 있다고 말할 수 있을 것이다.[21]

이제 마지막으로 영의 논의가 가지는 한계 혹은 문제점에 대해 간략히 검토해보고자 한다.

첫째, 영은 여성 나아가서는 소수자 집단이 겪는 사회적 지배와 억압에 대한 현상학적 분석을 제공하였으며, 이들이 분배 불평등에 중요한 영향을 미치고 있다는 사실 역시 올바로 지적하였다. 그러나 오늘날 지구적 차원에서 심화되고 있는 분배 불평등 문제는 단지 문화적 지배나 억압을 통해서만은 해명될 수 없는 고유한 경제적 차원을 가지고 있는 것 역시 사실이다. 이런 점을 고려할 때, 영은 오늘날 분배 불평등을 야기하는 경제적이고 구조적인 차원에 대한 분석을 소홀히 하고 있는 것으로 보인다. 이는 그녀가 규범적 반성의 공허함을 극복하기 위해 사회이론의 필요성을 강조하고는 있지만, 분배 불평등을 야기하는 경제적 차원에 대한 사회이론적 접근을 방기하고 있음을 의미한다. 영이 지적하는 지배와 억압의 문제가 경제적 분배의 문제로 환원될 수 없는 것과 마찬가지로 경제적 분배의 문제가 문화적 지배와 억압의 문제로 단적으로 환원될 수도 없다. 만일 이러한 평가가 가능하다면, 영의 작업이 오늘날 심화되고 있는 분배 불평등의 원인 분석과 대안 제시에서 일정한 한계를 노정하고 있다는 평가도 가능할 것이다.[22]

둘째, 영의 견해는 은폐된 집단의 차이를 강조한 나머지 차이 나는 집단들의 권리 요구에 대한 정당화의 문제에서는 뚜렷한 기준을 제시하지 못하고 있는 것으로 보인다. 차이 나는 집단의 요구들이 모두 그 자체로 정당할 수는 없다. 그렇다면 차이 나는 집단의 요구들을 평가할 수 있는 규범적 기준은 과연 무엇일까? 결국 우리는 다시 한 번 그 기준을 보편화 가능한 정의의 원칙을 통해서 확보할 수밖에 없을 것이다.

규범적 보편주의가 집단의 차이를 무시한다고 비판하는 영의 지적은 분명 수용되어야만 한다. 만일 그것이 특수를 보편으로 위장하는 문화적 제국주의를 함축하거나 현존하는 집단의 차이를 무시하는 경우에는 특히나 그러할 것이다. 그러나 모든 보편주의가 반드시 이러한 비난을 받을 이유는 없을 것이며, 나아가서 영의 비판 역시 궁극적으로는 이러한 보편주의를 전제할 수밖에 없을 것이다. 영 자신이 언급한 바와 같이 모든 사람의 참여를 요구하고 그들을 포용한다는 의미에서의 보편성(universality)과 차이를 배제하는 일반성으로서의 보편성(universality as generality)이 구별될 수 있다면, 진정한 보편성에 기초한 보편주의는 여전히 비판과 정당화의 최종 심급으로 자리매김되어야만 할 것이다.[23] 그리고 이를 통해서만 우리는 존중되어야만 할 차이의 경계를 그려낼 수 있을 것이다.

영이 강조하고 있는 바와 같이 집단의 차이는 그것이 우리들의 삶의 정체성의 일부라는 점에서 부정할 수도 없고 또 부정되어서도 안 되는 것이지만, 그렇다고 해서 그것이 언제나 존중되어야 하는 것도, 그것이 그 자체로 독립적인 가치를 가지는 것도 아니다. 그것은 결국 진정한 보편주의의 요구를 충족시키는 한에서만 비로소 존중받을 수 있을 뿐이다.

결국 오늘날 우리에게 필요한 것은 여성주의와 규범적 보편주의 사이의 불화가 아니라 공존이라고 판단된다. 여성주의적 개입과 비판을 포용해낼 수 있을 때, 정의 담론은 비로소 그 보편주의적 생명력을 제대로 발휘할 수 있을 것이며, 여성주의 역시 보편주의와의 대립을 넘어 보편주의와의 화해를 모색할 수 있을 때만 스스로의 입장에 대한 궁극적 정당화가 가능할 수 있을 것이다.

VII

JUDITH BUTLER

7 주디스 버틀러

자연은 과연 얼마나 자연적인가[1]

고지현

주디스 버틀러(Judith Butler, 1956~)는 현재 캘리포니아 주립대학의 비교문학 수사학과 교수로서, 페미니즘 이론가이자 퀴어 이론의 대변자로 널리 알려져 있다. 유대인 부모를 둔 그녀는 정기적으로 시너고그를 다니고 랍비의 교육을 받는 등 유대교의 엄격한 율법과 문화 속에서 성장했지만, 가정과 학교의 권위에 도전하는 문제아였다고 한다. 말썽이 생길 때마다 그녀가 숨어들었던 곳은 모친의 서적이 잔뜩 쌓인 지하실이었고, 그곳에서 스피노자, 키에르케고르, 쇼펜하우어 등과 같은 철학자들에 심취했다. 헤겔을 읽으며 오후를 보내다가 밤이 되면 동성애자가 드나드는 술집을 출입하며 십대 시절을 보냈다고 하는데, 아마도 이때의 경험이 후에 사회적으로 소외되고 배제된 자들을 옹호하는 데 민감하게 반응하는 감각을 키웠을 것이다. 1980년대 예일 대학에서 헤겔의 욕망 개념으로 철학 박사학위를 받았으며, 1990년에는 『젠더 트러블』[2]이라는 문제작으로 학계의 팝스타라는 명칭을 얻으며 일약 미국 지성계를 대표하는 세계적인 학자로 발돋움했다. 이후 주체라는 위상에서 차지하는 인정의 역할, 테러와 전쟁을 목전에 둔 지구화 시대의 윤리학 등으로 그녀의 논의는 꾸준하게 확장되어왔다.

버틀러의 대표작 중의 하나인 『젠더 트러블』은 그 부제가 말해주고 있듯이 '페미니즘과 정체성의 전복', 그야말로 '여성'이라는 정체성 범주의 해체를 꾀하고 있다. 이러한 시도는 프랑스 후기구조주의와 해체론의 조류를 따르고 있다는 점에서 포스트모던 여성주의로도 분류된다. 버틀러는 이성애와 동성애의 구분조차도 권력 담론의 일부라고 규정함으로써 성(性) 정체성 자체를 문제 삼기 시작했다. 여기에서 우리는 여성주의 이론이 여성이라는 범주를 넘어서 소수자의 섹슈얼리티 문제로까지 확장되는 지점을 확인할 수 있다. 퀴어 이론이란 이러한 확장 속에서 동성애에 대한 새로운 인식의 확보를 통해 소수자의 정체성을 정의하려는 노력의 산물이다.

성 정체성이란 애초 주어진 본질에 의거한다는 관념에 의문을 던지는 버틀러의 이론은 일부 신진 연구자들에게 커다란 매혹으로 다가오지만, 또 다른 한편으로 여성과 남성이라는 '자연적' 범주를 하늘의 이치로 여긴 동양의 음양 사상에서 바라보면 매우 불편해진다. 특히 남녀유별이라는 동아시아 유교 문화권이나 보수적 가족주의의 시선에서는 전통에 정면 도전하는 발칙한 발상으로 비춰지기 십상이다. 그러나 아시아 문화 연구 영역이 일국 중심주의와 단일 민족국가 틀을 넘어서 탈냉전 및 지구화 시대에 부합하는 새로운 권역주의가 다양한 차원에서 부상하고 있는 현 담론의 상황[3]에 비추어본다면, 버틀러의 사상을 단순하게 이질적 문화권에서 촉발된 생경한 논쟁거리로만 치부하기 어렵다. 오늘날 우리는 이른바 '탈경계'라는 이름으로 아시아 문화 연구의 중심 범주들이 지리적, 민족국가적, 권역별 경계를 가로지르는 새로운 국면에 접어들고 있음을 직접 목격하고 있다. 요컨대 젠더, 섹슈얼리티, 인종, 종족성(ethnicity), 계급 등과 같은 기존의 중심 범주들에 더 이상 균질성과 단일성의 의미를 부여하기란 어려우며, 오히려 다양성과 국지성, 개별성 그리고 차이에 기초한 사회·문화적 타자들의 대두를 도처에서 발견할 수 있다. 더 나아가 가부장제, 인종주의, 쇼비니즘, 이성애주의, 민족주의적 외국인 혐오증 등, 식민적 권력관계와 전통주의의 기이한 결합에서 볼 수 있는 것처럼 역사적으로 구축된 경계들과 분리주의적 입장에 대항할 수 있는 진지의 구축이 점점 절실해지고 있으며, 그에 따라 아시아라는 권역에 탈식민적 문화 상상을 촉발해야 할 필요성도 역시 더욱 대두되고 있다. 이러한 세계적 추세에 비추어본다면 버틀러가 제기한 이른바 포스트모던적 여성주의의 주요 쟁점들은 시사하는 바가 매우 클 것이다.

그렇다면 무엇이 버틀러를 오늘날 가장 중요하고 영향력 있는 여성주의 이론가 중 한 사람으로 만드는 것일까? 버틀러는 자신이 퀴어 이론가라든지 게이 또는 레즈비언 이론가이기 이전에 페미니스트 이론가임을 명확하게 밝힌 바 있다. 이 진술이 시사하는 바를 서구의 역사(사회운동사) 및 담론사적 관점에서 간략하게나마 조명해 보기로 하자.

1 | 버틀러와 여성주의

유럽사의 시각에서 여성주의의 흐름은 3단계로 나누어 바라볼 수 있다. 첫 번째 흐름은 19세기에 발생하여 참정권과 균등한 교육의 기회, 직업의 평등처럼 남성과 차별이 없는 동등권의 실현을 목표로 추진되어온 운동이다. 이 흐름은 1960년대에서 80년대에 이르기까지 여성의 고유성과 차이를 내세우는 시각으로 대체되면서 남성과의 분리 전략으로 전환되었다. 이 노선이 두 번째 단계이다. 그 이후 90년대 초부터 여성주의는 성(性) 정체성 자체를 문제 삼고 섹슈얼리티를 논제화하기 시작했으며, 그러한 가운데 퀴어 이론이 등장했다. 버틀러가 바로 3세대에 속한다. 여성주의에서 차지하는 그녀의 위상은 2세대를 겨냥한 문제제기를 통해 3세대로 이어지는 비판적 가교 역할에서 보다 명확하게 드러난다.

버틀러의 비판은 여성주의가 깊은 숙고 없이 암묵적으로만 간주했던 전제들을 겨냥하고 있는데, 그것은 핵심적으로 두 가지로 요약될 수 있다. 하나는 기존의 여성주의에 잔재해 있던 자연주의적 관념이고, 또 다른 하나는 그간 당연하다고 여겨온 여성이라는 범주이다. 먼저 첫 번째 문제를 살펴보기로 하자. '여성은 태어나는 것이 아니라 만들어지는 것이다'라는 시몬 드 보부아르(Simone de Beauvoir)의 유명한 문구는 '여성으로 태어나는 것'과 '여성이 되는 것'이 서로 다름을 분명히 한다. 이에 따르면, 여성은 천부적으로 주어진 존재로 고정되는 것이 아니라, 생성의 과정을 밟는다. 이른바 여성으로 만들어진다, 곧 여성이 된다는 것은 여성으로 태어난 개인이 사회적으로 요구되는 성 역할을 수행하도록 훈육되고 사회화된다는 뜻이다. 보부아르의 이 명제에 담겨 있는 여성해방적 함의는 익히 알려져 있다. 여성이 되는 과정이 자연적으로 주어진 태생성과 분리되는 것이라면, 여성의 고유성은 더 이상 삶의 운명으로 간주될 필요가 없으며, 오히려 사회·역사적으로 변화 가능한 범주로 인식될 수 있다. 이 변화의 장을 분석하기 위해 여성주의는 젠더(gender) 개념을 도입했으며, 동시에 이 개념을 생물학적 의미에서의 섹스(sex)와 구별하기 시작했다.

하지만 이러한 구별로 여성주의가 자연주의적 존재라는 관념과 완전하게 결별한 것은 아니었다. "여자도 남자와 마찬가지로 바로 그 육체이다. 그러나 여자의 육체는 자신과 별개의 것이다."[4] 서구 여성주의 2세대의 아이콘이라 불리는 보부아르에게는 여성 되기를 결정짓는 가장 중요한 조건이 몸이었다. 다만, 여성의 신체성은 보편적 주체인 남성의 그것과는 달리 자유의지를 구속하는 장애물이며, 따라서 극복해야 할 대상으로 인식되었을 뿐이다. 물론 이러한 부정적인 인식을 일종의 남근중심주의로 규정하면서 모성과 같은 몸의 구속력을 성 정체성의 열등함이 아닌 긍정적 가치로 재발견하는 본질주의의 노선이 뒤를 이어 등장했다. 하지만 분명한 것은 부정적으로 보든 아니면 긍정적으로 보든지 간에, 이른바 제2의 성, 곧 젠더의 토대는 여전히 자연에 속하는 몸이었다는 사실이다. 버틀러의 비판은 바로 이 자연주의적 잔재를 겨냥하고 있으며, 궁극에는 섹스의 탈자연화를 꾀한다.

한편 이러한 자연주의적 관념은 여성이라는 범주를 너무나도 자명한 것으로 간주하도록 만들었다. 요컨대 여성이 그 공통의 자질이나 이해관계 또는 그 고유한 경험에 기반을 둔 집단이라는 가정이다. 그 이면에는 남성도 역시 단일한 주체라는 관념이 자리하고 있다. 버틀러는 단일하고 동질적인 주체 관념이 여성 간에 나타나는 다양한 차이를 간과하고, 더 나아가 젠더 관계의 양성체계, 곧 인간을 남성과 여성이라는 두 부류만으로 아주 명료하게 귀속시킬 수 있다는 관념을 강화한다고 지적한다. 누군가가 여성이라 해도 결코 누군가의 모든 것은 아니다. 왜냐하면 젠더는 상이한 역사적 맥락 속에 놓여 있을 뿐 아니라, 일관되게 구성되는 것도 아니기 때문이다. 젠더는 인종적, 계급적, 민족적, 지역적 정체성의 유형과 얽혀 있으며, 정치적·문화적 교차점들과도 분리될 수 없다.[5]

이러한 견해는 통일적인 여성 범주로 포착할 수 없는 중간지대의 다양한 존재들과 그들에게 행사되는 사회·문화적 배타성에 매우 민감하게 반응한다. 예컨대 백인여성과 흑인여성은 과연 여성이라는 범주로 아무런 갈등 없이 환원될 수 있을까? 잘 살펴보자면, 부유한 집안의 흑인여성과 할렘 지역의 혼혈 유색여성 아니면 그 남성은 여성 대 남성이라는 천편일률적인 잣대로 재단할 수 있을 만큼 서로 공유하는 점에서 구조적인 등가성을 갖지 않는다. 버틀러가 지적하는 바는 여성 범주에 행사되는 억압의 유형이 인종차별주의, 여성혐오, 동성애혐오 등처럼 다양할 뿐 아니라, 그것들은 각기 개별적으로 분리된다기보다는 상호 교차적이고 복합적이라는 사실이다. 여성 범주의 동질성과 단일성에 대한 이 같은 이의제기는 여성주의의 3세대에서 두 방향의 전략을 낳았다. 아이리스 영

(Iris M. Young)이나 마릴린 프라이(Marilyn Frye)의 경우는 여성성에 대한 철학적 재정의를 통해 여성 범주를 새롭게 구성하는 방향으로 나아간다. 달리 말해, 여성을 하나의 집단으로 보되, 모든 이의 공통된 정체성을 미리 상정하지 않음으로써 본질주의의 위험을 피하고자 하는 것이다. 영은 연속체 개념으로서의 여성을 제시하고 있으며,[6] 프라이는 내적관계와 차이에 의해 구성되는 긍정적인 여성 범주를 추구한다.[7] 이러한 구성 전략과는 다른 방향, 곧 여성 범주의 해체 전략을 택한 이가 바로 버틀러이다.

2 | 섹스의 탈자연화

섹스와 젠더

이제 버틀러가 어떤 방식으로 여성 범주의 자연주의적 잔재를 비판하면서 그 해체의 길로 들어서는지 좀 더 상세하게 살펴보기로 하자. 젠더 개념이 도입된 이후 여성주의가 확인할 수 있었던 점은 생물학적 섹스와 사회적 젠더의 구분은 매우 유용하지만, 그리 용이한 것은 아니라는 사실이다. 여성으로 태어나는 것과 여성이 되는 것이 다르다면, 궁극적으로 여성임을 구성하는 것은 과연 무엇일까? 인간이라면 모두 여자 아니면 남자로만 분류되는 것일까? 그렇다면 여성이 되는 사람은 과연 어떤 부류의 인간일까? 아니면 이렇게 질문해볼 수도 있을 것이다. 어느 시점에 이르러서야 비로소 젠더로 만들어진 인간이라고 우리는 말할 수 있는가? 젠더로 만들어지기 전에는 젠더가 아니라고 가정하는 것은 과연 정당한가? 이미 젠더화되지 않은 인간이 있기는 한 걸까? 어떻게 인간은 특정 젠더가 되는가?[8]

버틀러에 따르면, 섹스와 젠더의 구별은 본래 '생물학은 운명'이라는 공식을 논박할 의도로 도입되었지만, 이 구별로 인해 여성주의의 주체에 균열이 일어난다. 어떤 생물학적 특성을 지녔든지 간에 젠더가 사회·문화적으로 구성된 것이라면, 젠더는 섹스의 인과론적인 결과물일 수 없으며, 또 외형적으로 규정되는 것도 아니다. 만약 인과론적 결과물이라면 생물학적 몸은 여전히 여성주의가 극복하고자 하는 여성의 운명일 것이다. 따라서 젠더가 성별화된 몸이라는 형태 속에서 문화적 의미를 지닌다고 해서, 그것이 생물학적 섹스에서 비롯되었다고 말할 수는 없다. 섹스와 젠더의 구별은 결국 섹스로 규정된 몸과 문화로 규정된 젠더 사이에 연속이 아닌 '불연속'이 존재함을 암시한다.[9]

물론 남성과 여성이라는 양성의 섹스 체계가 여전히 공고하다고 가정하더라도 섹스로 규정된 몸과 문화로 규정된 젠더 간의 불연속으로 미루어 보면, 남성이라는 정체성이 전적으로 남자의 몸에 조응하고, 또 여성의 정체성이 여자의 몸에 조응해야 할 필연성이란 없다. 게다가 생물학적으로 남성/여성이라는 양성체계가 나타난다 하더라도, 그것이 각각 반드시 양성의 정체성으로 귀결되리라는 법도 없다. 젠더와 섹스는 모방 관계에 놓여 있지도 않거니와, 젠더가 섹스를 반영하는 것도 아니다. '남성과 남성적이라는 개념은 남성의 몸이나 여성의 몸을 의미할 수 있고, 또 역으로 여성과 여성적이라는 범주도 역시 남성의 몸이나 여성의 몸을 의미할 수 있다.'[10] 이처럼 섹스와 젠더의 구별은 여성주의의 균열을 야기한다. 여성주의의 패러독스인 셈이다. 논리를 끝까지 밀고 가다 보면 이런 문제에 봉착하게 된다. 과연 고정적으로 주어진 섹스나 주어진 젠더라는 것이 존재하는가? 버틀러에 따르면 그렇지 않다. '섹스라 불리는 구성물도 젠더처럼 문화적으로 만들어진 산물이다.'[11] 버틀러는 섹스와 젠더의 구별을 없애고, 섹스는 이미 젠더라고 주장한다. 모든 신체는 사회적으로 존재하기 시작할 때부터 젠더화된다. 탄생의 순간 남자아이는 사회의 호명[12]에 따라 씩씩한 왕자이고, 여자아이는 예쁜 공주다. 몸을 자연적 범주라고 생각하지만, 사실은 문화적 구성물이라는 것이다. 이렇게 버틀러는 섹스를 젠더로 해체한다.

물질화의 결과로서 몸

섹스도 젠더처럼 문화적 구성물이라는 것은 사회·문화적 기입 이전에 존재하는 자연적인 몸이란 허구라는 뜻이다. 섹스의 탈자연화는 자연적 실체를 부인하는 결과를 낳는 것으로 보인다. 진정 토대로서의 몸은 부정될 수 있는가? 우리는 물고기나 새 아니면 개의 몸을 가질 수도 있었겠지만, 실상은 그렇지가 않다. 인간이 인간의 몸을 가졌다는 사실은 과연 허상에 불과한 것일까? 이러한 반론에 직면하여 버틀러는 이른바 몸이 물질화의 결과라는 논리로 대응하는데, 이는 물질 개념을 새롭게 파악함으로써 몸의 구성적 성격을 해명하려는 것이다. 왜냐하면 생물학적 성은 대부분 몸의 일부인

한에서 물질의 형식으로 간주되기 때문이다.

먼저 오해를 피하도록 하자. 버틀러는 섹스의 물질성 자체를 부정하지 않는다. 인간의 신체는 당연히 살아 움직이고 언젠가는 죽는 생명체이다. 먹고, 마시고, 때론 수면을 취해야 하며, 고통과 쾌락을 느낀다. 그러한 점에서 몸은 그 물질성 자체로 이해될 수 있으며, 또 그렇게 이해되어야만 할 때가 있다. 다만 버틀러는 물질을 '사실'이 아니라, '물질화'라는 과정으로 이해할 것을 제안한다. 곧 물질이 어떤 시공간에 존재하고 확장하기도 하는 특성으로 파악되기보다는, 시간이 흐르면서 견고해지는 이른바 과정으로서의 물질화로 생각하자는 것이다.[13]

여기에서 버틀러는 담론의 환경 속에 놓여 있는 언어의 일정한 의미화와 그 표상체계의 효과를 염두에 두고 있다. 말하자면 담론의 영향력 속에서는 세계가 중립성의 외관을 한 사실로 나타나지 않는다. 오히려 세계는 항상 언어의 의미화와 담론의 구조에 의해 만들어지고 또 재현된다. 예컨대 나무는 알록달록한 봉오리나 거친 마디의 껍질로 인식되기보다는 그때마다 전개되는 담론에 따라 즐거움을 선사하는 전경으로, 아니면 풍파에도 굳건하게 견디는 불굴의 의지로 묘사된다. 마찬가지로 몸도 역시 항상 담론에 의해 매개되며, 그에 따라 몸을 읽어내는 행위는 결국 자연이라 불리는 영역에서 끄집어내어 문화의 일부로 변형시키는 일에 다름 아닌 것이다. 이렇게 보면 물질성이란 서로 다른 시대, 다른 문화 속에서 완전히 다른 의미를 갖는 역사적 산물이며, 어떠한 경우에도 그것은 담론과 역사를 벗어나 해독될 수 없다.

물질성에 대한 이러한 이해를 통해 버틀러는 섹스와 젠더라는 개념 쌍을 다른 방식으로 파악한다. 앞서 살펴보았듯이, 생물학적인 섹스와 사회적인 젠더는 서로 구별된다. 섹스는 가슴의 크기, 머리카락의 절단모양, 식이요법 등으로 기술되고, 이러한 종류의 문항들은 태도, 얼굴표정, 몸짓 등과 같은 일상문화를 지배하는 형식으로 확대될 수 있다. 중요한 것은 이 두 가지 요소들이 서로 연관을 맺는 방식이다. 어떤 생물학적 섹스가 무엇을 의미하는가는 바로 열거된 젠더의 구성요소를 통해서야 비로소 읽어낼 수 있다. 생물학적 섹스는 그것이 어떻게 읽히고 이해되어야 하는가를 지시하는 기호를 통해 해석된다. 몸이란 성이라는 물질성 속에서 이해되지만, 그것은 특정 문화 내에서 구속력을 갖는 기호를 통해 해독되는 것이다. 이 기호는 문화적인 것이지만, 또 다른 한편으로는 몸에 속한 것이며 동시에 물질적인 것이다. 이로써 자연적 신체와 문화적 기호를 구별하는 경계가 식별불가능해질 정도로 희미해진다. 하지만 분명한 것은 성별화된 신체는 그 물질성 속에서 신체와 연결된 기호의 도움을 받아야만 비로소 이해될 수 있다는 점이다. 따라서 몸의 물질적 현실은 언어·담론의 결과물이라고 할 수 있다.

3 | 젠더의 구성: 권력, 규범, 담론

이렇듯 섹스는 물질의 형식에 있어서도 자연 그 자체가 아니라, 문화적 코드를 통해서만 이해될 수 있는 사회적 구성물이다. 그렇다면 젠더는 어떻게 만들어지는가? 이를 이해하기 위해서는 버틀러의 권력 개념을 해명할 필요가 있는데, 권력에서 규범과 담론에 이르는 논리는 그야말로 성의 주체가 어떻게 만들어지는가에 대한 버틀러의 입장을 집약하고 있다.

권력

권력이라고 하면 우리는 흔히 사회학이나 정치학에서 정의 내리는 의미를 떠올린다. 예컨대 독일의 사회학자 막스 베버는 권력을 "사회적 관계 안에서 무엇에 의거하든 상관없이 반대에 맞서 자신의 의지를 관철시키는 기회"로 이해했다.[14] 또는 B라는 사람을 자신이 요구하는 행동을 하도록 만들 수 있는 A의 능력은 권력으로 이해될 수 있다. 물론 이때 A의 요구대로 이루어진 B의 행동이 A의 영향력이 없었더라면 일어나지 않았을 것이라는 가정이 충족되어야만 한다. 이와 같은 정의는 오늘날 정치학에서 통용되고 있으며, 또 실재적인 측면에서도 현실에 직접 적용하기에 매우 유용하다. 이러한 의미를 젠더에 이전해보면, 권력이란 어떤 사람이 다른 사람이나 제도에 의해 자신이 원치 않는 성 정체성을 강요당하는 영향력이라고 정의 내릴 수 있을 것이다. 물론 버틀러도 이러한 힘의 논리를 언급하고는 있다. 하지만 그녀가 생각하는 권력이란 보다 더 광범위한 것으로, 고전적인 의미에서 권력이라 부를 수 없는 영역으로까지 확장되어 있다. 이는 버틀러가 권력을 사회학이나 정치학의 고전적인 의미보다는 미셸 푸코에 의존해 이해하고 있기 때문이다.

> 권력이란 어떤 영역을 활성화하고 조직하는 다종의 세력관계들이다. 그리고 끊임없는 투쟁과 다툼 속에서 이러한 세력관계들을 변형하고 강화하며 또 뒤집어 놓는 게임이다. (…) 권력은 제도가 아니며, 구조도, 몇몇 힘 있는 자들의 막강함도 아니다. 권력이란 어떤 사회에서 나타나는 복합적인 전략적 상황을 지칭하는 이름이다.[15]

권력에 대한 푸코의 이해는 우리가 앞서 살펴본 고전적 의미를 완전히 거꾸로 뒤집어 놓고 있다. 고전적 정의에서 권력은 위에서 아래로, 즉 힘 있는 자가 그렇지 못한 자에게 행사하는 것이라면, 푸코의 정의에서 권력은 사회 도처에 분할되어 있고, 인간과 인간 사이에서 생겨나며, 개인과 가족, 공공장소에서 효력을 발휘해 궁극에는 국가라는 제도로 응집되고, 이로부터 그것은 다시 사회로 흘러들어간다. 단순한 위계적 체제 대신에 서로 다른 사회 행위자들이 권력의 담지자 역할을 수행하는 순환구조가 특징을 이루며, 마치 네트워크처럼 얼기설기 얽힌 관계망이 형성되기 때문에 누구에게 어떤 책임을 부과한다거나 권력의 소재지가 어디인지를 밝혀내기란 매우 어렵다. 이러한 권력 개념을 젠더에 적용해본다면, 오늘날 지배적으로 관철되고 있는 양성체계나 이에 기반을 둔 사회적 젠더 관계는 본질적으로 특정 기관이나 정당, 아니면 사회연합체에 책임을 물을 수 있는 성질의 것이 아님이 분명해진다.

젠더 규범의 권력 문제를 다루고 있는 버틀러 저작의 영문 제목은 이른바 *Undoing Gender*이다. 국내에서는 '젠더 허물기'로 번역되고 있지만, 표제에 함축되어 있는 이중적 의미는 권력이 어떻게 작동하는지를 잘 표현하고 있다. 젠더 개념을 'doing', 곧 '(행)하기'(=만들기, 수행)와 연결한 것은 젠더가 생산되는 것이라는 사실을 지시하고 있으며, 영어의 접두어 'Un'은 변화의 가능성을 강조하고 있다. 말하자면 젠더의 질서가 어떻게 유지되는가는 각 개인들에게 달려 있다고 볼 수 있는데, 왜냐하면 젠더는 각 개인들에 의해 날마다 거듭 행해지는 것이지, 그 어떤 중앙권력이 있어 독점적인 권한을 행사하여 만들어지는 것이 아니기 때문이다. 이러한 점에서 젠더는 생산된다고 말할 수 있다. 예컨대 장래 부모가 될 부부가 어떤 아기 옷을 살지 결정하기 위해 초음파 검사에서 사내아이인지 계집아이인지를 묻는 일은 젠더를 생산하는 행위이다. 우리는 아침에 잠에서 깨어 욕실에 들어가 면도기로 수염을 밀거나 아니면 눈 화장을 함으로써 젠더 수행을 하며, 또 길거리 건너편에 마주한 사람이 여자인지 남자인지를 묻는 것도 역시 젠더 질서를 창출하는 데 참여하는 일이다. 이렇게 일상의 아주 소소한 실천에 권력은 의거하고 있다.

권력은 무엇보다도 확립된 규율이 유지될 수 있도록 감시하고 또 위반이 발생하면 제재를 가하는 금지의 심급으로 생각되기 쉽다. 이러한 이유로 많은 고전적 좌파 담론들은 권력의 폐지를 목표로 삼고, 그것으로부터 완전히 자유로운 사회에서 인간이 자율적으로 자신의 행위를 조정할 수 있는 삶을 이상으로 꿈꾸었다. 버틀러는 이와 다르다. 그녀에 따르면 권력은 물론 억압적이지만, 무엇보다도 생산적이라는 특징을 갖는다. 예를 들어 섹스가 사회적 구속력이 있는 이상에 따라 구성되는 경우를 생각해보라. 성별화된 신체는 문화적 규범에 종속되어 있을 뿐 아니라, 권력으로서의 실천에 종속되어 있는데, 이 수행은 바로 자신의 신체를 지배함으로써 신체를 형성하고 또 변형한다. 통제된 신체를 만드는 권력은 그래서 생산적이다. 신체가 이상적인 구성물로 형성되는 과정은 앞서 살펴본 것처럼 이상의 '물질화'이고, 그것이 물질이라는 외형 속에 있는 한, 몸은 마치 자연적으로 주어진 것처럼 보인다. 이러한 가상은 권력에서 효력이 발휘되는 술책인 셈이다. 말하자면 성공적인 권력은 당연하고 자연스러운 존재로 간주될 수 있도록 대상을 변형시킨다. 이러한 생산성 때문에 권력은 간단하게 제거할 수 있는 성질의 것이 못 된다. 그것은 인간을 억압하지만, 인간으로서의 인간, 물론 특정 젠더의 인간, 특정 언어를 구사하는 인간을 만들어낸다. '권력은 거부될 수도 철회될 수도 없다. 다만 재배치될 따름이다.' 권력은 존재해야만 하는가라는 문제는 버틀러에게 토론거리가 못 된다. 반면 그것이 어떻게 조직되어야 하고, 또 어떤 담론이 그것을 실어 나르고 있는지는 전적으로 정치적인 문제이다.

규범

바로 이러한 이유로 버틀러가 권력을 파악하는 데 있어 규범이 차지하는 위상은 법이나 강압을 행사하는 국가장치보다 훨씬 더 결정적이다. 법이란 일차적으로 어떤 일이 어떻게 행해져야만 하는가를 규정한 것이고, 그것이 지켜지지 않을 경우 처벌로 대응하기에 금지의 심급이라고 말할 수 있다. 물론 금지를 통해서도 규칙으로 이루어지는 인간관계의 생성 가능성이 열린다는 점에서 법도 생산적이라 할 수 있겠지만, 그렇다고 그 생산성이 전면에 내세워지는 것은 아니다. 그러나 규범의 경우는 다르다. 법처럼 규범은 행위를 규정하지만, 그 규정은 본질적으로 그리 엄밀하지도 않거니와 위반의 경우 가하게 되는 제재도 역시 확고하게 명시되어 있지 않다. 규범은 오히려 대부분 우리가 자발적으로 설정한 행위의 나침반 구실을 하는데, 이러한 준거가 필요한 이유는 방향설정이 없으면 우리는 흔히 어떻게 행동해야 할지 모르는 상황에 봉착하기 때문이다. 다르게 표현하자면, 어느 누구도 갈등이 발생하길 원치 않기 때문에 만든 것이 법이라면, 규범은 우리가 더불어 살자면 없어서는 안 되는 것으로 생각되는 범주이다. 규범에 전력을 다해 맞서는 사람조차도 자기 삶이 기댈 수 있는 불가피한 버팀목을 규범에서 찾는다. 형벌이나 제재가 규범의 주요 수단이 아닌 이유는 어쩌면 이 때문인지도 모른다. 규범에 대항하는 사람은 사회에서 자신을 상호인정 능력이 있는 주체로 만드는 데 핵심 역할을 한 심급에 맞서는 것이나 다름없으며, 이러한 행위는 자신의 사회적 생존 능력을 시험하는 위험에 노출시킨다.

규범은 한편으로 개개인의 소소한 생활에 침투하여 아주 은밀한 방식으로 사회적 삶의 구조를 형성하지만, 또 다른 한편으로는 위반 시 극적인 파란을 일으킨다. 우리는 대부분 남자 또는 여자라는 것이 무엇을 뜻하는지, 그리고 어떤 경우에 남자/여자라는 준거틀에서 벗어나 금기의 선을 넘는 일탈을 보이는 것인지 명확하게 알고 있다고 생각한다. 하지만 정작 성 정체성의 올바르고 틀린 형식을 구별할 수 있는 규칙을 정하기 위해 암묵적으로만 알고 있던 것을 말해보라고 한다면 매우 난감해할 것이 틀림없다. 과연 그러한 규칙이 가능하기나 한 걸까? 자세히 들여다보면 정상과 일탈의 경계는 끊임없는 자리바꿈으로 요동친다. 어쩌면 젠더의 규범은 우리가 나침반으로 삼으면서도 핵심적으로는 공백으로 남아 있을 수밖에 없는 소실점과 같은 것인지도 모른다. 규범의 내용은 궁극적으로 정의 내리기 어려우며 항상 유동한다. 왜냐하면 날마다 수천의 작고 큰 행위들에 의해 확인되고 또 고정되어야 하는 것이기 때문이다. 젠더는 '원본 없는 모방'이라는 유명한 버틀러의 문구[16]는 바로 이러한 정황을 표현하고 있다.

젠더는 우리가 사회 속에서 커다란 곤혹을 치르지 않고 살아가기 위해 각자가 실현하고자 추구하는 이상이지만, 또 다른 한편으로는 규범으로서 사회적 권력의 형식이기도 하다. 예컨대 이성애의 규범이 그러하다. 이 권력의 형식을 통해 이성애의 인지적(intelligible) 주체가 만들어진다. 하지만 규범이 젠더 주체를 만든다고 해서 그것이 우리가 어떤 영향도 미칠 수 없는 상위의 독립적인 심급이라는 뜻은 아니다. 오히려 규범은 실행에 의해 생산되고 또 입증되는 한에서만 존재할 수 있다. 바로 이 점으로 인해 규범은 공격당하기 쉽다. 왜냐하면 실행 속에서 규범과 연관 짓는 일은 매번 언제든지 가능하지만, 그것은 규범의 의미를 완전히 거꾸로 전도시키고 또 지향하는 바를 바꾸어 놓는 방식이 될 수 있기 때문이다.

담론과 수행성

"물질성이란 알 수 없게 되어버린 권력의 효과이다."[17] 권력의 절묘한 술책을 가장 잘 표현하고 있는 이 문구는 사실상 버틀러의 언어이론적·담론적 전제들 없이는 올바로 이해되기 어렵다. 앞서 살펴보았듯이, 버틀러는 권력을 생산적인 것으로 파악하고 있다. 다만 그것을 생산적으로 만드는 것은 무엇보다도 담론이다. 담론적·언어적 권력의 생산성이 현실을 구성하는 토대 원리라는 것이 그녀의 생각이다. 그러한 점에서 담론은 권력의 매체이며, 또 규범의 담지자이기도 하다.

후기구조주의 이론에서 담론은 세 가지 유형으로 분류될 수 있다. 첫 번째는 담론을 일차적으로 언어적으로 이해하는 부류이고, 두 번째는 담론을 언어와 실행의 조합을 통해 파악하는 유형으로서, 푸코의 후기 저술이 이에 해당한다. 마지막은 사회 영역에서 발생하는 의미란 언제나 다른 의미들과의 관계 속에 놓여 있다는 점을 보여주기 위해 은유적 방식으로 개념을 소환하는 부류이다. 두 번째와 세 번째 유형은 담론의 파악에서 언어에만 초점을 맞추는 것이 아니라, 행위나 제도까지도 포괄한다는 이점이 있다. 버틀러의 경우는 첫 번째 유형으로 분류되지만, 푸코의 담론 개념을 수용하는 맥락에서 명확하게 볼 수 있듯이 두 번째 유형에 대해서도 열린 자세를 보인다. 하지만 현실을 구성하는 원리에 있어서는 언어적인 관점에 보다 강력하게 집중되어 있는데, 다소 모호한 이러한 입장으로 인해 사회적 현상 모두를 언어로 환원하는 언어적 일원론에 매몰되어 있다는 비판이 제기되곤 한다.[18]

> 담론이란 그저 단순하게 발화된 단어가 아니라 의미의 개념이다. 특정 기표가 언젠가 한번 뜻했던 것을 뜻하는 것이 아니라, 특정 담론의 형식이 대상과 주체를 그 인지가능성 속에서 표현하는 것이다. 이러한 의미에서 나는 담론이라는 말을 일상적 의미로 사용하지 않고 푸코에 의거하기로 한다. 담론은 단순하게 현존하는 실행과 의미를 묘사하는 것이 아니라, 그 표현 형식이 되는 것이며, 그러한 점에서 생산적이다.[19]

'담론이 의미의 개념'이라는 말은 두 가지 뜻으로 이해할 수 있다. 첫째, 담론은 특정 단어가 특정 시점에 주어진 문화 안에서 무엇을 의미하는가를 정의함으로써 의미를 확정한다. 둘째, 담론은 대상과 주체가 사람들에게 이해되는 방식을 확정한다. 요컨대 대상과 주체가 어떻게 현상하며, 어떤 이득을 가져다주고 또 적용될 수 있으며, 어떻게 취급될 필요가 있는가 등등이 사람들에게 이해되어야 한다. 결국 대상과 주체가 이해되는 방식, 대상/주체로 이해될 수 있는가의 여부는 담론에 달려 있는 셈이다. 예를 들어 동성애자는 애초부터 미리 존재하는 삶의 양식인 것이 아니라, 그들이 어떻게 이해될 수 있고, 사는 방식이 어떠하며, 그 행동양식과 사고방식이 어떠한가를 묘사하고 확정하는 담론의 산물인 것이다.

버틀러는 담론이 생산적이라는 주장에만 머물지 않고, 담론의 생산성이 어떻게 설명될 수 있는가도 보여준다. 여기에서는 무게중심이 푸코의 담론에서 언어이론으로 이동함으로써 영국 철학자 존 오스틴(John Langshaw Austin)의 수행성 개념이 중요해진다. '언어가 수행성'이라는 입장은 발화에서는 객관적으로 관찰되는 사실의 묘사가 중요하다는 생각을 거부하고, 그 대신 발화에서 행위가 이루어진다고 주장한다. 이로써 관심사도 특정 진술이 참인지 거짓인지를 묻는 질문에서 특정 진술이 의도하는 효과가 나타나는가의 여부로 옮겨간다. 오스틴이 언급한 바 있는 사례를 보자. '나는 이 배를 엘리자베스 여왕이라 명명한다.'[20] 이 문구가 발화되자마자 샴페인 한 병이 뱃머리에서 터진다. 샴페인을 터뜨리는 예식은 이에 조응하는 말이 없이는 일어날 수 없다. 말을 생략하면 배는 명명될 수도 없다. 발화의 의미는 청자에게 엘리자베스 여왕이라는 이름의 배가 눈앞에 서 있다는 사실을 알리려는 데 있는 것이 아니라, 배를 명명하는 것에 있다. 명명은 말이 표현됨으로써 일어나며, 그러한 발화는 (샴페인을 터뜨리는) 행위에 직접 조응한다.

결국 담론이 생산적일 수 있는 이유는 그 수행성에 있는 셈이다. 버틀러는 아이의 출생 장면을 예로 들며 이를 해명하고 있다. 의사의 호명에 따라 갓난아기는 '그것'에서 '그' 또는 '그녀'가 된다. 이 명명에 따라 계집아이는 계집애다워진다. 그것은 언어와 친족의 영역에서 젠더의 호명을 통해 이루어진다.[21] '사내아이입니다'라는 의

사의 호명은 수행 담론이기 때문에 생산적 담론의 구성요소이다. 젠더를 갖는다는 것이 무엇을 의미하는지 상상조차 할 수 없는 갓난아이에게 이러한 호명은 앞으로 아이 인생이 들어설 (남성의) 통로를 미리 구획한다.

4 | 인용과 반복

과연 젠더라는 것이 이렇게 간단하게 작동하는 것일까? 어떤 발화든 그것이 수행으로 기능한다면, 누구든 자신이 원하는 방향으로 현실을 바꿀 수 있을 것이다. 부모는 갓난아이를 의사가 호명했던 것과는 다른 성으로 부를 수 있을 것이며, 사내아이는 언젠가 다른 사람이 되기를 결심하고 간단한 발화를 통해 새로운 정체성을 가질 수도 있을 것이다. 그렇다면 연극배우는 그가 연기하는 무수한 배역만큼의 무수한 정체성을 가져야만 한다. 수행성을 일종의 인위적인 연극으로 보는 이러한 시각은 버틀러가 뜻하는 바가 아니다. 수행성에서 중요한 것은 권력이다. 오스틴도 역시 수행적인 발화가 성공하려면 발화된 것이 실행으로 옮겨질 수 있도록 권위를 부여하는 관습이 뒷받침되어야 한다고 지적한 바 있다.[22]

수행성의 권력을 설명하기 위해 버틀러는 '수행 발화가 성공하기 위해서는 다른 사람이 그것을 반복하고 인용해야만 한다.'[23]는 데리다의 통찰을 끌어들인다. 그녀는 반복 개념 속에 표현된 데리다의 생각을 받아들이면서, 사회적으로 관철된 규범을 성공적으로 인용하는 것을 수행 발화의 전제로 파악한다. 물론 한 번 인용하는 것만으로는 충분치 않으며, 반복은 영향력의 행사가 유지될 정도로 지속적으로 일어나야 한다. 수행 발화가 규범을 지속적으로 인용하게 되면, 규범은 발화 형식인 것으로 나타나고, 이러한 형식은 점점 더 빈번한 반복을 통해 막강한 권위를 부여받게 된다. 여기서 우리는 일종의 순환구조를 보게 된다. 수행 발화가 규범에 종속되어 있는 것처럼, 규범도 역시 자신을 인용하는 수행 발화에 종속되어 있다. 그러다가 규범이 관철되는 어느 시점이 오면, 더 이상 대칭적 종속관계는 유지되지 않는다. 규범은 사회적 삶의 조정을 위해 적용되는 한에서만 존재할 수 있다.

버틀러에게 있어 반복의 논리와 더불어 또 다른 데리다의 주장이 중요한데, 이른바 발화는 동일한 방식으로 두 번 반복할 수 없다는 테제[24]가 바로 그것이다. 왜냐하면 반복으로 변화가 일어나기 때문이다. 그러한 변화는 언어적 표현들로 직조된 맥락에 있다. 맥락은 결코 확정될 수 없으며, 끊임없는 전위에 노출되어 있다. 이는 언어의 구조에서 생겨나는 한편, 역사적이고 문화적인 변형에서 기인한다. 동일한 단어를 두 번 말한다는 것은 동일한 것을 뜻하지 않는다. 왜냐하면 두 번의 반복에서 중요한 것은 반복의 반복이며, 그것은 그저 언어의 알려진 부분을 반복하는 첫 단어와는 무언가 다른 것이기 때문이다.

데리다는 반복으로 일어나는 전위를 수행 발화의 특징으로 파악하는 것에 머물고 있는 반면, 반복에 대한 버틀러의 입장은 본질적으로 정치적 성격을 띤다. 왜냐하면 버틀러는 수행 발화라는 행위에서 발현되는 힘이 규범에서 비롯된다는 점을 간파하고 이에 대한 분석의 필요성을 강조하고 있을 뿐 아니라, 반복으로 이루어지는 전위를 규범을 변화시키는 정치적 행위의 가능성으로 파악하고 있기 때문이다. 버틀러에게 있어 오스틴과 데리다의 수행성 이론은 담론이 왜 생산적인지에 대한 해명을 내놓을 수 있는 이론적 발판을 제공함과 동시에, 사회적 규범의 구조를 변형할 목적으로 활용될 수 있는 정치적 무기도 제공했다.

5 | 공백으로서의 젠더

젠더는 끊임없이 반복되는 수행 담론의 효과이다. 담론이 권력으로서 효과를 발휘할 수 있는 이유는 젠더의 이원성이나 이성애중심주의와 같이 사회에 견고하게 뿌리를 내리고 있는 규범을 인용함으로써 이에 조응하는 사회적 현실을 직접 창출하기 때문이다. 물론 여기에는 정치적 저항의 맹아로 작용하는 틈새가 존재한다. 버틀러는 성의 생물학적 요소를 부인하지 않지만, 그것이 동일하게 이해될 것이라는 생각은 거부한다. 왜냐하면 생물학적 요소는 이에 조응하는 인식도구의 도움을 빌려 사회적 범주로 변형되기 때문이며, 따라서 달리 인지될 수밖에 없다는 것이다. 버틀러가 보기에 섹스란 말할 수 없는 것을 진술해야만 하는 차원의 것이고, 이와 달리 젠더는 이해관계와 갈등에 놓인 입장들 사이에서 움직여야 하는 차원의 것이다.

> 성차(性差)란 생물학적인 것이 문화적인 것과 맺고 있는 관계와 관련하여 질문이 거듭 제기되고 또 제기될 수밖에 없지만 엄밀히 말해 답을 찾을 수 없는 장소이다.[25]

여기에 젠더 정치의 딜레마가 있다. 앞서 언급한 두 차원의 그 어떤 것도 젠더가 무엇인지 그리고 어떤 정치적 결과를 낳게 되는지 확정적으로 말할 수 없다. 오히려 젠더란 사회적 갈등과 다툼 속에서 구성되며, 그래서 그야말로 정치적인 범주일 수밖에 없다.

경계 개념으로서 성차에는 신체적, 심리적, 사회적 차원들이 있고, 이 차원들은 결코 서로 겹치는 것은 아니지만, 그렇다고 해서 뚜렷하게 변별력을 갖는 것도 아니다. 성차는 유동적이고, 동요하는 경계로서 불확실한 것이며, 오히려 궁극적으로 확정됨이 없이 거듭 새롭게 표현된다. 말하자면 버틀러에게 성차와 성 정체성은 '미지수'다. 지식이 축적되면 언젠가 알게 될 것이라는 의미에서 '알려지지 않은 것'이 아니라, 생물학적 차원에서든 심리학적 차원에서든 아니면 사회적 차원에서든 젠더의 본질이나 진리 또는 그 존재를 알 도리가 없다는 뜻이다. 그럼에도 불구하고 개인적으로든 사회적으로든 대답이 주어져야 하기 때문에 간단하게 폐기할 수 없는 질문이다. 일종의 공백인 셈이다. 텅 비어 있는 이 범주에서 젠더의 의미를 둘러싼 정치적 다툼이 일어나고, 그 담론으로 젠더의 의미가 구조화되며, 또 문화적 헤게모니 담론으로 도약한다.

6 | (역사적) 자연사로서의 젠더?!

이제 지금까지의 논의를 요약 정리해보자. 버틀러가 여성주의에서 일궈낸 가장 커다란 성과가 있다면, 그것은 섹스 및 젠더에 대한 이해와 관련하여 오랫동안 고수되어왔던 자연주의적 관념에 결정적으로 이의를 제기했다는 데 있을 것이다. 이러한 의문제기는 그간 여성주의가 주체를 설정하는 데 있어 암묵적이든 명시적이든 늘 상정할 수밖에 없었던 이른바 '자연적'이라는 일련의 전제들과 급격한 단절을 가져왔다. 요컨대 젠더의 질서는 자연적 질서에 입각해 있다는 가정 속에서 그 토대를 신체에서 찾았으며, 이러한 관념은 신체에 내재해 있는 자연적 속성의 차이가 결국 젠더의 차이를 결정한다는 본질주의로 귀결되었다. 이에 따라 기존의 여성주의는 주체를 생물학적 주체와 사회적(문화적) 주체로 분할하였고, 이러한 시각은 의도적이든 그렇지 않든 간에 생물학적으로 고착화된 젠더 이원론을 강화함으로써 이성애주의를 의문의 여지가 없는 젠더의 규범질서로 상정하도록 했다. 이에 대해 버틀러는 젠더의 신체와 그 신체적 차이가 애초부터 사회적으로 구성된 것이며, 표면적으로 확고부동한 자연적 사실로 나타나는 해부학적 생물학적 속성이 실상은 "문화적 구성장치의 결과"[26]라고 주장하고 있다. 자연적인 것은 문화적 생산양식에 선행하는 것이 아니라, 그 효과일 따름이라는 것이다.

하지만 자연주의와의 결별을 낳는 이와 같은 '급진적 구성주의'[27]는 버틀러의 수용에서 커다란 논쟁을 불러일으켰다. 자연은 문화적 인식의 전제가 아니라 이미 그 결과라는 통찰은 여성주의에서 획기적인 주장으로 인정됨과 동시에 아이러니하게도 그녀의 이론을 받아들이는 데 있어 가장 강력한 저항에 부딪히는 장애물로 인식되고 있다. 이는 버틀러의 자연주의와의 단절이 담론으로서의 권력이론과 긴밀하게 연관되어 있는 사정에 비추어보면 단순히 우연이 아닐 수도 있다. 왜냐하면 버틀러 이론의 취약점이 권력 분석에 있다고 줄곧 지적되곤 하기 때문이다. 무엇보다도 권력에 대한 역사적이고 사회적인 인식 토대가 결여되어 있다는 것이다. 이것은 권력의 계보학과 관련된 문제이다. 사실 버틀러가 권력의 효과로서 남근로고스중심주의와 강제적 이성애에 대한 자신의 탐구를 비판적이고 역사적인 방법으로서 푸코 및 니체의 계보학에 정향하고 있다는 사실에 비추어보면,[28] 이러한 취약성 논란은 의외라 아니할 수 없다.

역사적 산물임에 틀림없는 젠더 질서에 역설적으로 무언가 불변의 것, 곧 자연적이라는 범주가 늘 상정된다면, 자연적인 것의 패러독스는 젠더 질서가 어떻게 '자연적으로 구성되는가?'를 명확하게 보여줌으로써 실마리를 풀어볼 수 있다. 그것은 젠더의 이원론—곧 남성/여성, 자연/문화, 생물학적 성/사회(문화)적 성—이 역사를 지니고 있다는 것을 보여줄 것이다. 동시에 젠더의 이원적 구성이 역사적으로 어떻게 발생했는가라는 계보학적 질문에도 능동적으로 응답할 수 있다. 이러한 탐구방식이 이른바 자연사적 고찰, 정확하게 말하자면 역사적 산물을 (제2의) 자연사의 논리로 구성·파악하는 방법이다.

이와 같이 역사적 산물을 제2의 자연으로 보는 시각은 버틀러에게도 존재한다. 요컨대 '섹스에도 역사가 있을 것'[29]이라는 추측이 그러하다. 하지만 버틀러는 이러한 탐구의 길을 걷지 않았다. 물론 그녀에게 이러한 탐구의 길을 반드시 걸어야 한다는 의무가 부과된다는 뜻은 아니다. 문제는 신체가 문화적으로 구성된다는 급진적 주장이 젠더의 이원성과 강제적 이성애주의를 상대화하고 비판할 수 있는 단초를 제공한다 하더라도, 그것만으로는 왜 성의 이원론이 역사의 장에서 지배적 규범으로 관철되었으며, 이성애주의가 다른 성의 정체성을 강제로 배제할 정도로 강력한 정치적 권력으로 행사될 수밖에 없는가라는 문제에 적절한 해명을 주지는 못한다는 것이다. 바로 여기에 '자연적 젠더의 신체는 본질의 형이상학'[30]에 불과하다는 주장이 그저 선언의 수준에 머물면서 치르는 대가가 있다. 이른바 성차(性差)의 역사적 유래를 설명하지 못한다.[31] 지배담론으로 자리 잡은 젠더 이원성과 이성애주의는 도대체 역사적으로 어떻게 생겨난 것일까?

버틀러는 푸코의 과학사적 연구를 끌어들이고 있음에도 불구하고, 푸코처럼 권력과 지식의 역사적 정세(근대성)와 관련시켜 이 물음에 답하는 것이 아니라, 주로 메타이론적 성찰에 의존하고 있으며 역사적 고찰이나 경험 자료에 바탕을 둔 분석은 전적으로 결여되어 있다.[32] 그 결과 푸코는 섹스와 섹슈얼리티의 개념을 보다 정교하게 역사화한 반면, 버틀러는 젠더상 동일시할 수 있는 신체라는 것이 일반적으로 담론적 실천에 의해 생산된다는 주장을 통해—요컨대 특정 시대에 특정하게 해석된 의미를 보여주는 것이 아니라—섹스의 역사성을 오히려 보편화해버린다. 그럼으로써 역사적 대조를 명확하게 보여준 푸코의 관점, 곧 배타적인 젠더의 이원체계는 18세기 이래로 관철된 규범화 권력의 산물이었다는 인식이 버틀러에 와서는 오히려 점차 사라져버린다.

젠더 질서의 역사적 발생과 관련된 이러한 취약점은 어떻게 보면 생물학적 성이라는 신화가 가장 강력하게 작동하는 생식성 개념에 버틀러가 적절하게 대응하지 못하는 이유일 것이다.[33] 실제 버틀러에게는 젠더의 생식성 개념이 부재한다. 그녀에게 가해지는 비판들 중에 성차를 기호화된 논리로 환원시킨다거나 젠더를 '탈신체화'한다는 주장도 역시 본질주의의 정당성을 재확인하려는 시도라기보다는, 몸에 구속력을 갖는 인간의 존재방식에 버틀러가 만족스런 해답을 제시하지 못하는 것에 대한 즉각적인 반응 또는 그 불편함의 표현일 수 있다. 생식성 개념으로 젠더 논의를 다시 일차적인 또는 원초적인 (아니면 버틀러의 용어를 빌리자면 본질주의적인) 생물학적 성 담론으로 되돌리자는 뜻이 아니다. 오히려 이 개념은 오늘날에 와서, 과학, 근대 지식 등과 긴밀하게 결합하면서 이른바 생명(바이오) 정치로 급격하게 진화하는 양상을 보이면서도, 역설적으로 성차의 '신화'는 정교한 지식(권력) 담론의 힘으로 더욱 공고해지는 경향을 보이기 때문이다. 한마디로 말해 우리는 오늘날 성차를 자연적으로 주어진 운명으로 받아들이는 것이 아니라 일종의 (주체의) 선택 문제로 생각해볼 수 있는 정도의 자유의 시대에 들어섰지만, 그 속에서 성차의 경계는 버틀러가 기대하는 것처럼 와해 또는 붕괴된다기보다, 오히려 더욱 그 차이의 필요성을 재차 확인이라도 하듯 강화되고 있지는 않은가?

혹 성차라는 것은 담론에 의해 구조화되기 이전에 생식성에서 비롯된 이른바 신체적 차이가 아닐까? 물론 그 차이는 버틀러의 견해처럼 문화적 차이를 만들어내고, 또 어느 순간에는 정치적 권력으로 자리 잡은 문화적 차이의 규범에 종속될 만큼 의미의 변용을 겪었을 것이다. 인간의 유한성과 출생, 그리고 종으로서의 생존을 위한 지속성의 추구 등이 모든 문화에서의 성의 범주화를 촉발하고, 절대 규범으로서의 정당성을 획득한 강력한 이데올로기적 장치로 작동한 것이 아닐까? 생식성이 젠더의 진리라든가 아니면 그 본질이라는 뜻이 아니라, 온갖 다양한 젠더 신화의 탄생을 일으킨 매트릭스일 수 있다는 의미이다. 더 나아가 그것은 제2의 자연사로 파악될 수 있다. 아무리 늦어도 근대에 이르러 생물학적 성은 자연 지배 패러다임에 따라 구성된다는 것에 우리는 동의할 수 있을 것이다. 생식성 또한 이와 다르지 않다. 부단히 발전하는 과학기술의 도움으로 자연을 극복해왔듯이, 현재 생식성의 극복 논리는 어느 정도의 수준까지 와 있는 것일까? 버틀러에게 모호한 채로 남아 있는 섹스, 신체, 물질의 문제는 여전히 해명을 기다리고 있는 것으로 보인다.

VIII

J. K. GIBSON-GRAHAM

8 깁슨-그레이엄

페미니즘과 차이의 정치경제학

이현재

마르크스가 엥겔스를 만나지 못했다면 세계사는 달라졌을 것이다. 그만큼 관심과 생각을 함께할 사람을 만난다는 것은 일생일대의 행운이라는 말이다. 그런데 페미니스트 경제지리학자 줄리 그레이엄(Julie Graham)과 캐서린 깁슨(Katherine Gibson)은 모두가 부러워할 이 행운을 누린 사람들이었다. 그들은 이론과 실천을 함께했을 뿐 아니라 이 성과를 모아 깁슨-그레이엄(J. K. Gibson-Graham)이라는 공동 필명으로 책을 출간할 정도였다. 1996년에 출간된 『그따위 자본주의는 벌써 끝났다』(*The End of Capitalism, As We Knew It*)는 의기투합한 두 사람이 공동 필명으로 출간한 첫 번째 책이며, 10년 후 2006년에 출간된 『포스트자본주의 정치학』(*A Postcapitalist Politics*)은 그들의 마지막 책이다.

두 사람이자 한 사람인 깁슨-그레이엄은 페미니즘의 관점에서 경제이론 특히 마르크스주의 정치경제학의 판을 새로 짜고자 했다. 그녀들은 페미니즘의 관점을 통해 다양한 거래, 노동, 기업과 관련된 차이의 경제를 드러낼 언어를 마련하고, 비자본주의적 혹은 대안적 경제발전을 위한 모델을 기획하며, 나아가 공동체 경제를 구축하고 강화하는 실행연구(action research)를 진행하였다. 이론과 실천이 함께 맞물려 있는 이들의 작업은 처음에는 너무 기발하여 미쳤다고 손가락질 받을 정도였지만 10년이 지난 후에는 매우 중요한 이론의 방향으로 논의되기에 이르렀다. 물론 이렇게 되기까지는 자신들의 생각을 증명하기 위해 오랜 기간 동안 실행연구를 병행했던 이들의 노력이 있었다. 가령 그레이엄은 오스트리아, 파푸아뉴기니, 필리핀 등지에서 실행연구를 수행하였으며, 깁슨은 미국 매사추세츠 파이오니어 벨리에서 실행연구를 하였다.

그러나 이러한 신나는 의기투합은 줄리 그레이엄이 세상을 떠나게 되면서 주춤하게 된다. 그 전까지 호주 국립대학에서 인문지리학과 교수로, 모나쉬 대학 여성학센터 소장으로 재직했던 그레이엄은 2010년 암으로 인한 합병증으로 홀연 세상을 떠났고, 이론적 실천적 동지를 잃게 된 깁슨은 슬픔에 빠지게 되었던 것이다. 그러나 깁슨은 제니 카메론, 스테판 힐리 등과 함께 2013년 『경제를 반환하라』(*Take Back the Economy*)를 출간하는 등 다시 활발한 활동을 시작하였고, 이 책에도 깁슨-그레이엄의 이름을 사용하는 등 그레이엄의 정신을 함께하고 있다. 현재 깁슨은 매사추세츠 주립대학 경제지리학과 교수로 재직 중이며 여성학과 교수진에 속해 있기도 하다.

1 | 대문자 자본주의의 역설

깁슨-그레이엄 이론의 독창성이 빛을 발하는 지점은 무엇보다도 그간의 경제이론이 대문자 자본주의 중심으로 담론화되어왔다는 것을 밝혀낸 데 있다고 할 것이다. 이들은 좌파든 우파든 정치경제학자들은 자본주의를 경제의 유일한 언어로 전제하고 있으며 이러한 언어적 한계로 인해 대안적 경제의 비전을 제시하지 못하고 있음을 간파했던 것이다.

『그따위 자본주의는 벌써 끝났다』의 서두에서 그녀들이 제기하는 물음에서 시작해보자. 그녀들은 어째서 마르크스주의는 그 치열한 자본주의 비판에도 불구하고 이를 빠져나올 구체적 전략을 내놓지 못하는가를 묻는다. 이에 대한 그녀들의 대답은 명료했다. 깁슨-그레이엄에 따르면 "자본주의의 폐기를 상상하기 어려웠던 이유는 자본주의에 대해 '사고'하는 그 방식 때문이었다."[1] 즉 마르크스주의 정치경제학이 자본주의를 "대문자 자본주의"(Capitalism)로 구성하기 때문에 우리는 이로부터 빠져나올 수 없다는 것이다.

여기서 우리는 먼저 그녀들이 자본주의를 하나의 구성된 담론으로 보고 있다는 점에 주목할 필요가 있다. 담론적 패러다임으로의 전회를 통해 깁슨-그레이엄은 경제 혹은 자본주의를 객관적 실재로 보기보다 담론적 구성물로 본다는 것이다. 버틀러가 담론적 패러다임으로의 전회를 통해 몸을 담론의 결과로 보듯이, 깁슨-그레이엄은 담론적 패러다임으로의 전회를 통해 경제를 담론의 결과로 본다. 물론 정통 마르크스주의자로 자처하는 이론가들은 이를 유물론이 아니라고 비판하겠지만 깁슨-그레이엄은, 버틀러가 담론적 패러다임 안에서 구성된 몸의 물질성을 주장하듯이, 담론적 패러다임 안에서 구성된 정치경제의 물질성을 주장하고 있는 것이다. 이로써 깁슨-그레이엄은 물질 자체가 아니라 물질을 어떻게 담론화하느냐, 이에 대해 어떤 이론적 언어를 갖느냐가 중요한 것임을 다시 한 번 강조한다.

그렇다면 깁슨-그레이엄은 그동안 정치경제학적으로 구성된 자본주의가 어떤 특징을 갖는다고 보았는가? 이에 대한 답을 찾기 위해 그녀들은 "실제 존재하는 자본주의가 아니라 경제와 사회에 관한 마르크스주의자들의 담론 틀 내에서 자본주의가 재현되는 독특한 방식들"[2]에 주목하고 이로부터 경제가 대문자 자본주의로 구성되고 있음을 도출해낸다. 즉 현대의 경제이론은 경제를 통일성, 단수성, 총체성을 특징으로 하는 자본주의로 재현하고 있다는 것이다. 이러한 재현방식에 따르면 자본주의는 단 하나뿐인 경제이자 통일적 원리에 의해 작동하는 것으로서 전 사회를 지배하는 것으로 그려지며, 이러한 담론적 재현방식으로 인해 우리는 자본주의를 우리 사회를 지배하는 거대한 "괴물"로 인식하게 된다. 이를 좀 더 상세히 살펴보자.

우선 대문자 자본주의가 자본주의를 통일적으로 그리고 있다는 것은 자본주의의 모든 현상과 실천들이 자본축적이라는 통일적 원리로 설명된다는 것을 의미한다.

> 대문자 자본주의는 아주 다양한 경관에 걸쳐 흩뿌려져 있는 실천

들의 조합이라기보다는 하나의 통일된 전체로서 묘사되곤 한다. 사회적 노동의 흐름들이 다양한 형태들로 유통되는 하나의 유기체 혹은 '시스템'으로 재현되면서, 대문자 자본주의는 자본축적을 생명의 동력 삼아 운명에 정해진 대로(비록 고난이 없는 건 아니지만) 성장의 궤적을 따라 앞으로 질주하며 논리나 법칙들에 맞추어 스스로를 조절한다.[3]

대문자 자본주의 담론에서 인간은 최대의 이윤을 위해 움직이는 원자적 개인으로 상정되고 있으며, 이러한 개인들이 모여 이루는 사회라는 유기체는 자본축적을 본질이자 최종 지점으로 삼는 것으로 그려진다. 따라서 모든 다양한 흐름들은 자본축적의 통일적 법칙을 통해 설명된다. 통일성의 관점에서 볼 때, 다양한 흐름들은 다른 것이 아니라 궁극적으로 자본축적의 법칙에 따라 사회라는 유기체를 지속시키는 저마다의 기능을 한다. 마치 몸 안에 장기들이 내 몸이라는 유기체를 지탱하기 위한 역할을 분배하고 있듯이 원자적 개인들의 행위는 전체 사회의 자본축적을 위한 실천으로 해석된다.

둘째로 이러한 통일성을 갖는 경제는 오직 하나뿐인 것으로 재현된다.

대문자 자본주의는 동료나 대적자가 없다는 점, 그 자체가 하나의 범주로서 존재한다는 점, 그리고 그것이 특정 사회 구성체 내에서 완벽하게 실현되었을 때 지배적이거나 단독으로 존재하려

> 는 경향이 있다는 점에서 단수성을 드러낸다. 하나의 독특한 경제 형식으로서, 대문자 자본주의에 필적하는 건 전혀 없다.[4]

단일성 논리에 따르면 노예제, 독립 상품생산, 봉건제, 사회주의, 원시 공산제 등의 경제 형식들은 독자적인 논리를 갖고 있는 경제가 아니다. 경제이론에서 경제는 자본주의 하나뿐이므로 이러한 이질적인 형식들은 궁극적으로 자본주의로 변화되거나 포섭될 잔여물로 그려진다. 현대 사회에 여전히 선물 경제와 같은 것이 남아 있다 해도 그것은 매우 미미하여 자본주의에 비할 바가 아니다. 혹은 선물 경제의 교환 원리도 알고 보면 자본주의적인 것을 향하고 있다. 따라서 이러한 재현방식은 자연스럽게 세 번째 특징 즉 총체성과 연결된다. 즉 단일한 대문자 자본주의에서 모든 다른 실천들은 궁극적으로 자본주의에 먹히는 것으로 담론화된다.

> 이는 억제와 포섭의 은유에서 가장 분명하게 드러난다. 자본주의적 착취에 몸담지 않은 사람들마저도, 자본주의의 "작은 구멍들 안에서"(Spivak, 1988: 135), 자본주의 속에서(Wallerstein, 1992: 8, Grossberg, 1992: 337), 혹은 자본주의 밑에서 살아가고 있는 것으로 해석되곤 한다.[5]

따라서 자본주의를 곧 유일한, 통일적인, 총체적인 경제의 언어로, 즉 대문자 자본주의로 담론화하게 되면, 여기에 통합되지 않는 여타의 경제활동은 경제적 시야에서 완전히 배제되게 된다. 이러한 담론화에 따르면 여성들이 주로 가정에서 수행하는 가사노동, 감정 서비스, 교육 등 가정 경제는 경제적 활동이 아니라 자본주의 경제에 부수적인 것으로서 혹은 종속된 것으로서만 그려진다. 여성의 가정 경제활동은 막강한 자본주의 경제에 포섭될 대상에 지나지 않으며 따라서 궁극에는 식민화될 뿐이다. 아이의 양육, 학부모 봉사활동, 친구들에게 주는 선물, 품앗이, 이 모든 것들은 결국 자본주의에 포섭될 먹잇감이다. 우리가 익히 잘 알고 있는 신자유주의 담론이나 지구화 담론은 모두 자본주의의 총체성을 염두에 두는 분석을 제시한다. 이러한 경제 담론에서 우리는 빠져나갈 구멍이 없다.[6] 따라서 깁슨-그레이엄은 마르크스주의 정치경제학이 이와 같은 특징을 갖는 대문자 자본주의를 전제로 이론을 전개하기에 여기에는 다른 정치경제란 있을 수 없다고 주장한다. 있다 해도 그것은 본질이 아니다. 모든 경제는 궁극적으로 이윤을 추구하는 원자적 개인이 시장을 매개로 자본축적을 하기 위해 돌아간다. 대문자 자본주의는 바로 다른 경제들을 배제하는 자본중심주의이며, 여성의 경제활동을 삭제시킨다는 점에서 남성중심주의다.

물론 마르크스주의 정치경제학자들은 대문자 자본주의에 대한 비판을 토대로 자본주의의 모순을 말하고 나아가 정치적 실천의 방향을 지시하고자 했다. 그러나 깁슨-그레이엄에 따르면 그들에게 경제는 오직 대문자 자본주의 하나이기 때문에 그들은 이 관계를 벗어나는 경제를 상상할 언어를 갖고 있지 못하다. 이것은 결국 마르크스주의 정치경제학자들에게 역설적 상황을 가져다준다. 그들은 누구보다도 대문자 자본주의 경제라는 괴물로부터 탈출하고 싫어 하지만, 그들의 언어 안에는 그와는 다른 경제의 언어가 없다. 마르크스주의 페미니스트들은 남성중심적 자본주의로부터 벗어나고자 하지만, 그들의 경제 언어 안에는 그와는 다른 경제의 언어가 없다. 따라서 그들은 자본주의의 외부를 상상할 수 없다. 대문자 자본주의를 전제로 하는 마르크스주의 정치경제학자들은 자본주의를 벗어날 수도, 이를 변화시킬 수도 없다.

2 | 페미니즘 정치경제학의 비판적 재구성

이렇듯 자본주의의 외부가 없도록 만들어진 대문자 자본주의의 담론은 다른 경제활동의 가능성, 그 중에서도 특히 여성 경제를 시야에서 차단한다. 그렇다면 우리는 어디에서 대문자 자본주의 경제와 다른 경제의 가능성을 가져올 수 있는가? 이에 깁슨-그레이엄은 자본주의의 외부를 상상하기 위한 방법으로 페미니즘 정치경제학의 비판적 재구성을 시도한다.

이미 적지 않은 페미니스트들은 경제가 남성중심성을 갖고 있으며 그런 점에서 경제이론은 젠더에 중립적이지 않음을 보여주었다. 가령 레비스트로스의 『친족의 구조』(1949)에서 영감을 얻었던 게일 루빈(Gayle Rubin)은 인류의 경제활동이 사실상 남성의 여성교환에 토대를 두고 있으며 이런 점에서 남성중심적임을 간파하였다. 따라서 루빈은 「여성의 교환」(1975)에서 남성 주도적 여성교환을 근간으로 하는 정치·경제를 "섹스/젠더 체계"라고 칭하였다. 이로써 그녀는 경제체제가 가부장제와 같은 성별체계의 문화와 따로 구별되어 있는 중립적인 것이 아니라 성별체계의 토대 위에서 구성되고 있는 정치경제체제임을 분명히 보여주었다. 루빈에 따르면 섹스/젠더 체계는 "생물학적 섹슈얼리티를 인간 행위의 산물로 변형"[7]시키는 정치적이면서도 경제적인 체제이다. 경제체제가 가부장적 성별체계와 긴밀하게 연관되어 있는 한 경제체제는 거래를 가능하게 하는 남성 권력의 체제이자 권력을 가능하게 하는 남성중심적 거래의 정치체계이다. 그리고 이는 자본주의 경제도 마찬가지다.

뤼스 이리가레(Luce Irigaray) 역시 경제가 남성중심적임을 폭로하였다. 그녀는 『하나이지 않은 성』(1977)에서 경제는 근친상간 금기의 법에 기반한 여성교환을 기본 골격으로 하고 있으며 이러한 점에서 "남성 경제"라고 표현하였다. 그녀에 따르면 이 교환체계에서 남성들은 욕망을 갖는 생산 주체가 되지만 여성들은 재생산을 위한 대상 및 상품으로 기능한다. 결국 가부장제를 조직하는 이러한 교환의 경제에서 보수를 받는 생산 노동자, 즉 경제적 주체가 되는 것은 남자들뿐이며, 여기서 여성은 늘 "노동력 생산을 위해 항상 남성에게 귀속"[8]되는 대상일 뿐이다. 여성의 노동은 경제가 아니라 그저 헌신이나 사랑으로 표기될 뿐이다.

그렇다면 여성은 어떻게 대상으로서의 위상을 벗어날 수 있는가? 이리가레는 여성이 남성의 가치를 단순히 반영하는 거울이 아니라 자신의 속을 드러내는 검경(speculum)으로 존재해야 하며, 이를 위해서는 여성 자신의 몸과 경험을 표현하는 새로운 언어가 있어야 한다는 것을 분명하게 주장했다.[9] 이리가레는 남성과 다른 여성의 차이의 언어가 필요함을 역설했던 것이다. 그러나 아쉽게도 이리가레는 동일성의 원리를 기본으로 하는 남성 경제를 대신할 수 있는 여성의 경제가 무엇인지를 보여주지는 못했다. 그녀는 여성 경험에 기반한 독자적인 상징질서를 만들어야 한다는 것을 강조했지만 정치경제학적으로 여성 경제가 어떻게 발화될 수 있는지를 보여주지는 못했다는 것이다.

그렇다면 남성 경제와 다른 여성 경제를 표현하는 언어는 어떻게 만들어질 수 있는가? 이에 깁슨-그레이엄은 페미니즘 정치경제학을 본격적으로 시도한 크리스틴 델피의 이중 체제론에 주목한다. 델피는 1992년의 논문 「가족적 착취: 현대 서구 사회에서의 결혼에 대한 새로운 분석」에서 가내 생산을 하나의 독자적인 생산양식으로 이론화하고 이를 자본주의와 다른 경제 모델로 제시함으로써 경제 일원주의에 도전하고자 했다. 즉 델피는 "이중 체제론"(dual systems theory)으로 알려진 입장을 개진하면서 가사노동과 같은 가부장제적 경제 형식을 "가내 생산양식"(domestic mode of production)[10]으로 명명하고 이를 남성의 시장적 생산양식과는 다른 독자적인 경제로 볼 것을 제안했던 것이다. 이로써 경제는 자본주의적 생산양식에 의해서만 구성되는 것이 아니라 적어도 자본주의적 생산양식과 가내 생산양식 이 두 가지의 경제적인 것에 영향을 받는 전체로 이해될 수 있었으며 이를 통해 사회 전체를 탈중심적으로 설명할 수 있는 가능성이 개시되었다.

그러나 깁슨-그레이엄에 따르면 델피는 가내 생산양식이 뭔가 다르다는 것을 주장하는 데는 성공했지만 그 양식에서 나타나는 논리가 자본주의 논리와 어떻게 다른지를 적극적으로 설명하는 데까지 이르지는 못했다. 다시 말해 델피는 대문자 자본주의와 다른 경제 언어를 적극적으로 구사하는 데까지 나아가지 못했다는 것이다. 이 때문에 그녀의 "이원 체제론"은 가내 생산양식을 경제의 논리로 설명하라는 경제 일원론자들의 끊임없는 공세의 표적이 되었고 이 공세 앞에서 델피는 어쩔 줄 몰라 했다.[11] 따라서 깁슨-그레이엄은 자본주의 경제 논리로 환원되지 않는 여성의 다른 경제활동을 표현할 언어를 마련하는 일을 가장 중요한 과제로 삼게 된다.

3 | 페미니즘과 차이의 철학

이상의 논의를 통해 분명해진 것은 기존의 경제를 성별 정치가 개입된 경제로 보아야 한다는 것 그리고 남성중심적 정치경제를 넘어서기 위해서는 여성 경제의 차별적 논리를 가시화시킬 수 있는 논리와 언어를 도입해야 한다는 것이다. 이것을 앞서 논의한 대문자 자본주의 논의와 연결시키면, 작금의 경제이론은 대문자 자본주의 담론에 기반하고 있으며, 이것은 성별 정치가 개입된 남성중심적인 경제이론으로서, 이를 넘어서기 위해서는 여성 경제의 차별적 논리를 가시화시킬 경제 언어를 만들어내야 한다는 결론을 얻을 수 있다. 그렇다면 자본중심적, 남성중심적 자본주의와 다른 경제 논리와 언어는 어디서 찾을 수 있는가? 이에 깁슨-그레이엄은 현대 페미니즘에서 폭넓게 발전되고 있는 차이의 논리에서 그 실마리를 찾는다.

> 남근중심주의에서 인간 주체는 단수의 형태를 취하고 있는데 이로 인해 성적 차이는 암묵적으로 부정된다. 여성들은 남성과 다르다는 이유로 인간보다 못한 것으로 구성된다. 마찬가지로 자본중심주의에서, 하나의 특수한 경제적 형태일 뿐인 자본주의는 경제에 대한 표준적 정의/모델이 된다. 따라서 차이를 갖는 다른 모든 경제 형식들은 이 진정한 경제의 특성에 따라 설명될 수 없다. 차이는 여기서 자율적 존재이기보다는 '부재' 혹은 결핍으로 표현된다.[12]

그렇다면 여성의 차이를 결핍이나 부재로 이해하지 않기 위해 페미니즘은 어떤 다른 논리를 발전시켰는가? 이를 이해하기 위해서는 최근 20~30년간 진행되었던 페미니즘의 패러다임 전회를 이해할 필요가 있다. 제1세대 페미니스트들이 여남 평등 즉 여성과 남성의 동일성을 모토로 삼았다면 제2세대 페미니스트들은 여성의 차이를 강조하였다. 이들은 동일성이 아니라 차이의 논리에서 출발할 때 비로소 여성이 타자로 배제되는 것을 막을 수 있다고 주장하기 시작했던 것이다. 그러나 차이를 강조하는 페미니스트들은 또다시 두 가지 부류로 나누어질 수 있다. 그 하나는 길리건처럼 남성과 다른 여성 정체성을 강조하는 부류이며 다른 하나는 버틀러처럼 여성을 포괄하는 질적인 정체성은 없으며 여성들은 서로 다르다고 주장하는 부류이다.

깁슨-그레이엄이 받아들이는 페미니즘의 방법론은 후자의 부류라고 할 수 있다. 그녀들은 여성의 정체성이라기보다는 차이의 논리를 페미니즘적 방법론이라고 본다. 따라서 깁슨-그레이엄은 남성 경제와는 다른 그러나 그 자체로는 통일적인 여성 경제가 존재하기보다, 여성의 가정 경제와 같이 이질적 논리를 갖는 다양한 경제들이 존재한다는 것을 보이고자 했으며, 단 하나의 자본주의가 존재하는 것이 아니라 봉건적 경제, 공동체 경제 등 다양한 비자본주의적 경제들이 있다는 것을 보여주고자 했다. 이를 통해 그들은 자본주의가 모든 것을 삼키는 거대한 괴물이라기보다 여성 경제와 같은 다양한 자본주의의 외부가 가능함을 보여주고자 했던 것이다. 여기서 깁슨-그레이엄이 제시하는 페미니즘 경제의 새로운 언어는 또 다른 본질로서의 차이의 경제가 아니라 다양한 경제들이다.

이는 깁슨-그레이엄이 알튀세르의 중층결정론을 도입하여 설명하는 부분에서도 분명히 드러난다. 그동안 마르크스주의 정치경제학에서 자본주의는 모든 다른 사회적 과정을 결정하는 본질 혹은 중심으로 등장했고 따라서 자본주의 이외의 다른 경제들뿐 아니라 인종, 젠더, 문화에 따른 차이들은 비본질적인 것으로 간주될 수밖에 없었다. 그러나 이와 달리 알튀세르는 어떤 본질이 있는 것이 아니라 다양한 차이들이 중층결정되는 가운데 경제 나아가 사회가 형성된다고 주장하였다. 잘 알려져 있듯 알튀세르에게 중층결정이란 어떤 사회적 요소나 위치의 특권화에 의해서 구조화되지 않는, 중심이 없는(acentric), 탈중심적인(decentred) 사회적 전체성을 상호관련적으로 인식하는 것이다. 이 방법론에서는 어떤 것이 본질이냐가 중요한 물음이라기보다는 어떤 요소나 위치들에 의해 이러한 복합적인 상황이 결과했느냐가 중요한 물음이 된다. 따라서 깁슨-그레이엄은 알튀세르의 중층결정론을 통해, 또 다른 본질로서의 경제가 아니라 여러 가지 각기 다른 논리를 갖는 경제들이 있으며, 이러한 다양한 경제들과 정치, 문화 그리고 역사가 우리 사회를 중층적으로 구성하고 있다는 것을 보여줄 수 있었다. 깁슨-그레이엄은 여성의 경험에서 출발했지만 그것을 유일한 대안으로 놓고자 하는 것이 아니라 그것을 여러 가지 차이 중 하나로 놓고자 한다. 이것이 바로 그녀들의 차이의 정치경제학을 델피의 이중 체제론으로부터 구분시키는 지점이다.

차이의 경제에 대한 자신의 이해를 분명히 하기 위해 깁슨-그레이엄은 또한 데리다의 해체주의를 도입한다. 그녀들이 인용하는 것은 데리다의 『마르크스의 유령들』(*Specters of Marx*)인데, 여기서 유령은 "혼재와 오염의 형상, 결정 불가능의 형상으로 등장해, 이제 순수하고 확정적인 존재란 가능치 않음을 웅변"하는 "있음과 있지 않음" 사이의 존재이다.[13] 유령에 대한 담론을 가져옴으로써 깁슨-그레이엄은 흔히 사람들은 자본주의가 매우 분명한 존재로 "있고", 비자본주의적 경제는 사라졌거나 사라질 것이라고 생각하지만 사실상 자본주의에는 늘 비자본주의적 유령들이 들러붙어 있으며, 따라서 자본주의를 매끄러운 원리에 따라 사고할 수 있는 것으로 보는 것 자체가 잘못되었다는 것을 주장하고자 한다. 이에 따르면 집에서 만든 밥이나 물물교환 등의 비자본주의적 경제 실천은 유령처럼 있음과 없음의 사이에 존재하면서 자본주의 존재에 늘 자신의 영향력을 행사해왔으며 또 앞으로도 그러할 것이다. 따라서 우리는 자본주의라는 순수한 형상이 홀로 세상을 결정하는 것으로 보아서는 안 된다. 이 세상에는 비자본주의적 유령들이 늘 떠돌아다닌다.

4 | 차이의 경제들을 불러오다

페미니즘과 차이의 철학의 방법론을 정치경제학에 적용함으로써 분명해진 것은 자본주의 경제뿐 아니라 다양한 논리를 갖는 비자본주의 경제들이 있으며 전체 경제의 과정은 이들 간의 상호작용 속에서 중층결정된다는 것이다. 그리고 비자본주의 경제들은 과거에 있다 사라진 것이 아니라 자본주의가 지배적이라고 하는 현재에도 끊임없이 그 영향력을 발휘하고 있다는 것이다. 이것이 바로 차이의 경제들이다.

그렇다면 차이의 경제에 핵심이 되는 "비자본주의"가 의미하는 것은 무엇인가? 차이의 경제를 불러내기 위해 깁슨-그레이엄은 우선 남성중심적 자본중심적 경제활동을 세 가지 요소와 관련하여 정의한다. 즉 그녀들은 시장에서의 거래, 임금을 받는 노동, 자본가가 잉여를 전유하는 자본주의적 기업만이 대문자 자본주의의 대상이었다고 본다. 그리고 이 조건을 충족시키지 못하는 활동들, 가령 공적 시장을 통하지 않는 거래, 화폐로 지급되는 임금이 없는 노동, 잉여를 자본가가 독식하지 않는 기업 등을 "비자본주의적" 경제활동으로 설명한다. 그렇다면 비자본주의적 경제의 유령들은 어디에서 떠돌고 있는 것인가?

그녀들이 가장 먼저 불러오는 유령은 가사노동이나 아이 양육과 같은 부불노동이다. 자원봉사나 공동체를 위한 활동 등 임금이 지불되지 않는 노동은 많지만 그 중에서도 특히 가사노동을 강조할 수밖에 없는 것은 "부국과 빈국 모두에서 경제활동의 30~50% 정도가 부불 가사노동에 의해 이루어지고(Ironmonger 1996; Luxton 1997)"[14] 있기 때문이다. 그 밖에 그녀들이 불러오는 유령은 지구의 "남반구"에서 나타나는 비자본주의적 거래들이다. 가령 그곳에서는 자연자원에 대한 전통적 접근권, 특정한 경제거래의 금지, 친족 혹은 공동체 네트워크 등 생존을 위한 비공식 경제들이 존재한다. 여기서 자연자원은 시장을 통해 거래되는 상품이 아니라 사용하기 위한 대상(비상품)으로 간주되며, 친족 네트워크에서 공동 생산된 물품은 공동체적으로 분배된다. 여기에 깁슨-그레이엄은 이러한 비상품 생산에 들인 노동시간이 상품 생산에 들인 노동시간보다 많다(상품 생산시간은 많아야 전체 노동시간의 40~45% 정도임)는 자료까지 덧붙인다.[15] 깁슨-그레이엄은 이런 방식으로 불러온 비자본주의 경제들의 유령을 거래, 노동, 기업이라는 축에 따라 다음 표와 같이 분류한다.[16]

이 표에 따르면 대안적 시장 및 비시장 거래, 대안적 지급 및 미지급(부불) 노동, 대안적 자본주의 기업 및 비자본주의적 기업은 비자본주의적 활동에 속한다. 가령 협동조합은 대안적 시장에서 상품을 거래하는 비자본주의적 경제이고, 가사노동은 미지급(부불) 노동이라는 점에서 비자본주의적이며, 공동체적 생산은 잉여를 자본가

거래	노동	기업
시장	**임금**	**자본주의**
대안적 시장 공공재의 판매 윤리적 "공정무역" 시장 지역유통체계 대안 통화 지하시장 협동조합 방식의 교환 물물교환 비공식적 시장	**대안적 지불** 자영업 협동조합 기식노동(indenturned) 호혜적 노동(품앗이) 현물지급 복지급여형 노동	**대안적 자본주의 기업** 국영기업 녹색자본가 사회적 책임 기업 비영리
비시장 가정경제 흐름 선물교환 토착적인 교환 국가적 배분 국가적 지출 이삭줍기 사냥, 고기잡이, 채집 도둑질, 밀렵	**비지불** 가사노동 친인척 돌보기 마을 노동 자원활동 재충전형 노동 노예노동	**비자본주의적** 공동체적 독립적 봉건적 노예적

가 전유하는 것이 아니라 공동으로 분배한다는 점에서 비자본주의적이다. 이 표에 따르면 다양한 비자본주의적 경제들은 자본주의와 다른 논리에 따라 수행되는 차이의 경제들로서 현재에도 매우 많은 수가 존재한다.

더욱 흥미로운 것은 이렇게 비자본주의적 경제들의 유령을 불러모아 놓고 보니 우리가 기존에 자본주의적이라고 알고 있던 것들이 사실상 순수한 자본주의가 아닐 수도 있다는 점이 드러난다는 것이다. 그것들은 시공간적 조건에 따라 혼합되거나 변형된 것들일 수 있다. 이러한 혼합된 형태들은 한편으로 비자본주의라고 표현할 수도 있겠지만 다른 한편으로는 다양한 소문자 자본주의들이라고 할 수 있을 것이다.[17] 소문자 자본주의들의 사례로 깁슨-그레이엄이 들고 있는 예 중에 하나는 자영업자이다. 가령 개인투자관리

사와 같은 자영업자는 자신의 노동력을 통해 만들어낸 상품을 시장에 내다 판다는 점에서 자본주의적이지만 자신의 잉여노동을 스스로가 전유한다는 점에서는 비자본주의적이다. 그밖에도 깁슨-그레이엄은 우리가 전형적으로 자본주의적이라고 알고 있는 금융 부문이 필연적으로 자본주의적인 것이 아니라고 설명한다. 가령 축적 수입원을 독립 생산자나 공동체적으로 잉여를 전유하는 비자본주의적 기업에 두고 있는 금융 기업은 순수 자본주의적이라고 말하기 어렵다.[18]

5 | 본질적 계급이 아니라 다층적 "계급과정"

차이의 경제들을 불러옴으로써 우리는 경제가 대문자 자본주의 하나의 논리로 굴러가지 않는다는 점을 알 수 있었다. 그렇다면 경제적 계급 역시 자본주의적 계급만으로 설명될 수 없는 것이 아닌가? 이에 깁슨-그레이엄은 하나의 본질적인 계급이 아니라 다양한 "계급과정"(class process)[19]을 분석하기 시작한다.

계급과정이 무엇을 의미하는 것인지 설명하기 전에 마르크스주의 정치경제학자들이 경제적 계급을 어떻게 이해했는지를 살펴볼 필요가 있다. 그들은 생산관계 중심의 본질주의적 계급 모델을 전제해왔다. 그들은 노동과정 및 사회 전반에 대한 통제권력, 생산수단에 대한 소유권 혹은 잉여노동에 대한 착취 여부에 따라 각 개인을 부르주아지 혹은 노동계급에 속하는 것으로 규정한다. 그리고 각 집단에 속한 사람들의 정체성이 통일적이라고 단정한다. 예를 들어 부르주아지는 어떤 조건 하에서도 본질적으로 생산수단과 통제권력을 가진 자이며 잉여노동을 착취하는 자이다.

그러나 깁슨-그레이엄에 따르면 오늘날 전통적 의미의 통일된 노동계급을 기반으로 하는 계급 정치학의 가능성은 더욱 낮아졌다.[20] 왜냐하면 오늘날 우리는 이데올로기, 문화, 젠더, 인종 등의 논리에 의해 영향을 받는 다양한 경제에서 다양한 생산관계를 맺고 있기 때문이다. 예를 들어 사회적 기업의 사장은 노동과정에 대한 권력을 가지고 있다는 점에서는 자본가 계급이지만 잉여가치를 사회적으로 배분한다는 점에서는 계급성을 갖지 않는다. 남성 노동자의 경우에도 그 정체성은 분명하지 않다. 남성 노동자들은 직장에서 자신의 잉여노동을 착취당한다는 점에서는 노동계급이지만, 가정 내에서 여성의 노동을 착취한다는 점에서는 자본가 계급이다. 무엇보다도 전통적인 계급 모델은 가사노동을 하는 주부와 같이 자본주의적 생산관계 밖에서 노동하는 존재들의 독특한 계급성을 설명하지 못한다. 이 모델에 의하면 전업주부는 단지 남편의 계급에 종속되는 것으로 이해되거나 아예 이론의 시야에서 배제된다.

따라서 깁슨-그레이엄은 차이의 경제들을 바탕으로 반본질주의적 계급 모델을 제시한다. 그들은 계급을 하나의 통합된 사회 집단으로 보기보다는 다양한 "계급과정"들에 의해 중층적으로 결정되는 사회적 **과정**으로 보고자 하는 것이다. 깁슨-그레이엄에 의하면 계급과정은 다양한 경제관계와 연관되어 나타나는 "잉여노동의 생산 및 착취라는 사회적 과정 그리고 이와 관련된 잉여노동의 분배 과정"[21]이다.

이를 통해 깁슨-그레이엄은 자본주의뿐 아니라 비자본주의적 생산관계 안에서 중층적으로 발생할 수 있는 잉여노동의 착취와 분배의 문제를 부각시키고자 한다. 뿐만 아니라 그들은 잉여노동의 생산이나 전유 과정뿐 아니라 잉여노동의 분배 과정 역시 고려하면서 이 과정에서 다양한 사회적 관계에 의해 다양한 계급과정이 중층적으로 나타나고 있음을 보여주고자 한다. 따라서 그들의 계급과정 이론에 따르면 한 개인은 한 가지의 본질적인 계급과정에 의해서만 자신의 계급성을 부여받는 것이 아니다. 한 개인의 계급은 자본주의적 관계, 비자본주의적 관계 안에서 발생하는 잉여노동의 착취 혹은 배분의 문제에 따라 다양하게 형성되는 계급과정들의 중층적 결정에 의해서 형성되어간다. 어떤 특정한 조건 아래에서 두드러지게 부각되어 나타나는 한 개인의 계급성은 복잡적인 과정들이 중층적으로 얽히는 과정에서 나타나는 계급과정의 단면일 뿐이다.

깁슨-그레이엄이 제시하고 있는 "수"(Sue)와 "빌"(Bill) 부부의 사례를 살펴보자.[22] 남편 빌은 호주 탄광촌의 광부로서 자본주의적 생산관계 내의 노동자이다. 그러나 연간 65,000달러 정도의 꽤 높은 수입을 벌어들이고 있다는 점, 생산 성과급을 받고 있다는 점 그리고 사택에서 살고 있다는 점 등을 고려할 때 그가 착취되는 정도는 그다지 심한 것이라고 할 수 없다. 게다가 그는 또한 해변에 몇 채의 집을 소유하고 있으며 이로부터 월세를 취득한다는 점에서 자본가

이기도 하다. 그 밖에도 빌은 봉건적 생산관계 내에서 자본가 계급의 위치를 점한다. 그는 가정에서 아내 수의 잉여적 가사노동을 착취하고 있다는 것이다. 그러나 해변의 집을 아내와 공동명의로 하고 있다는 점, 그리고 가끔 아이들을 돌본다는 점에서 그의 착취의 정도는 심하지 않다고 할 수 있다. 게다가 분배의 측면까지 고려한다면 그는 자본가라 할 수 없다. 그는 수입의 일부를 필리핀에 있는 아내의 가족들에게 보내고 있으며 이런 점에서 착취적 자본가라고 할 수 없다.

계급과정은 가사노동을 하는 부인 수에게서도 복잡하게 나타난다. 수는 호주에 거주하는 필리핀 출신 전업 주부이다. 그녀는 남편과 함께 탄광촌에 살기 위해 간호사 일도 포기했다. 그녀는 가사노동을 하며 가족 및 친구 관계를 주도적으로 관리하고 경영할 뿐 아니라 광부부인회에서 자원 활동가로 봉사하고 있다. 이러한 점에서 그녀는 비-자본주의적 경제관계 안에 있는 노동자라고 할 수 있다. 그녀는 인종적, 성적인 사회제도와 관련되어 있는 비-자본주의적 가정경제에 참여하고 있으며 이 관계 속에서 그녀의 잉여노동은 가족에 의해 어느 정도 전유된다. 그러나 그녀가 완전히 자본주의적 생산관계 밖에 벗어나 있는 것만은 아니다. 그녀는 해변의 집들과 은행계좌를 빌과 공동으로 소유하고 있으며 이로부터 나오는 이윤을 소유한다는 점에서 자본가 계급이다. 그러나 그녀는 이윤을 가족과 이웃을 위한 자원봉사 형태로 배분하는 등 분배의 측면에서 비자본주의적 삶을 살고 있다. 결국 이러한 계급과정들이 얽히는 가운데 그녀는 정치적으로는 보수당을 지지하지만 필리핀 여성을 대변하는 급진적 활동에도 참여한다.

이상에서 보았듯이 깁슨-그레이엄의 계급과정 모델에 따르면 수와 같은 전업 주부 역시 다양한 계급과정에 관여하고 있는 것으로 그려질 수 있다. 그녀는 비자본주의적 가정경제의 생산과정에서 젠더적 인종적 타자로서 잉여노동을 착취당하고 있는 노동자로 설명될 수도 있으며, 자본주의적 경제 안에서 집이라는 생산수단을 가진 자본가로 설명될 수 있다. 이러한 의미에서 수는 "성 계급과정" 및 "인종적 계급과정" 그리고 "자본주의적 계급과정"과 다층적으로 연관되어 있다. 그리고 이러한 과정들이 중층적으로 연관되는 과정에서 수의 정체성은 지속적으로 변화한다.

> 사회적 과정들의 상호적 구성은 놀람과 모순들의 끊임없는 연속을 만들어낸다. '과정'이라는 용어를 통해 주장하고자 하는 바와 같이, 계급과 사회의 다른 국면들은 변화 속에서 존재하는 것 그리고 지속적인 변화를 겪는 독창적이고 모순적인 변형들인 것처럼 보인다.[23]

6 | 차이의 경제들에서 공동체 경제로

이상과 같이 깁슨-그레이엄은 다양한 경제의 유령들을 불러와 이에 차이의 언어를 부여하였다. 그리고 차이의 경제들이 서로 상호

연관되는 과정에서 한 개인은 다양한 계급과정과 얽히게 됨을 보여주었다. 그러나 다양한 비자본주의적 경제들, 다양한 계급과정 모두를 그녀들이 규범으로 삼은 것은 아니다. 그렇다면 깁슨-그레이엄이 여성주의적 정치경제학의 규범으로 삼고자 했던 방향은 무엇인가? 여기서 깁슨-그레이엄은 차이 그 자체를 강조하기보다 공동체적 관계성을 가능하게 하는 차이를 규범화하는 방향으로 나아간다. 이러한 입장은 특히 『포스트자본주의 정치학』에서 분명해진다. 그녀들에 따르면 "경제적 차이는 커뮤니티 지향적 기업들(지역기업, 비이윤, 협동조합, 공동체 발전기업, 직원 소유의 기업)의 범위 내에서만 인내될 수 있다."[24] 이로써 그녀들은 공동체 경제의 지향성을 갖는 차이의 경제들만이 그들이 말하는 "경제의 윤리적 실천"임을 분명히 한 것이다.

이렇듯 깁슨-그레이엄은 경제의 규범적 방향을 생각하는 순간부터 부정적(negative), 혹은 해체적(destructive) 접근에서 적극적(positive) 접근법으로 이동한다. 다시 말해서 그녀들은 자본주의가 아닌 것을 말하거나, 자본주의의 본질을 해체하는 방법론에서 이제는 적극적으로 대안이 무엇인지를 밝히는 방식으로 담론을 전개한다는 것이다. 그녀들이 대안으로 말하는 공동체 경제는 "경제적 상호의존성(interdependence)과 연관된 일군의 개념과 실천들을 표현하는"[25] 것이다. 이것은 "개인"에서 시작하는 자본주의 경제의 헤게모니에 대항할 수 있는 지점을 마련해준다는 점에서 윤리적이다. 공동체 경제는 개인이 아닌 "관계의 사회성"을 기본으로 하는 경제이고 따라서 이것은 경제 윤리의 핵심이 된다. 따라서 그녀들은 관계성과 사회성을 강조하는 공정무역네트워크, 우리사주조합, 소액주주운동, 생활임금운동, 사회적 기업, 협동조합운동과 같이 공동체원들의 상호의존성을 토대로 하는 운동을 경제가 나아가야 할 방향으로 제시한다.

이를 존재론적으로 정초하기 위해 깁슨-그레이엄은 또한 장-뤽 낭시(Jean-Luc Nancy)의 논의를 도입하면서 인간이 근본적으로 "함께하는 존재"(being-together)임을 강조한다. 그녀들에 따르면 자본주의적 경제의 최소 단위인 "개인"이라는 개념은 오랫동안 개인의 근거가 되는 "함께 있음"의 개념을 억압해왔다. 그러나 인간은 개인이기 위해서 함께 있어야 한다. 잘 인식하지 못해왔지만 우리는 결국 다른 사람의 노동의 결과이다. 한 사회 안의 노동의 흐름을 보여주는 마르크스의 생산, 전유, 분배의 순환 공식 역시 인간이 함께하는 존재임을 보여주는 방식이다. 따라서 공동체 경제의 윤리적 실천은 개인적이고 사회적인 생존에 필요한 필요가 어디까지인지, 어떻게 사회적 잉여를 분배하고 나아가 소비할 것인지, 어떻게 공공재를 생산하고 유지할 것인지를 지속적으로 고려해야 한다.

7 | 공동체 경제 담론에 대한 몇 가지 우려

그러나 깁슨-그레이엄이 여성주의 정치경제학을 공동체 경제로 지향하는 부분에서 우리는 몇 가지 걱정을 하게 된다. 왜냐하면 깁슨-그레이엄은 인간의 존재론적 상호연관성을 그대로 공동체적 윤리와 연결시키고 있으며 이로 인해 그러한 공동체 경제는 개인성을 고려하지 않는 매우 강한 윤리 프로젝트가 되고 있다는 인상을 주기 때문이다.

물론 인간이 근본적으로는 상호연관된 존재라는 깁슨-그레이엄의 주장에는 많은 사람들이 동의할 수 있을 것이다. 인간은 자신의 물리적 생존을 위하여 양육이라는 타인의 돌봄 노동을 필요로 하며, 타인과 동일한 혹은 타인과 다른 자신의 정체성을 형성하기 위하여 타인의 인정 행위를 필요로 한다. 이러한 존재론은 캐롤 길리건과 같은 페미니스트 윤리학자들이 매우 강조했던 관계이론에서 잘 나타난 바 있다. 그러나 인간이 상호연관된 혹은 상호인정이 필요한 존재라는 사실로부터 공동체적 윤리의 당위성을 이끌어내는 것은 매우 유토피아적 발상일 수 있다. 왜냐하면 인간은 상호연관된 만큼이나 분리된 존재이기도 하기 때문이다. 상호연관성이나 상호인정을 인간의 존재론적 조건이라고 하더라도, 이러한 공동체적 결합은 인간의 개인으로서의 분리가 전제될 때 가능한 상호결합의 형태이다. 타자를 인정한다는 것은 타자를 나와 분리되어 있는 것으로 인정할 때 가능하다는 것이다. 따라서 공동체성을 고려한다는 것은 개별성과 상호결합을 함께 고려해야 한다는 결론으로 나아가야 한다.

이와 관련하여 둘째로 깁슨-그레이엄의 공동체 경제는 공동체의 목적을 사물화시키거나 공동체 내부의 차이를 삭제하는 폭력적인 결과로 나가지 않을 수 있도록 장치를 보완해야 할 것이다. 물론 필자는 이러한 우려를 피할 수 있는 단초가 그녀들의 이론 안에 이미 내재해 있다고 생각한다. 깁슨-그레이엄이 낸시 프레이저를 인용하면서 강조하고 있는 공동체 존재(common being)와 공동체 안의 존재(being in common)의 구분을 보자.[26] 공동체 존재는 이미 정해진 공동체의 동일성(sameness)을 전제하는 개념이고 공동체 안의 존재는 정해진 정체성이 없는 공동체 안에서의 개별자들의 연대적 존재방식을 가리키는 개념이다. 다시 말해서 깁슨-그레이엄이 대안으로 제시하는 후자의 공동체 개념은 개별자이면서도 서로의 연결됨을 자각하는 존재들의 함께 삶을 가능하게 하는 개념이다. 따라서 공동체 안에서 개별자의 차이는 삭제되지 않을 수 있으며 공동체의 정체성도 유연하게 변화할 수 있다. 그러나 개별자들 간의 폭력 없는 연대 과정으로서의 공동체가 지금 여기서 어떻게 가능한지는 이론적으로뿐 아니라 실천의 과정에서도 구체화될 필요가 있다. 즉 지금 여기서 가능성을 보이는 구체적인 사례들을 발굴하고 이를 실험하는 작업이 꾸준히 진행될 필요가 있다.

1 시몬 드 보부아르

1 이하 보부아르의 생애와 저작에 대한 서술은 다음과 같은 문헌을 참조했다. 우르술라 티드, 『시몬 드 보부아르: 익숙한 타자』, 우수진 옮김, 앨피, 2007, 19-36쪽, 131-154쪽; 변광배, 『제2의 성: 여성학 백과사전』, 살림, 2007, 1부 1장; 이희영, 「보부아르의 생애와 사상」, 시몬 드 보부아르, 『제2의 성』, 이희영 옮김, 동서문화사, 1992, 935-1053쪽.

2 이에 대해서는 Axel Honneth, "Erkennen und Anerkennen: Zu Sartres Theorie der Intersubjektivität", in: ders., *Unsichtbarkeit*, Suhrkamp, 2003.

3 이하의 글은 다음의 논문을 수정하여 수록했다. 문성훈, 「다시 보부아르로!: 실존주의적 페미니즘의 논쟁적 재평가」, 한국가톨릭철학회, 『가톨릭철학』 25호, 2015.

4 장 폴 사르트르, 『실존주의는 휴머니즘이다』, 방곤 옮김, 문예출판사, 1981, 13쪽.

5 장 폴 사르트르, 『존재와 무』, 정소성 옮김, 동서문화사, 1994.

6 장 폴 사르트르, 『실존주의는 휴머니즘이다』, 36쪽.

7 장 폴 사르트르, 『존재와 무』, 704쪽.

8 같은 책, 1015쪽.

9 Simone de Beauvoir, *The Ethics of Ambiguity*, Citadel Press, 1976, p. 11, p. 26.

10 같은 책, p. 14.

11 같은 책, p. 25.

12 같은 책, p. 156.

13 같은 책, p. 71.

14 같은 책, p. 156.

15 같은 책, p. 60.

16 같은 책, p. 141.

17 같은 책, p. 134.

18 이러한 입장에 대해서는 Christina Arp, "Moral Obligation in Simone de Beauvoir's *The Ethics of Ambiguity*", Yvanka B. Raynova/Susanne Moser (Hg.), *Simone de Beauvoir: 50 Jahre nach dem Anderen Geschlecht*, Peter Lang, 1999.

19 Simone de Beauvoir, *The Ethics of Ambiguity*, p. 60, p. 156.

20 같은 책, pp. 60-61쪽.

21 같은 책, pp. 61-62쪽.

22 시몬 드 보부아르, 『제2의 성』, 29쪽.

23 같은 책, 15쪽.

24 같은 책, 15-16쪽.

25 같은 책, 14쪽.

26 같은 책, 342쪽.

27 이하의 설명은 같은 책, 31-65쪽.

28 이하의 설명은 같은 책, 65-80쪽.

29 이하의 설명은 같은 책, 80-88쪽.

30 같은 책, 346쪽.

31 같은 책, 같은 곳.

32 같은 책, 366쪽.

33 같은 책, 367쪽.

34 같은 책, 924쪽.

35 같은 책, 912쪽.

36 같은 책, 876쪽.

37 같은 책, 893쪽.

38 같은 책, 같은 곳.

39 같은 책, 925쪽.

40 같은 책, 931-932쪽.

41 보부아르에 대한 비판에 대해서는 우르술라 티드, 『시몬 드 보부아르: 익숙한 타자』, 205-228쪽; 신옥희, 「타자에서 주체로: 시몬 드 보부아르의 여성 해방 사상과 현대 페미니즘」, 『한국여성철학』 제11권, 2009.

42 시몬 드 보부아르, 『제2의 성』, 931쪽.

43 Ute Frevert, *'Mann und Weib' und 'Weib und Mann': Geschlechter-differenzen in der Moderne*, C. H. Beck, 1995.

44 이에 대해서는 송희영, 「'만들어진 남성': 빌헬름 제국시대의 '군사적 남성상' - 테오도르 폰타네의 『에피 브리스트』를 중심으로」, 『카프카연구』 제24집, 2010.

45 캐롤 길리건, 『다른 목소리로』, 허란주 옮김, 동녘, 1997.

46 주디스 버틀러, 『젠더 트러블』, 조현준 옮김, 문학동네, 2008.

47 이에 대해서는 하정옥, 「남녀의 생물학적 차이, 그 역사와 함의」, 오조영란, 홍성욱

엮음, 『남성의 과학을 넘어서』, 창작과비평사, 1999.

48 시몬 드 보부아르, 『제2의 성』, 36쪽.

49 같은 책, 536쪽.

50 주디스 버틀러, 『젠더 트러블』, 113-114쪽.

51 Simone de Beauvoir, *The Ethics of Ambiguity*, p. 144.

2 뤼스 이리가레

1 뤼스 이리가레는 자신이 여성임을 표시해주지 않는 성만을 표기하는 것을 거부하고 반드시 '뤼스 이리가레'라는 이름 전체를 표기하기를 원한다. 그에 따라 필자와 독자 모두 번거롭기는 하지만 이름을 적을 때는 모두 '뤼스 이리가레'로 적고, 대명사로 받을 때 역시 성별이 드러나는 '그녀'를 사용한다.

2 이후 본문 중에서 이 저서를 언급할 경우에는 부제를 생략하고 『검경』이라고만 적는다.

3 Luce Irigaray, "Je-Luce Irigaray: A Meeting with Luce Irigaray", Elizabeth Hirsh, Gary A. Olson (interviewers), *Hypatia*, Vol. 10, 1995, p. 96.

4 Luce Irigaray, "The Power of Discourse and the Subordination of the Feminine", *This Sex Which Is Not One*, trans. Catherine Porter, Cornell University Press, 1985, p. 69.

5 Luce Irigaray, *Speculum. De l'autre femme*, Les Éditions de Minuit, 1974, p. 59.

6 Luce Irigaray, "Je-Luce Irigaray: A Meeting with Luce Irigaray", *Hypatia*, Vol. 10, 1995, p. 110.

7 Luce Irigaray, *Why Different?: A Culture of Two Subjects*, edit. Sylvère Lotringer, trans. Camille Collins, Semiotext(e), 2000, p. 71.

8 대표적으로는 다음 글들을 참조하라. Ann Rosalind Jones, "Writing the Body: Toward an Understanding of *L'Écriture Féminine*", *Feminist Studies* 7, no. 2, 1981; Monique Plaza, "'Phallomorphic' Power and the Psychology of 'Woman'", *Ideology and Consciousness* 4, 1978. 생물학적 본질주의로 평가하지는 않았으나 '형이상학적 본질주의'로 평가한 경우도 있다. 토릴 모이, 「가부장적 사유체계: 루스 이리가라이의 거울」, 『성과 텍스트의 정치학』, 임옥희, 이명호, 정경심 옮김, 한신문화사, 1994.

9 Luce Irigaray, "This Sex Which Is Not One", *This Sex Which Is Not One*, p. 24.

10 같은 책, p. 26.

11 Luce Irigaray, "Così Fan Tutti", *This Sex Which Is Not One*, p. 88.

12 대표적으로 다음을 참조하라. Diana Fuss, *Essentially Speaking: Feminism, Nature and Difference*, Routledge, 1989; Margaret Whitford, *Luce Irigaray: Philosophy in the*

Feminine, Routledge, 1991.

13 뤼스 이리가레는 마르틴 하이데거에 관한 책 『마르틴 하이데거에서의 공기의 망각』을 썼으며, 『사랑의 길』에서도 아주 명시적이지는 않지만 마르틴 하이데거의 후기 철학을 겨냥하고 있다. 본인 스스로 존재론적 성차 개념을 하이데거에서 가져왔다고 밝히지는 않았지만, 전기 이후 그의 영향력은 점점 더 뚜렷하게 나타난다. 이와 관련된 구체적인 논의는 다음을 참고하라. Alison Stone, *Luce Irigaray and the Philosophy of Sexual Difference*, Cambridge University Press, 2006.

14 Luce Irigaray, *The Way of Love*, Continuum, 2002, p. 103.

15 뤼스 이리가레, 『사랑의 길』, 정소영 옮김, 동문선, 2009, 146쪽.

16 같은 책, 150쪽.

17 Luce Irigaray, *Democracy Begins Between Two*, The Athlone Press, 2000, p. 139.

18 같은 책, p. 140.

19 Judith Butler, *Bodies That Matter*, Routledge, 1993, pp. 36-49.

20 특히 에코페미니즘의 난관을 해결하는 데 어느 정도 도움을 줄 수 있다. 여러 에코페미니스트들 역시 여성과 자연의 특수한 관계를 설명할 때 본질주의라는 비판에서 자유롭지 못하다. 게다가 자연과 인간의 관계를 다룰 때 근대 과학의 자연 개념을 거부하지만, 종종 자연을 지나치게 낭만적이고 고정된 실체로 묘사하거나 다소 종교적인 영성(spirituality) 개념으로 빠져들어 공감을 얻지 못하기도 한다. 이런 것은 심층생태론에서도 마찬가지로 나타나는 결점이다. 뤼스 이리가레의 퓌지스로서의 자연과 문화적인 것으로 경작되어야 할 것으로서의 신체 개념은 이러한 문제들을 수정 보완하는 데 기여할 수 있을 것이다.

3 샌드라 하딩

1 자세한 하딩의 전기는 위키피디아(http://en.wikipedia.org/wiki/Sandra_Harding) 참조.

2 Sandra Harding, "Standpoint Theories: Productively Controversial", *Hypatia* 24(4), 2009, pp. 192-200.

3 샌드라 하딩, 『누구의 과학이며 누구의 지식인가?: 여성들의 삶에서 생각하기』, 조주현 옮김, 나남, 2009, 37-38쪽.

4 같은 책, 63-75쪽.

5 같은 책, 3장.

6 같은 책, 120-124쪽.

7 같은 책, 130쪽.

8 같은 책, 149쪽.

9 같은 책, 161쪽.

10 조주현, 「실천이론에서 본 페미니스트 인식론: 여성학적 지식생산의 재검토」, 『여성학연구』 23(2), 2013, 16쪽.

11 같은 곳.

12 샌드라 하딩, 『페미니즘과 과학』, 이재경·박혜경 옮김, 이화여자대학교출판부, 2002, 36쪽.

13 조주현, 「실천이론에서 본 페미니스트 인식론: 여성학적 지식생산의 재검토」, 17쪽.

14 샌드라 하딩, 『누구의 과학이며 누구의 지식인가?』, 189쪽.

15 같은 책, 200쪽.

16 Hilary Rose, "Is a Feminist Science Possible?", Paper presented to the Technology and Culture Seminar at MIT, April 1984.

17 Nancy Hartsock, "The Feminist Standpoint: Developing the Ground for a Specifically Feminist Historical Materialism", in *Discovering Reality: Feminist Perspectives on Epistemology, Metaphysics, Methodology and Philosophy of Science*, edited by S. Harding and M. B. Hintikka, Dordrecht: Reidel, 1983, pp. 283-310.

18 Jane Flax, "Political Philosophy and the Patriarchal Unconscious: A Psychoanalytic Perspective on Epistemology and Metaphysics", in *Discovering Reality: Feminist Perspectives on Epistemology, Methodology and Philosophy of Science*, edited by S. Harding and M. B. Hintikka, Dordrecht: Reidel, 1983, pp. 245-281.

19 Dorothy E. Smith, "A Sociology for Women", in *The Prism of Sex: Essays in the Sociology of Knowledge*, edited by J. Sherman and E. Beck, Madison: University of Wisconsin Press, 1979, pp. 135-187.

20 Sandra Harding, *The Science Question in Feminism*, Ithaca: Cornell University Press, 1986.

21 조주현, 「실천이론에서 본 페미니스트 인식론: 여성학적 지식생산의 재검토」, 18쪽. 하딩은 이후 자신이 『페미니즘과 과학』(2002)에서 입장론이 본질주의라고 오독할 수 있는 원인 제공을 했다고 인정했다. 샌드라 하딩, 『누구의 과학이며 누구의 지식인가?』, 2009, 189쪽.

22 조주현, 「실천이론에서 본 페미니스트 인식론: 여성학적 지식생산의 재검토」, 20쪽.

23 샌드라 하딩, 『누구의 과학이며 누구의 지식인가?』, 409-414쪽.

24 하딩은 페미니스트 입장론을 미완의 근대적 기획을 이어간다는 뜻에서 승계과학(successor science)이라고 불렀다. 샌드라 하딩, 『페미니즘과 과학』, 310쪽.

25 샌드라 하딩, 『누구의 과학이며 누구의 지식인가?』, 231-6쪽.

26 같은 책, 285쪽.

27 같은 책, 299쪽.

28 같은 책, 302쪽.

29 같은 책, 327-340쪽.

30 같은 책, 373-386쪽.

31 같은 책, 373-378쪽.

32 같은 책, 395쪽.

33 같은 책, 398쪽. 이에 비해 자연발생적으로 주어진 여성경험은 입장(standpoint)이 아니라, 사회적으로 매개되지 않은 관점(perspective)이다. 같은 책, 399쪽 참조.

34 같은 책, 419쪽.

35 Donna Haraway, "Situated Knowledges: The Science Question in Feminism and the Privilege of Partial Perspective", in *Simians, Cyborgs, and Women: The Reinvention of Nature*, New York: Routledge, 1991, p. 188.

36 조주현, 「실천이론에서 본 페미니스트 인식론: 여성학적 지식생산의 재검토」.

4 캐롤 길리건

1 Carol Gilligan, *In a Different Voice: Psychological Theory and Women's Development*, Harvard University Press, 1982[캐롤 길리건, 『다른 목소리로』, 허란주 옮김, 동녘, 1997].

2 Carol Gilligan, Janie Victoria Ward, and Jill McLean Taylor with Betty Bardige (ed.), *Mapping the Moral Domain: A Contribution of Women's Thinking to Psychological Theory and Education*, Harvard University Press, 1988.

3 Carol Gilligan and Lyn Mikel Brown, *Meeting at the Crossroads: Women's Psychology and Girl's Development*, Ballantine Books, 1992.

4 Carol Gilligan, *The Birth of Pleasure: A New Map of Love*, Vintage Books, 2002[캐롤 길리건, 『기쁨의 탄생』, 박상은 옮김, 빗살무늬, 2004].

5 Carol Gilligan, *Joining the Resistance*, Polity Press, 2011.

6 이와 관련한 피아제의 저서는 다음과 같다. 장 삐아제, 『아동의 도덕판단』, 송명자, 류웅달, 김상윤 옮김, 울산대학교출판부, 2000.

7 이와 관련한 콜버그의 저서는 다음과 같다. Lawrence Kohlberg, *The Philosophy of Moral Development: Moral Stages and the Idea of Justice (Essays on Moral Development, vol. 1)*, Harper & Row, 1981[L. Kohlberg, 『도덕발달의 철학』, 김민남, 김봉소, 진

미숙 옮김, 교육과학사, 2000]. Lawrence Kohlberg, *The Psychology of Moral Development: The Nature and Validity of Moral Stages (Essays on Moral Development, vol. 2)*, Harper & Row, 1984[L. Kohlberg, 『도덕발달의 심리학』, 김민남, 진미숙 옮김, 교육과학사, 2000].

8 이 표는 필자가 다음 문헌의 내용을 토대로 만들었다. 서강식, 『피아제와 콜버그의 도덕교육이론』, 인간사랑, 2007, 85-87쪽.

9 이 표는 필자가 L. Kohlberg, 『도덕발달의 철학』, 56-58쪽의 내용을 토대로 하여 만들었다.

10 5단계와 6단계의 차이점에 대한 콜버그의 자세한 설명과 논증은 다음을 참조할 것. Lawrence Kohlberg, *The Philosophy of Moral Development*, pp. 152-168.

11 같은 책, pp. 190-226.

12 같은 책, pp. 192-201.

13 같은 책, pp. 23-28.

14 같은 책, pp. 147-182.

15 캐롤 길리건, 『다른 목소리로』, 84쪽.

16 같은 책, 49-50쪽.

17 같은 책, 66쪽. 이는 나중에 길리건의 비판에 답하는 과정에서 콜버그도 인정한 부분인데, 그의 초기 연구(1958년)에 있어 연구 대상은 확실히 성 편향적이었다. 하지만 나중에 1984년의 연구의 대상에 여아를 포함시키게 되었을 때에도 이 가설이 주장하는 단계별 발달의 양상은 남녀 모두 똑같이 관찰되었기 때문이라는 것이다. 콜버그의 대답은 다음을 참조. L. Kohlberg, 『도덕발달의 심리학』, 327-349쪽.

18 콜버그가 사람들의 도덕발달의 단계를 평가하기 위한 면접에 쓰기 위해 만들어낸 가상의 딜레마 상황이다. Lawrence Kohlberg, *The Philosophy of Moral Development*, p. 12[『도덕발달의 철학』, 51쪽]. "유럽에서 어떤 부인이 치명적인 병으로 죽어가고 있다. 그 병은 일종의 암이다. 의사들이 보아 그녀를 구할 수 있는 약이 한 가지 있다. 그 약은 그 도시에 살고 있는 어느 제약사가 최근에 발견한 라듐 형태의 약이다. 약의 생산가는 아주 높았다. 그래서 제약사는 약을 만드는 데 든 총비용의 열 배 정도를 약값으로 매겨 놓았다. 그 약을 생산하는 데 200불 정도 들었는데도 약값은 2,000불이었다. 부인의 남편인 하인즈는 돈을 빌리기 위해 아는 사람을 다 찾아 다녔지만 약값의 절반밖에 되지 않는 겨우 1,000불을 구하는 데 그쳤다. 제약사에게 자기 아내가 죽어가고 있다는 것을 말하고 약값을 좀 싸게 해서 팔든지 아니면 나머지 돈을 외상으로 해주기를 간청했다. 그러나 제약사는 이렇게 말한다. "안 됩니다. 나는 약을 만든 사람이고 그 약을 팔아 돈을 좀 벌 참입니다." 하인즈는 절망한 나머지 아내의 목숨을 구하기 위해 약방을 털었다."

19 캐롤 길리건, 『다른 목소리로』, 76-97쪽.

20 같은 책, 122쪽.

21 같은 책, 123-135쪽.

22 같은 책, 136-201쪽.

23 같은 책, 166쪽.

24 같은 책, 245쪽.

25 Carol Gilligan, *Joining the Resistance*, pp. 21-22.

26 Carol Gilligan, "Prologue: Adolescent Development Reconsidered", *Mapping the Moral Domain: A Contribution of Women's Thinking to Psychological Theory and Education*, pp. xxxvii-xxxviii.

27 Carol Gilligan, "Remapping the Moral Domain: New Images of Self in Relationship", *Mapping the Moral Domain: A Contribution of Women's Thinking to Psychological Theory and Education*, pp. 3-4. 캐롤 길리건, 『다른 목소리로』, 270-271쪽.

28 캐롤 길리건, 『다른 목소리로』, 275쪽.

29 같은 책, 276쪽.

30 같은 책, 279쪽.

31 같은 책, 299쪽.

32 같은 책, 43쪽.

33 같은 책, 50-52쪽.

34 Carol Gilligan, *Joining the Resistance*, pp. 39-40.

35 캐롤 길리건, 『다른 목소리로』, 6장.

36 Carol Gilligan, "Prologue: Adolescent Development Reconsidered", p. xvii.

37 같은 글, pp. xvii-xviii.

38 캐롤 길리건, 『다른 목소리로』, 13쪽.

39 같은 책, 17-20쪽.

40 Carol Gilligan, *Joining the Resistance*, p. 31.

41 같은 책, p. 19.

42 같은 책, pp. 178-179.

43 Carol Gilligan, "Prologue: Adolescent Development Reconsidered", pp. xxix-xxx.

44 Carol Gilligan, *Joining the Resistance*, p. 164, p. 179.

45 같은 책, p. 7.

46 같은 책, p. 19-22.

47 아니면, 제3의 상위 가치체계를 새롭게 도입하고 그 하위에 두 가치체계를 동등한 위상으로 공존하게 하는 방법을 택할 수도 있다. 하지만 이는 확실히 길리건의 방법은 아니다.

5 엘렌 식수

1 이 글은 「엘렌 식수와 여성적 글쓰기: 여성적이란 대안적이다」, 『세계의 문학』 94호(1999년 겨울), 237-255쪽을 수정, 보완한 것이다.

2 Toril Moi (ed.), *French Feminist Thought*, Oxford: Basil Blackwell, 1987.

3 Hélène Cixous, "De la scène de l'Inconscient à la scène de l'Histoire: Chemin d'une écriture", in Françoise Van Rossum-Guyon and Myriam Diaz-Diocaretz (ed.), *Hélène Cixous: Chemins d'une écriture*, Presses Universitaires de Vincennes, Saint-Denis, pp. 105-10.

4 Hélène Cixous and Catherine Clément, *La Jeune Née*, Paris: Union générale d'Édition, 1975[엘렌 식수, 카트린 클레망, 『새로 태어난 여성』, 이봉지 옮김, 나남, 2008].

5 Hélène Cixous, "Le sexe ou la tête?", *Les Cahiers du GRIF*, no. 13, 1976, pp. 5-15.

6 Hélène Cixous, *La*, Paris: Gallimard, p. 26 및 "La venue à l'écriture", *Entre l'écriture*, Paris: Des Femmes, 1986, p. 26.

7 Hélène Cixous, "Extreme Fidelity", in Susan Sellers (ed.), *Writing Differences: Readings from the seminar of Hélène Cixous*, New York: St. Martin's Press, 1988, p. 20.

8 Hélène Cixous, "La venue à l'écriture", p. 24.

9 같은 글, pp. 22-23.

10 Hélène Cixous, "Le rire de la méduse", *L'Arc* 61, 1975, p. 42.

11 같은 곳.

12 Hélène Cixous and Catherine Clément, *La Jeune Née*, p. 156.

13 이러한 비판의 대표적인 것으로 Ann Rosalind Jones, "Writing the body: toward an understanding of *l'écriture féminine*", in Judith Newton and Deborah Rosenfelt (ed.), *Feminist Criticism and Social Change*, London: Methuen, 1985[한국여성연구회 문학분과 편역, 『여성해방문학의 논리』, 창작과비평사, 1990, 171-196쪽] 및 Toril Moi, *Sexual/Textual Politics: Feminist Literary Theory*, London: Methuen, 1985 등이 있다.

14 Hélène Cixous, "Extreme Fidelity", p. 15.

15 Hélène Cixous and Catherine Clément, *La Jeune Née*, p. 170.

16 Hélène Cixous, "Le rire de la méduse", p. 40.

17 Hélène Cixous and Catherine Clément, *La Jeune Née*, p. 162.

18 여기에 대해서는 Martine Motard-Noar, *Les fictions d'Hélène Cixous*, Lexington, Kentucky: French Forum, 1991을 참조할 것.

19 Verena Andermatt Conley, *Hélène Cixous: Writing the feminine*, University of Nebraska Press, 1991, p. xi.

6 아이리스 매리언 영

1 이 글은 사회와철학연구회 편, 『사회와 철학』 제24집, 2012에 게재된 「정의론과 여성주의: 아이리스 영의 경우를 중심으로」를 일부 수정한 원고임을 밝혀 둡니다.

2 Iris Marion Young, *Justice and the Politics of Difference*, Princeton: Princeton University Press, 1990(아래에서 이 책은 *JPD*로 약기한다).

3 Iris Marion Young, *Responsibility of Justice*, New York: Oxford University Press, 2011[아이리스 M. 영, 『정치적 책임에 관하여』, 허라금 외 옮김, 이후, 2013].

4 영은 찰스 테일러, 마이클 샌델 등 공동체주의자들이 자유주의적 정의 개념의 일면성에 대해 비판하는 내용에 대해서는 수용하는 편이지만 정의 개념을 선한 삶의 문제와 혼합하려는 데 대해서는 반대하면서 정의 개념의 우선성을 고수하고자 한다(*JPD*, pp. 34-35).

5 낸시 프레이저에 따르면 기존의 정의 담론들은 케인스주의적-베스트팔렌적 틀의 지배하에 놓여 있었다고 볼 수 있다. 이러한 틀은 정의 담론을 국민국가 단위의 분배 문제로 제약하는 효과를 갖는다. 낸시 프레이저, 『지구화 시대의 정의』, 김원식 옮김, 그린비, 2010, 29쪽 이하 참조.

6 영은 이외에도 분배 패러다임에 구속되어 논의를 진행하는 인물들로 W. G. Runciman, Bruce Ackerman, William Galston 등을 꼽고 있으며, 자유주의적 논의를 비판하는 David Miller도 여전히 분배 패러다임에 구속되어 있고, 마르크스주의자인 Edward Nell과 Onora O'Neill, Kai Nielsen 역시 분배 중심의 정의관을 전제로 논의를 진행하고 있다고 지적한다(*JPD*, pp. 16-17).

7 존 롤즈, 『정의론』, 황경식 옮김, 이학사, 2003. 로널드 드워킨, 『자유주의적 평등』, 염수균 옮김, 한길사, 2005. 칼 마르크스, 프리드리히 엥겔스, 『공산당 선언』, 이진우 옮김, 책세상, 2002.

8 자유주의적 입장에서 영의 비판에 응답하는 시도로는 Roger Paden, "Democracy and Distribution", *Social Theory and Practice*, Vol. 24, No. 3 참조. 그에 따르면, 영은 분배 패러다임과 자유주의를 동일시하면서 자유주의에 대한 근본적 비판을 시도하고 있지만 그녀의 논의는 현행 자유주의가 가지는 일부 한계를 보여줄 뿐 자유주의 그 자체를 거부할 것을 요구하지는 않는다.

9 Iris Marion Young, "Taking the Basic Structure Seriously", *Perspectives on Politics*, Vol. 4, No. 1, 2006, p. 94.

10 같은 곳 참조.

11 영은 기존의 복지정책 실행 방식이 사회적 지배와 억압을 강화한다고 비판하지만 그렇다고 해서 복지 자체에 반대하는 것은 아니다. 그는 오히려 오늘날의 상황에서는 복지의 확대가 필요하다고 보고 있다(*JPD*, p. 70).

12 연구모임 사회비판과대안 엮음, 『프랑크푸르트학파의 테제들』, 사월의책, 2012, 6장 참조.

13 영의 저서 『정치적 책임에 관하여』(*Responsibility of Justice*)는 이와 같이 직접적으로 개인이나 특정 집단에게 책임을 부과할 수 없는 상황 속에서 정의의 책임을 어떻게 설정할 것인가 하는 문제를 상세하게 다루고 있다.

14 Amy Allen, "Power and the Politics of Difference: Oppression, Empowerment, and Transnational Justice", *Hypatia*, Vol. 23, No. 3, 2008, p. 161.

15 영의 차이의 정치에 대해 소개한 글로는 이상화, 「페미니즘과 차이의 정치학」, 철학문화연구소 편, 『철학과 현실』 제38호, 1998 참조.

16 억압받는 여성의 차이에 대한 인정을 요구하는 영의 전략과는 달리 주디스 버틀러의 경우는 여성이라는 범주 자체를 해체할 것을 요구하기도 한다. 왜냐하면 여성이라는 동질적인 집단을 상정하는 것 자체가 또 다른 배제, 예를 들어 동성애자들에 대한 배제를 함축할 수 있다고 보기 때문이다. 주디스 버틀러, 『젠더 트러블』, 조현준 옮김, 문학동네, 2008 및 김정란, 「젠더 정체성은 왜 억압적인가? 버틀러(Judith Butler)의 젠더 해체의 필요성」, 『한국여성철학』 제6권, 2006 참조. 조희원은 이러한 논쟁을 염두에 두면서 여성 개념의 다원화를 주장한다. 조희원, 「여성과 차이: 여성, 여성들, 여성 개념의 다원화」, 『한국정치학회보』 제40집, 제3호, 2006 참조.

17 Iris Marion Young, "Polity and Group Difference: A Critique of the Ideal of Universal Citizenship", *Ethics*, Vol. 99, No. 2, 1989, p. 253.

18 영에 따르면, 공동체의 이상이 가지는 이러한 배제 효과는 예를 들어 인종 차별적인 보수주의의 경우뿐 아니라 사회 변혁을 도모하는 급진적인 정치 조직에서도 빈번하게 발견된다. 급진적 조직 내부의 공동체 지향성 역시 그 폐쇄성으로 인해 잠재적 구성원들을 배제하고 이로 인해 조직 자체의 위축을 가져올 수 있다는 것이다(*JPD*, p. 235).

19 비판이론에서 '내재적 초월' 개념이 갖는 의미에 관해서는 낸시 프레이저 · 악셀 호네트, 『분배냐, 인정이냐?』, 김원식 · 문성훈 옮김, 사월의책, 2014, 356쪽 이하 참조.

20 지구화 과정이 분배 정의를 넘어서는 다차원적 정의론 구상을 요구하고 있다는 논점에 대해서는 졸고, 「비판이론과 정의(正義): 다차원적 정의론의 모색」, 『법철학연

구』 제14권, 제2호, 2011 참조.

21 이러한 평가는 여성주의가 정의의 원리를 대체할 새로운 윤리적 원칙에 기초해야 한다거나 여성주의는 자유주의적 권리 담론과는 결별해야만 한다는 식의 급진적 해석에 대한 비판을 담고 있다. 누스바움에 따르면 오늘날 큰 영향력을 가지고 있는 다수의 여성주의자들은 권리와 정의 개념을 강조하는 자유주의 전통을 여성의 발전을 가로막는 적대적인 입장으로 간주하고 있다(*Sex and Social Justice*, p. 56). 그러나 권리와 정의의 실현은 오늘날도 여전히 여성운동의 현실적 요구들이며, 특히 전 지구적 범위에서 볼 때, 이는 가장 시급한 과제이기도 하다. 때문에 그녀는 오히려 여성주의가 제기하는 비판을 적극적으로 수용함으로써 권리와 정의에 기초한 자유주의 전통이 더욱 강화될 수 있다고 주장한다. 이와 마찬가지로 여성주의적 비판이 유력한 것이 되기 위해서는 권리나 정의와 같은 핵심적 가치들을 포기하지 말고 고수할 필요가 있다(*Sex and Social Justice*, p. 71). Martha C. Nussbaum, *Sex and Social Justice,* New York: Oxford University Press, 1999.

22 프레이저는 영이 분배보다 인정을 강조하는 입장을 견지하는 것으로 분류하고 있다. 낸시 프레이저·악셀 호네트, 『분배냐, 인정이냐?』, 36쪽 이하 참조.

23 이러한 구별은 *JPD*, p. 105. 그리고 상세한 논의는 Iris Marion Young, "Polity and Group Difference: A Critique of the Ideal of Universal Citizenship" 참조.

7 주디스 버틀러

1 이 글은 『아시아문화연구』 32집(2014)에 실린 것을 부분 수정한 것이다.

2 주디스 버틀러, 『젠더 트러블: 페미니즘과 정체성의 전복』, 조현준 옮김, 문학동네, 2009.

3 일례로 여성주의의 시각 속에서 아시아를 탈민족-국가적, 탈제국, 탈식민을 실천하려는 이른바 '비판적' 권역주의의 가능성으로 타진하고 있는 것으로는 태혜숙, 『대항지구화와 '아시아' 여성주의』, 울력, 2008, 특히 아시아 여성주의의 문화연구를 다룬 부분으로 233-301쪽을 참조할 것.

4 시몬 드 보부아르, 『제2의 성, 상(上)』, 조홍식 옮김, 을유문화사, 2002, 61쪽.

5 주디스 버틀러, 『젠더 트러블』, 89쪽.

6 Iris Marion Young, "Gender as Seriality: Thinking about Women as a Social Collective", *Signs*, Vol. 19, No. 3, 1994.

7 Marilyn Frye, "The Necessity of Differences: Constructing a Positive Category of Women", *Signs*, Vol. 21, No. 4, 1996.

8 주디스 버틀러, 『젠더 트러블』, 293쪽.

9 같은 책, 95쪽.

10 같은 책, 96쪽.

11 같은 책, 97쪽.

12 여기서 버틀러는 소환의 성격을 지닌 루이 알튀세르(Louis Althusser)의 호명이론에 의존하고 있다. 여성으로 호명된다는 것은 기존의 이데올로기에 따라 여성이 되도록 강제된다는 뜻인데, 호명에 응하는 것은 동시에 여성으로서 주체가 되기 위한 조건이다. 달리 말해 주체가 되기 위해서는 자신을 예속하는 호명을 듣고 이에 따라야만 한다.

13 Judith Butler, *Körper von Gewicht. Die diskursiven Grenzen des Geschlechts*, Frankfurt a. M.: Suhrkamp, 1997, p. 32.

14 Max Weber, *Wirtschaft und Gesellschaft. Grundriß der verstehenden Soziologie*, Tübingen: VS-Verlag, 1980, p. 28.

15 Michel Foucault, *Der Wille zum Wissen. Sexualität und Wahrheit 1*, Frankfurt a. M.: Suhrkamp, 1999, p. 113-114.

16 주디스 버틀러, 『젠더 트러블』, 344쪽.

17 Judith Butler, *Körper von Gewicht*, p. 332.

18 Hilge Landweer, "Generativität und Geschlecht. Ein blinder Fleck in der sex-gender Debatte", in: Theresa Wobbe, Gesa Lindemann (Hg.), *Denkachsen. Zur theoretischen und institutionellen Rede vom Geschlecht*, Frankfurt a. M.: Suhrkamp, 1994, p. 163.

19 Judith Butler, "Für ein sorgfältiges Lesen", in: Seyla Benhabib, Judith Butler, Drucilla Cornell, Nancy Fraser, *Der Streit um Differenz. Feminismus und Postmoderne in der Gegenwart*, Frankfurt a. M.: Fischer, 1993, p. 129.

20 John Langshaw Austin, *Zur Theorie der Sprechakte*, Stuttgart: Reclam, 2002, p. 28-29.

21 Judith Butler, *Körper von Gewicht*, p. 29.

22 John Langshaw Austin, *Zur Theorie der Sprechakte*, p. 124.

23 Jacques Derrida, "Signatur Ereignis Kontext", in: Jacques Derrida, *Limited Inc.*, Wien: Passagen, 2001, p. 310.

24 같은 글, p. 298.

25 Judith Butler, *Die Macht der Geschlechternormen und die Grenzen des Menschlichen*, Frankfurt a. M.: Suhrkamp, 2011, p. 299.

26 주디스 버틀러, 『젠더 트러블』, 98쪽.

27 이러한 경향은 버틀러의 초기작인 『젠더 트러블』에서 강력하게 나타난다(Bernhard Waldenfels, "Fremdheit des anderen Geschlechts", in: Silvia Stoller, Helmuth Vetter

(Hg.), *Phänomenologie und Geschlechterdifferenz*, Wien: WUV-Universitätsverlag, 1997, p. 80을 참조할 것).

28 주디스 버틀러, 『젠더 트러블』, 76쪽.

29 같은 책, 96쪽.

30 같은 곳.

31 Hannelore Bublitz, *Judith Butler zur Einführung*, Hamburg: Junius, 2002, p. 159.

32 Regina Becker-Schmidt, Gudrun-Axeli Knapp, *Feministische Theorien zur Einführung*, Hamburg: Junius, 2000, p. 84.

33 이와 관련하여 최근 커다란 논쟁을 불러일으키는 신재생산기술의 정치성뿐 아니라, 과학기술과 여성 그리고 자연 간의 관계를 재고하고 있는 다음과 같은 글들은 참조해볼 만하다. 박혜영, 「생태 파괴 시대의 페미니즘」, 이희원·이명호·윤조원 외 지음, 『페미니즘: 차이와 사이, 젠더 지형의 변화와 페미니즘 문화연구』, 한국영미문학페미니즘학회, 문학동네, 2011. 장정희, 「과학기술 시대의 페미니즘과 사이보그론」, 같은 책. 정문영, 「페미니스트 신재생산기술 담론의 정치성」, 같은 책.

8 깁슨-그레이엄

1 J. K. Gibson-Graham, *The End of Capitalism (As We Knew It): A Feminist Critique of Political Economy*, Minneapolis: Minnesota, 1996, p. 4.

2 같은 책, p. 252.

3 같은 책, p. 254.

4 같은 책, p. 256.

5 같은 책, p. 258.

6 이에 대한 자세한 논의와 비판을 보려면 필자의 졸고 「육체 유물론과 차이의 정치경제학」, 『여/성이론』 제20호, 2009를 보라.

7 J. K. Gibson-Graham, *The End of Capitalism*, p. 88.

8 뤼스 이리가레, 『하나이지 않은 성』, 이은민 옮김, 동문선, 2000, 224쪽.

9 이상 루빈과 이리가레의 논의는 필자의 졸고 「로맨스 정치경제학을 위한 시론: 근대 자본주의 도시와 낭만적 사랑의 욕망을 중심으로」, 한국여성철학회, 『한국여성철학』 19권, 2013을 수정 요약한 것임.

10 Christine Delphy and D. Leonard, "Familiar Exploitation: A New Analysis of Marriage", in: *Contemporary Western Societies*, Cambridge: Polity Press, 1992를 참고.

11 이상 두 문단에서 제시한 델피에 대한 논의와 비판은 필자의 졸고 「여성의 가사노동과 "성 계급과정"의 정치경제학적 함의」, 한국철학사상연구회, 『시대와 철학』

20권 3호, 2009, 381-382쪽을 부분적으로 발췌하여 정리한 것임.

12 J. K. Gibson-Graham, *The End of Capitalism*, p. 35.

13 같은 책, p. 238.

14 J. K. Gibson-Graham, *A Postcapitalist Politics*, Minneapolis/London: University of Minneapolis, 2006, p. 57.

15 같은 책, p. 68.

16 같은 책, p. 71.

17 깁슨-그레이엄은 개별 자본주의가 특정한 조건 하에서 상이한 방식으로 나타나는 것을 연구하는 Michell의 연구 등을 사례로 들면서 "자본주의 그 자체를 자본주의와 다른 것으로 이론화하는 것"이 자본주의 헤게모니를 뒤흔드는 데 중요한 방식이라고 주장한다. J. K. Gibson-Graham, *The End of Capitalism*, p. 15.

18 같은 책, p. 18.

19 깁슨-그레이엄은 기존의 단 하나의 본질을 통해 통합되는 따라서 영원히 변치 않는 기존의 계급 개념을 벗어나 다양한 사회적 관계에 따라 중층적으로 구성되는 다양한 계급의 과정들을 표현하기 위하여 "계급과정"이라는 용어를 사용한다.

20 같은 책, p. 46.

21 같은 책, p. 52.

22 이 사례와 관련해서는 같은 책, pp. 59-63을 참고하시오.

23 같은 책, p. 55.

24 같은 책, p. 80.

25 같은 책, p. 79.

26 같은 책, p. 85.

문성훈

연세대 철학과를 졸업하고 독일 프랑크푸르트 대학 철학과에서 악셀 호네트 교수의 지도로 박사학위를 받았다. 서울여대 교양학부 현대철학 담당 교수로 재직 중이다. 『베스텐트』 한국판 책임편집자를 맡고 있으며, 『교수신문』 편집기획위원으로 활동하고 있다. 저서로 『미셸 푸코의 비판적 존재론』 『인정의 시대』 등이 있으며, 공역서로 『정의의 타자』 『인정투쟁』 『분배냐, 인정이냐?』 등이 있다.

황주영

서울시립대 철학과에서 박사과정을 수료하고 학위논문을 준비 중이다. 뤼스 이리가레의 철학을 비롯해 페미니즘 전반에 관심을 가지고 있다. 더불어 지구지역행동네트워크/페미니즘학교에서 활동하고 있다. 공저서로 『페미니즘의 개념들』이 있으며, 공역서로 로지 브라이도티의 『트랜스포지션: 유목적 윤리학』이 있다.

조주현

이화여대 사회학과를 졸업하고 미국 일리노이 대학에서 사회학 박사학위를 받았다. 계명대 여성학과 교수로 재직 중이며, 주요 관심사는 페미니스트 이론, 페미니스트 과학기술학, 질적 방법론이다. 저서로 『여성 정체성의 정치학』 『성 해방과 성 정치』(공저) 『벌거벗은 생명: 신자유주의 시대의 생명정치와 페미니즘』 등이 있으며, 역서로 『우리 속에 있는 여신들』 『누구의 과학이며 누구의 지식인가』 등이 있다.

김은희

서울대 철학과를 졸업하고 같은 학교 대학원에서 롤즈와 왈저의 정치철학을 비교 연구한 논문으로 박사학위를 받았다. 건국대 상허교양대학 교수로 재직 중이다. 공저서로 『윤리학과 그 응용』 『처음 읽는 윤리학』 『현대 정치철학의 테제들』 등이 있으며, 역서로 『해석과 사회비판』 『공동체주의와 공공성』(공역) 등이 있다.

이봉지

서울대 불어교육과를 졸업하고 미국 노스웨스턴 대학에서 불문학 박사학위를 받았다. 배재대 프랑스어문화학과 교수로 재직 중이다. 저서로 『서사학과 페미니즘』이 있으며, 역서로 『수녀』 『공화정과 쿠데타』 『육체와 예술』(공역) 『프랑스 혁명의 지적 기원』(공역) 『두 친구』 『플로스 강의 물방앗간』(공역) 『캉디드』 『보바리 부인』 등이 있다.

김원식

연세대 철학과를 졸업하고 같은 학교 대학원에서 하버마스 연구로 박사학위를 받았다. 국가안보전략연구원 연구위원으로 재직 중이다. 저서로 『배제, 무시, 물화』 『하버마스 읽기』가 있으며, 『프랑크푸르트학파의 테제들』 『포스트모던의 테제들』 『현대 정치철학의 테제들』 등을 공저했다. 역서로 『이성의 힘』 『지구화 시대의 정의』 『분배냐, 인정이냐?』(공역) 등이 있다.

고지현

독일 브레멘 대학 철학과에서 박사학위를 받았다. 가천대 아시아문화연구소 학술연구교수로 재직 중이다. 저서로 『꿈과 깨어나기—발터 벤야민 파사주 프로젝트의 역사이론』 『프랑크푸르트학파의 테제들』(공저) 『포스트모던의 테제들』(공저) 등이 있으며, 공역서로 『베스텐트 2012』 『베스텐트 2013/1』 『베스텐트 2014』 『베스텐트 2015』 등이 있다.

이현재

독일 프랑크푸르트 대학에서 인정 이론과 페미니즘을 접목시킨 논문으로 철학 박사학위를 받았다. 서울시립대 도시인문학연구소 HK 교수로 재직 중이다. 최근에는 육체 유물론, 여성주의 정치경제학, 성적 친밀 관계 등에 관심을 갖고 있으며, 공간 개념의 철학사를 구성하기 위한 연구에도 박차를 가하고 있다. 저서로 『여성의 정체성』 『사랑 이후의 도시』(공저) 등이 있으며, 공역서로 『인정투쟁』 『그따위 자본주의는 벌써 끝났다』 등이 있다.